ON DEMANDE
UN TYRAN

ŒUVRES COMPLÈTES
D'ALPHONSE KARR

COLLECTION MICHEL LÉVY

	vol.
AGATHE ET CÉCILE	1
LE CHEMIN LE PLUS COURT	1
CLOTILDE	1
CLOVIS GOSSE	1
CONTES ET NOUVELLES	1
LA FAMILLE ALAIN	1
LES FEMMES	1
ENCORE LES FEMMES	1
FEU BRESSIER	1
LES FLEURS	1
G***	1
LES GUÊPES	6
UNE HEURE TROP TARD	1
HISTOIRE DE ROSE ET DE JEAN DUCHEMIN	1
HORTENSE	1
MENUS PROPOS	1
MIDI A QUATORZE HEURES	1
LE PLUS ES L'C DOUCE EN EAU SALÉE	1
LA PEAU DE NOUGAROL	1
UNE POIGNÉE DE VÉRITÉS	1
PROMENADES HORS DE MON JARDIN	1
RAOUL	1
ROSES NOIRES ET ROSES BLEUES	1
LES SOIRÉES DE SAINTE-ADRESSE	1
SOUS LES ORANGERS	1
SOUS LES TILLEULS	1
TROIS CENTS PAGES	1
VOYAGE AUTOUR DE MON JARDIN	1

BIBLIOTHÈQUE CONTEMPORAINE

	vol.
L'ART D'ÊTRE MALHEUREUX	1
LE CREDO DU JARDINIER	1
DE LOIN ET DE PRÈS	1
LES DENTS DU DRAGON	1
DIEU ET DIABLE	1
EN FUMANT	1
LA DIÈTE	1
LES CARTES ROMAINES	1
LETTRES ÉCRITES DE MON JARDIN	1
LA MAISON CLOSE	1
ON DEMANDE UN TYRAN	1
PLUS ÇA CHANGE	1
PLUS C'EST LA MÊME CHOSE	1
LA PROMENADE DES ANGLAIS	1
PROMENADES AU BORD DE LA MER	1
LA QUEUE D'OR	1
SUR LA PLAGE	1

IMP. CENT. DES CHEMINS DE FER, A. CHAIX ET C°, R. BERGÈRE, 20, PARIS. 4321-6.

ON DEMANDE
UN TYRAN

PAR

ALPHONSE KARR

PARIS
CALMANN LÉVY, ÉDITEUR
ANCIENNE MAISON MICHEL LÉVY FRÈRES
RUE AUBER, 3, ET BOULEVARD DES ITALIENS, 15
A LA LIBRAIRIE NOUVELLE

1877

Droits de reproduction et de traduction réservés

A

JEANNE BOUYER

ON DEMANDE UN TYRAN

I

Quoique éloigné, retiré le plus possible du bruit de ce qu'on appelle improprement « la politique »,

Quoique n'ayant personnellement aucun intérêt au triomphe de tel ou tel parti, je ne laisse pas de me préoccuper vivement des destinées de cette France, qui est doublement ma patrie, car j'y suis né par hasard, puis je l'ai choisie entre toutes, et je ne suis « légalement » Français que par un acte de naturalisation que j'ai demandé et obtenu, après m'être efforcé de le mériter.

Cette question du scrutin de liste,

Ce mensonge audacieux dans un mensonge imbécile; le scrutin de liste dans le vote dit universel,

Me préoccupait vivement. L'adoption du scrutin de liste, c'était la France livrée légalement à la folie et au crime, — puis, dans un temps plus ou moins long, au despotisme, qui nous reconduisait à l'anarchie, laquelle à un nouveau despotisme et toujours ainsi jusqu'à la mort de la France.

Le scrutin d'arrondissement ne sauvait pas la France, mais c'était au moins un buisson auquel on s'accrochait sur la pente du précipice.

Il n'est donc pas étonnant que mes nuits aient participé à la sollicitude de mes journées, et que j'aie fait un rêve, dont j'ai fixé le souvenir et les détails par des notes écrites aussitôt mon réveil.

Je rêvais donc que le scrutin de liste était proclamé, et que la majorité qui l'avait décidé avait fixé les élections à la semaine suivante.

Le duc de Magenta, dégoûté, était remonté particulier indépendant, et s'en était allé.

Une fois dans ce courant d'idées, on proclamait l'amnistie, et on allait, en grande pompe, recevoir aux frontières et dans les ports tous les citoyens, tous les « martyrs » rappelés en toute hâte d'Angleterre, de Belgique, de Suisse et de la Nouvelle-Calédonie; ils rentraient dans « leurs droits » et étaient non-seulement électeurs, mais candidats, et candidats acclamés plutôt qu'élus.—Maître Gambetta n'était nommé qu'à une très-faible majorité, — M. Naquet lui-même paraissait un peu pâle, et avait failli rester en dehors de la nouvelle Assemblée; — on voyait pêle-mêle arriver à la députation, d'abord tous les condamnés, déportés, etc., puis les plus compromis des intransigeants, puis tous les piliers d'estaminet, les orateurs de taverne, les forts au billard, etc., etc.

Un ministère était nommé, qui se composait de MM. Mégy, à la justice; Pyat, à la guerre; Vermesh, à l'instruction publique et aux cultes; Feraud, aux finances; Gaillard père, à l'agriculture et au commerce; Courbet, à la direction des beaux-arts; Floquet, aux relations étrangères, etc., etc.

On redémolissait la maison de M. Thiers, on supprimait le *Rappel*, — des avertissements aigres étaient donnés à la *République Française*, — le journal officiel s'appelait *la Carmagnole*, — on dressait des statues aux martyrs de la commune, « assassinés » par les Versaillais. — « La propriété » étant décidément le vol, on faisait rendre gorge aux propriétaires.

Mais bientôt ce ministère était déclaré traître et l'Assemblée réactionnaire; nouvelle dissolution, nouvelles élections, avénement d'une « nouvelle couche sociale. »

On demande aux candidats d'avoir au moins reçu « le baptême de la police correctionnelle »;

en cas de conflit, on préfère les « confesseurs » et les « martyrs » de la Cour d'assises.

Entrent alors, à l'Assemblée, les souteneurs de filles, les marchands de chaînes de sûreté, les croupiers des « trois cartes » et des « coquilles de noix » : ils composent l'extrême droite et représentent l'aristocratie et *sont* à cause de cela un peu impopulaires et suspects ; après eux, aux centres et à gauche, les « victimes » de la police correctionnelle et les « martyrs » de la Cour d'assises, les libérés, les évadés, etc., etc.

Le ministère se compose de Polyte, de Guguste, d'un fils naturel de Tropmann, etc. ; le journal officiel s'appelle la « Sainte Guillotine »; on déclare : *Ça ira*, l'air national ; mais ce gouvernement est bientôt à son tour traité de réactionnaire. Polyte, Guguste et Tropmann fils, se trouvant bien au pouvoir, s'y défendent par la force, et se déclarent triumvirs ; alors, de mon rêve, je ne me rappelle qu'une confusion, un gâchis de boue et de sang, des fuites, des exils, des pillages, des incendies, des famines, des têtes coupées, etc.

Puis je vis les murs de Paris couverts d'affiches de toutes les couleurs ; ces affiches étaient lacérées et arrachées par la police de Guguste, de Polyte et de Tropmann fils, mais étaient à l'instant même remplacées par d'autres semblables.

Ces affiches portaient toutes les mêmes mots :

Puis j'entendis un grand coup de tonnerre, Guguste, Polyte, Tropmann fils, leurs amis et aussi leurs adversaires, tout disparut comme des rats dans leurs trous, sous les trottoirs.

Et il se trouva qu'un tyran régnait sur la France. Venait-il d'en haut ? venait-il d'en bas ? je l'ignore.

Les rêves sont parfois aussi incohérents, aussi invraisemblables que la vie.

Toujours est-il que celui-ci régnait, qu'on lui obéissait et qu'il n'avait pas l'air de plaisanter sur l'exécution de ses volontés.

Tout le monde courbait la tête sous le joug.

On l'appelait bien un peu : Tibère, Néron, Caligula, Héliogabale, etc., etc.

Mais on ne s'y risquait que tout bas.

II

Il y avait dans chaque quartier de Paris, ainsi que dans chaque ville et dans chaque commune, sur chaque mairie, tout à l'entour du bâtiment, des murs blancs couverts d'affiches. Presque chaque jour le tyran faisait ajouter ou changer une affiche; de cette façon, il parlait sans cesse à son peuple asservi.

Voici les paroles qu'il leur avait adressées le premier jour de sa prise de possession :

« Tas de coquins, d'un côté, tas d'imbéciles et de jobards, de l'autre,

» Trois fois vous avez fait semblant de vous mettre en république—c'étaient trois mensonges. Vous renversiez et vous guillotiniez inutilement un roi bon et doux comme Louis XVI, et vous le remplaciez d'abord par les rois Marat, Robespierre, Collot-d'Herbois, Fouquier-Tinville, etc.; puis vous avez acclamé et adoré Napoléon Ier qui a fait tant de veuves et d'orphelins, et a jonché le monde de vos cadavres, après quoi il a laissé la France deux fois envahie et diminuée de territoire; puis vous avez reçu avec des vivats « Louis-le-Désiré », vous avez acclamé puis chassé Charles X.

» Plus tard, vous avez chassé Louis-Philippe qui vous avait donné dix-huit ans de paix, de prospérité, de gloire immortelle dans les sciences, les arts, la littérature, le commerce et l'industrie. Un roi dont les fils, braves, honnêtes, intelligents, dévoués, surtout Français, avaient partagé vos dangers en Afrique, votre éducation, votre jeunesse, un peu vos folies à Paris, ce qui vous promettait une heureuse continuation de ce règne. Vous l'avez remplacé par les rois : Ledru-Rollin, Flocon, Louis Blanc, Caussidière, Blanqui, etc., les ateliers nationaux, la guerre civile, etc., ce qui a amené Louis Bonaparte auquel vous avez donné presque l'unanimité de vos suffrages, vous rendant ainsi les complices de son crime de Décembre.

» Peut-être n'avez-vous pas oublié ses serments à la « ripiplique », car cet homme, un peu Italien, un peu Corse, un peu Hollandais, un peu Anglais, ne pouvait même pas prononcer le mot république ; peut-être vous souvenez-vous encore de la promesse solennelle : « l'empire c'est la paix, » puis de la guerre partout, — la dernière surtout aussi insensée que criminelle.

» Il tombe, vous le remplacez par les rois Vermesh, Pyat, Millière, Gambetta, Cluseret, Rochefort, Megy, Gaillard père, etc., etc.; vous livrez le pouvoir, les places, les finances à tous les déclassés, à tous les décavés, à tous les fruits secs; — vous prenez « à continuer » la guerre contre la Prusse et cette seconde moitié plus insensée encore et plus criminelle que la première moitié, — car vous ne pouvez dire, comme l'homme de Sedan, que vous « ne saviez pas ».

» On proclame pour la troisième fois la république, — mais alors alliés et disciplinés pour l'attaque, pour les surprises, y ajoutant l'assassinat, le vol et l'incendie, puisque vous n'avez pas voulu vous séparer de la Commune, — alliés pour la guerre chacun espérant exposer les autres aux horions, — vous vous séparez, vous vous querellez, vous vous « engueulez », vous vous menacez quand vous croyez voir approcher le moment du butin et du partage.

» Puis d'excès en excès, de sottises en folie, d'abus en crimes, vous avez inspiré à tous les honnêtes gens la terreur et l'horreur de la république dont vous vous dites les apôtres, et vous l'avez tuée pour la troisième fois.

» Tas de coquins, tas d'imbéciles et de jobards.

» Vous n'êtes pas des esclaves révoltés qui veulent briser un joug, — vous êtes des domestiques capricieux qui aiment à changer de maître.

» La liberté !

» Ah ! mes gaillards ! — c'est un nom que vous avez sottement donné au changement de despotisme.

» La liberté, c'est un vin trop pur et trop généreux pour vos pauvres têtes, — vous naissez « gais » et à moitié ivres, il n'en faut pas beaucoup pour vous achever.

» La liberté! c'est le pain des forts, des justes et des vertueux : à bas les pattes, à bas les gueules ! c'est un aliment de forte digestion que vos estomacs débiles, dépravés et « boulimiques » ne peuvent assimiler.

» La liberté, la sainte liberté! vous ne la comprenez seulement pas, vous ne vous croyez libres que quand vous opprimez.

» Il faudra que la France, cependant, arrive à la liberté, et à la république, le seul juste, logique, honnête et noble gouvernement, mais pour cela il faut qu'elle en soit digne, il faut d'abord qu'elle soit nettoyée de vous,

» Tas de coquins,—tas d'imbéciles et de jobards.

» C'est moi qui y conduirai la France, à la liberté et à la république, ou du moins qui la mettrai en route ; — mais vous, à qui je parle, vous n'entrerez pas dans la « terre promise ».

» Il faut contenir la génération présente, corriger celle qui la suit, et élever la troisième.

» Jusque-là, résignez-vous à obéir, n'essayez pas de résistance, vous savez bien que vous n'êtes pas braves; — vous savez bien que vous avez laissé tuer et fait tuer en les abandonnant, le très-petit nombre de républicains derrière lesquels, vous abritant, vous marchiez plus ou moins; vous savez bien qu'il n'y a plus, parmi vous, de fanatiques comme en 1830 et 1848, — le dernier a été Flourens, — c'était plus dangereux, mais c'était moins laid ; — lisez tous les matins avant déjeuner les affiches apposées sur vos mairies et ayez soin d'obéir sans hésiter et sans murmurer à ma volonté qu'elles exprimeront,

» Tas de coquins, tas d'imbéciles et de jobards. »

Ce discours prononcé, on baisse la tête, on ne dit rien, ou on chuchote tout bas.

III

Et, toujours dans mon rêve, je me mis à lire toutes les affiches apposées autour de la mairie, et je lus.

Première affiche.

« La providence avait fait de la France un pays béni entre tous : — son climat varié mais toujours tempéré, sa situation entre les mers, la fertilité de son sol, et surtout le tempérament de ses habitants porté à la gaîté, à la bienveillance, — un esprit proverbialement léger, vif, sensé et joyeux, — un bon sens, ami du rire, — tout était réuni pour que le peuple français fût heureux. — Il s'est dégoûté de son bonheur, — la mode d'être heureux et gai a cessé à la suite d'une maladie, d'un oïdium.

» Cette maladie vient de trop parler et de trop écouter parler.

» Pour sauver le pays d'une ruine complète, il est nécessaire d'appliquer une médication énergique, et, me conformant à l'exemple d'un autre tyran, mon prédécesseur chez les Grecs, dont on a dit:

» Il condamne Sparte à obéir et Athènes à se taire.

Lacædemona servire jubet, Athenas tacere.

» J'ordonne

» **Un silence complet pendant un an.**

» Pendant cette année chacun remettra, dans son esprit, un certain ordre logique qui consiste à penser avant de parler, ordre qui s'était misérablement interverti, comme le roi Louis-Philippe le disait d'un orateur très-disert de son temps: — « Il commence par faire sa phrase, ensuite il cherche ce qu'il mettra dedans ». — Le Français s'était accoutumé à lire tous les matins, dans les journaux, ses opinions et ses pensées toutes faites pour la journée, comme le pain tout cuit; son esprit, faute d'exercice, est devenu paresseux, puis s'est ankilosé et atrophié, et le peuple qui a passé longtemps pour le peuple « le plus spirituel de la terre », surtout dans son opinion, était, à mon avénement, en train d'en devenir le plus bête.

» Au bout d'un an du régime du silence, nous verrons s'il convient de modifier et d'adoucir ce régime, ou s'il doit être prolongé ; j'édicte donc dès aujourd'hui :

» **Le peuple français redeviendra heureux et gai.** »

Autre affiche :

« Une femme disait : « Ce n'est pas l'émeute, le pillage, l'incendie, qui m'inquiètent — ça, c'est une fièvre, un accès passagers, — mais quand je vois le Français manquer de grâce, de bienveillance et de politesse, je crains une décadence rapide, une rechute en sauvagerie et une ruine complète. »

» J'édicte :

» Les citoyens exerceront, à l'égard les uns des autres, et surtout à l'égard des femmes, la plus stricte, la plus bienveillante politesse ; — une surveillance active et des peines sévères ramèneront et maintiendront ce retour à la santé. »

Autre affiche :

« **On obéira aux lois.**

» Je ne me dissimule pas que cela paraîtra dur, surtout dans les commencements, — faute d'habitude, mais ça sera comme ça. »

Autre affiche :

» Je défends, sous les peines les plus sévères, aux Français, de boire de mauvais vin frelaté et sophistiqué, et des liqueurs empoisonnées et de les payer quatre fois leur valeur.

» Je leur défends, sous les mêmes peines, de se nourrir de denrées malsaines, avariées, etc.

» Pour faciliter l'exécution de cette loi, un peu draconienne, je l'avoue, j'édicte :

» Le marchand qui trompe l'acheteur sur la qualité et la quantité de la marchandise vendue, c'est-à-dire qui le vole, sera appelé voleur, et traité comme tel ; — le marchand qui mêle à ses denrées des substances malsaines, sera appelé empoisonneur et puni de la peine infligée aux empoisonneurs ; — c'est encore assez draconien, mais c'est nécessaire.

» De plus, dans chaque commune ou dans chaque quartier des villes, on encouragera, on aidera au besoin un certain nombre de marchands à se procurer et à détailler les denrées nécessaires à la vie, en les achetant de première main, de bonne qualité, sans mélange ; — ces marchandises et denrées seront exemptes d'impôts ; — les marchands seront rémunérés par un bénéfice suffisant, mais réglé par l'autorité ; on supprimera autant que possible tous les intermédiaires parasites qui, s'insinuant entre le producteur et le consommateur, vivent aux dépens des deux : ces immunités et ces garanties s'appliqueront aux denrées, boissons, etc., devant être consommées dans chaque famille.

» Quant aux cafés, tavernes, brasseries, où l'on mange et boit sur place, — tous les prix seront neuf fois plus élevés, — et l'État percevra les deux tiers des recettes ; — les dettes qui y seront contractées ne seront pas admises par la loi, — les payera qui voudra, — sauf la part de l'État qui sera exigible ; par ce moyen le Français est condamné à partager avec sa famille ses régals, ses plaisirs, ses distractions : tant pis pour lui.

» Toute carte de restaurant dépassant trois francs pour le déjeuner d'une personne et cinq francs pour son dîner est frappée d'un impôt de dix francs au profit de l'État. »

IV

Autre affiche :

« Tout Français qui à l'âge de trente ans ne sera pas marié — payera chaque année un impôt dont la quotité équivaudra à la nourriture et à l'entretien d'une femme et de deux enfants : d'une femme dont il jouit clandestinement et immoralement sur le domaine public ; de deux enfants, qu'il sème au hasard, s'abstenant de les nourrir ; cet impôt servira de fonds de secours aux filles-mères et aux enfants abandonnés. »

Autre affiche :

« Parlons de femmes. — J'édicte : on rendra aux femmes tous les métiers qui ne demandent ni la force ni l'énergie d'un homme, — il n'y aura plus de garçons de café, de commis en nouveautés, de coiffeurs, etc., etc.

» Les hommes, cependant, faibles, rachitiques, ou trop paresseux pourront obtenir d'exercer ces métiers concurremment avec elles, mais à une condition : ils laisseront pousser toute leur barbe, et porteront des jupons.

» Toute femme mariée, qui conséquemment n'a plus à plaire qu'à son mari, et qui appliquera à sa toilette plus que le vingtième du revenu ou du gain du ménage, de la communauté, de la famille, sera condamnée à porter, pendant un temps déterminé par une loi spéciale, une robe et un bonnet de couleur triste sans aucun ornement; les filles non mariées sont autorisées à porter la dépense de leur toilette à la moitié de leur revenu et de leurs gains, parce qu'il leur est permis de tenter de plaire à tous, jusqu'à ce qu'elles aient trouvé un mari.

» Toute fille ou femme qui dépense notoirement à sa toilette plus que son revenu et son gain est considérée comme courtisane, fille entretenue, etc., conséquemment « mise en cartes » et soumise aux règlements de la police spéciale.

» Toute femme qui, sauf les cas d'impossibilité constatés, menaçant sa santé et celle de son enfant, refusera de l'allaiter par coquetterie, paresse, oubli de ses devoirs, etc., portera ostensiblement, pendant le temps consacré d'ordinaire à l'allaitement, un collier de rondelles de liége.

» C'est comme cela que nous ferons des républicaines.

» Quant à la recherche de la paternité, elle présente des inconvénients et des dangers qui l'ont fait repousser par plusieurs législateurs ; mais, en cela comme en beaucoup d'autres choses, l'homme, imparfait comme il l'est, n'a à choisir que le moindre de deux maux. Voici un moyen d'obvier en grande partie à ces inconvénients et à ces dangers. En général, dans l'éducation des filles on tend à prolonger jusqu'au jour de leur mariage une complète ignorance que l'époux seul doit faire cesser ; cela peut avoir un certain charme, mais ce système n'est pas sans périls. Le premier, c'est que les parents et l'époux doivent le plus souvent se contenter de croire ou de feindre de croire à cette ignorance qui n'existe presque jamais, du moins complète. Le second, c'est que, si les filles, à un âge où presque généralement leurs sens sont muets, savaient bien physiquement, scientifiquement, médicalement, ce que les hommes leur veulent, cela leur semblerait presque toujours quelque chose de laid, de monstrueux, comme ce l'est, en effet, quand on n'y est pas entraîné par les désirs de la passion. Dans leur ignorance, quand elle existe, elles cherchent le mot de l'énigme et elles le croient charmant ; cela devient une préoccupation habituelle : elles ne supposent dans l'amour que des voluptés de l'esprit, du cœur et de l'âme, auxquelles elles se livrent sans que rien les puisse choquer ni effrayer, et qui les conduisent tout doucement jusqu'au danger ignoré.

» Une fille nubile devrait donc être instruite par sa mère du but de l'amour comme d'une opération un peu douloureuse, laide, choquante, mais indispensable pour devenir mère. Soyez certains que cela n'enflammera pas sa jeune cervelle; vous supprimez il est vrai, pour son époux futur, le charme un peu arbitraire qu'il pourrait trouver à l'ignorance très-problématique, je le répète, mais en faisant le sacrifice de la virginité douteuse de l'esprit vous garantissez presque certainement la virginité du corps.

» Cela est un moyen moral ; passons à un moyen légal.

» Il faut armer, plus qu'il ne l'est, le gardien le plus sévère déjà de la « vertu » des femmes : l'orgueil.

» Je mets dès aujourd'hui dans la loi, et il faudra mettre dans les mœurs et l'amener à l'état de préjugé, ce qui suit :

» Tout jeune homme, le jour de sa majorité, recevra à sa mairie un carré de parchemin, quelque chose comme une carte d'électeur ; il y aura sur ce parchemin :

» M. *** né à *** demande Mlle *** en mariage.

» Puis la signature légalisée du porteur de cette carte.

» Je mets dans la loi, et le temps fera entrer dans les opinions et dans les mœurs, que tout homme qui se présente pour faire la cour à une fille sans lui offrir préalablement cette carte, lui fait l'outrage le plus sanglant, lui témoigne le mépris le plus profond et la traite comme une drôlesse. Cette promesse de mariage, précédant tout entraînement possible qui empêcherait la femme de l'exiger, rend très-praticable la « recherche de la paternité »; nous chercherons 'es moyens d'obvier, s'il est possible, aux quelques inconvénients auxquels ne remédierait pas ce procédé, qui remédie déjà aux principaux.

» La fille qui accepterait plusieurs de ces cartes, ou qui écouterait les premiers propos galants d'un homme qui ne débuterait pas par la lui offrir, n'aurait plus le droit à la protection de la loi. »

V

Autre affiche :

« La presse : Il est de droit naturel que tout citoyen puisse exprimer par l'imprimerie, comme par la plume, comme par la parole, ses opinions et ses idées, en demeurant responsable du mal ou du tort que ses opinions ou ses idées peuvent faire soit à la société, soit aux individus. Pour le moment, nous n'avons pas à nous en préoccuper ; la loi du silence s'applique à la parole écrite ou imprimée comme à la parole parlée. Mais quand nous aurons mis fin à ce régime sévère, mais hygiénique et nécessaire pour la guérison de notre malheureux pays, — voici comment j'entends la « liberté de la presse », les lois imaginées jusqu'ici n'ayant rien fait d'efficace :

» Les pharmaciens ont, dans leurs officines, les poisons les plus violents, parce que ces substances toxiques employées à certaines doses et avec certaines précautions par les hommes de science, procurent la guérison ou le soulagement de certains maux ; mais on exige des pharmaciens de sérieuses garanties, garanties de science vérifiées par des examens et des diplômes, — garanties de moralité fondées sur la notoriété publique ; de plus, ces substances qui ne doivent être délivrées que sur l'ordonnance d'un médecin, doivent encore être tenues sous clef par le maître responsable de la pharmacie, et un certain Alphonse Karr qui, en son temps, a eu raison sur deux ou trois points importants, ce qui l'a fait accuser de paradoxe, a proposé dans ses *Guêpes* et fait adopter l'usage prescrit de renfermer ces drogues dangereuses dans des flacons de couleur bleue, pour que les mêmes gens qui ne peuvent lire l'étiquette placée dessus : *poison*, — soient dûment avertis.

» Eh bien, si on veut y réfléchir et se rappeler surtout l'histoire contemporaine depuis soixante ans, je sais que c'est beaucoup demander à un peuple dont la mémoire ne s'étend que péniblement au delà de six mois, mais la chose mérite un effort ; en se rappelant donc ; et en réfléchissant quelque peu, on arrivera à reconnaître que l'encre est, de tous les venins connus, le plus terriblement efficace, le plus mortel pris à certaines doses, le plus malsain mêlé même par doses infinitésimales aux aliments quotidiens de l'esprit. Un médecin, un pharmacien scélérats, ne pourraient que difficilement empoisonner vingt personnes, sans que les soupçons d'abord, et la punition ensuite vinssent les arrêter dans leur carrière criminelle, et de plus l'empoisonnement causé par les divers toxiques connus n'est pas contagieux.

» L'empoisonnement par l'encre, au contraire, peut attaquer cent mille sujets tous les matins, lesquels cent mille transmettront le venin absorbé à deux cent mille autres.

» L'empoisonnement par l'encre, fausse d'abord, puis détruit l'intelligence ; sous forme de calomnie il attaque et tue l'honneur ; il menace la constitution de la société tout entière.

» D'où vient qu'à ceux qui tiennent officine de ce poison terrible, on ne demande aucune des garanties que l'on exige des médecins qui ordonnent, des pharmaciens qui préparent les autres venins ?

» D'où vient qu'on ne demande aux écrivains qui parlent par des milliers de bouches à des centaines de milliers d'oreilles aucune des garanties qu'on demande aux avocats qui ne peuvent être entendus que de quelques dizaines de personnes ?

» D'où vient que les journalistes, dans l'intérêt même de leur considération, n'offrent pas, de leur plein gré, au moins les garanties que présentent les avocats, un conseil de discipline, une censure permanente chargée de rappeler les membres de l'ordre à certains devoirs professionnels, d'appliquer certaines pénalités, de suspendre, et même de supprimer ?

» C'est à cette absurde incurie que des lois que j'élabore remédieront quand j'aurai jugé opportun de suspendre la loi du silence sous laquelle vous vivez hygiéniquement en ce moment.

» Dès aujourd'hui j'établirai une distinction empruntée à la logique la plus simple :

» Il est de droit naturel, comme je le disais en commençant, que tout citoyen puisse exprimer ses opinions et ses idées par l'imprimerie, comme par la plume, comme par la parole, en restant responsable du tort qu'il peut faire à la société ou aux individus, par ces divers procédés et engins, en tenant compte du danger croissant dans une proportion énorme, lorsque ses pensées et ses opinions exprimées d'abord par la parole, le sont ensuite par la plume, et enfin par la presse ; — il est juste de demander des garanties aux individus et d'en donner à la société, — il faut ne jamais perdre de vue que « la liberté », à laquelle vous n'avez jamais rien compris,

» Tas de coquins, tas d'imbéciles et de jobards, que la liberté de chacun doit avoir, en tous sens, des limites infranchissables, — la liberté des autres.

» Je dis que vous n'y avez jamais rien compris, car les preuves surabondent que jusqu'ici la liberté et le suffrage dit universel, n'ont été pour vous que le couteau confié aux enfants trop jeunes, dont ils ne manquent pas de se servir d'abord pour se couper les doigts, ou les allumettes destinées à éclairer, mais qu'ils emploieraient de préférence à mettre le feu à leurs vêtements et à la maison.

» Revenons à ma distinction annoncée.

» Chaque citoyen peut exprimer, etc., sous telle ou telle garantie, sous telle ou telle pénalité, etc., ses opinions, ses idées, etc.

» De même, moyennant certaines formalités, vous obtenez « un port d'armes », c'est-à-dire le droit de sortir avec un fusil et de chasser.

» Mais croyez-vous qu'on vous donnerait aussi facilement l'autorisation de vous promener en troupe d'hommes armés, fussiez-vous les plus honnêtes gens du monde? Il y aurait là un danger évident qui exigerait d'autres garanties et une surveillance particulière.

» Cherchons une autre comparaison :

» Le propriétaire ou le fermier qui ne vend que ses produits, ne fait pas acte de commerce et n'est pas soumis à la juridiction commerciale ; l'écrivain qui ne publie que ses œuvres, est dans le même cas.

» Parce que ni l'un ni l'autre *n'achètent pour revendre.*

» On donnera donc à l'écrivain, exprimant isolément ses opinions et ses pensées, — sous certaines garanties, le port... de plume, comme le port d'armes.

» On exigera des conditions très-différentes, beaucoup plus sévères et restrictives, — de l'entreprise qui réunit un certain nombre d'écrivains, — de l'entrepreneur qui achète pour revendre.

» Et voici quelques-unes des raisons qui logiquement imposent cette différence.

» Isolé, l'écrivain de quelque talent, de quelque notoriété, pourra seul rassembler autour de lui un nombre de lecteurs suffisant pour communiquer sa pensée et en répandre la bonne ou la mauvaise contagion, et quelque notoriété, quelque talent qu'il possède, cet auditoire sera toujours restreint parce qu'il ne représentera qu'une nuance dans le prisme, et qu'il ne sera lu que par ceux qui sont précisément de la même nuance.

» S'il n'a pas un talent reconnu, une notoriété suffisante, un certain degré de probité et de considération, livré à ses seules ressources, il ne pourra que pendant un temps plus ou moins court continuer une publication sans lecteurs, partant sans acheteurs.

» Le journal-entreprise, au contraire, surtout avec les imbéciles et inefficaces conditions fiscales qu'ont inventées les gouvernements, qui n'ont fait que vendre des verges pour les fouetter, — le journal-affaire, exigeant et trouvant des capitaux de diverses provenances, très-souvent ne cherchant pas les bénéfices directs de son entreprise, c'est-à-dire l'argent des abonnés; mais un but plus éloigné, plus productif, plus dangereux, l'assaut et la conquête du pouvoir ou au moins de ses faveurs et dépendances, escaladées par force ou obtenues par ruse ou marchés, est obligé de prendre pour drapeau une couleur fausse, mais « voyante », composée de plusieurs couleurs « criardes et hurlantes » comme la culotte d'arlequin; — il réunira donc un auditoire composé de toutes ces nuances, de toutes ces couleurs, — une troupe, une armée.

» De plus, tel écrivain ou pseudo-écrivain, sans talent, sans considération, qui, isolé, ne réunirait pas trente lecteurs autour de son tréteau, — peut faire sa partie et son bruit dans le concert, de même qu'une grosse caisse, une contre-basse, un chapeau chinois, se feraient imposer silence, ou mettraient leurs auditeurs en fuite, s'ils prétendaient exécuter des solos, et ont cependant leur rôle dans l'orchestre.

» Tel « journaliste » ou pseudo-écrivain, qui n'a que du venin, et qui, seul, n'en trouverait aucun débit, peut, admis dans la société d'autres journalistes, contribuer à empoisonner les lecteurs auxquels les autres fournissent le miel qui les allèche.

» Si tous les écrivains, journalistes faisaient des publications individuelles : 1° très-peu subsisteraient ; 2° entre celles qui subsisteraient, sauf le cas d'engouement momentané, et encore y a-t-il besoin de l'aide d'un pouvoir maladroit qui fournisse à l'écrivain l'apparence du martyre au moyen d'une auréole de papier timbré ; sauf ce cas, il n'y aurait pas une publication qui rassemblerait un auditoire de dix mille abonnés.

» La presse libre, dans les conditions de la justice et du bon sens, c'est-à-dire le pouvoir facilitant les publications individuelles, les seules qui soient de droit naturel, et se montrant plus exigeant pour les publications collectives et les journaux-entreprise, il se détacherait de celles-ci la plupart des écrivains de talent qui ne se soumettent à une discipline qui leur répugne, à une couleur où leur nuance personnelle est absorbée, qu'à cause de la difficulté, de la presque impossibilité de marcher seuls sous leur petit guidon particulier.

» Donc quand la loi du silence que je vous rappelle,

» Tas de coquins, tas d'imbéciles et de jobards,

» Pourra être suspendue,—je n'ose pas dire « rapportée »,

» Voici comment nous procéderons :

» 1° Il faudra qu'on se fasse recevoir journaliste, comme on se fait recevoir avocat, médecin, pharmacien, etc., sous certaines garanties de capacité, de probité, etc; on imposera au « port de plume » les conditions qu'on exige pour le port d'armes, avec quelques-unes de plus, parce que l'arme est plus dangereuse ; le « port de plume » pourra être suspendu ou définitivement retiré ; cette pénalité remplacerait les entraves fiscales qui n'ont jamais empêché les journaux de parti, et dont la suppression aura pour résultat de diviser en une quantité de brins les verges que vous réunissez dans quelques mains ; chacun, quand il le pourra, voudra représenter sa nuance exacte, et jamais quatre journalistes ne resteront unis et d'accord s'ils n'y sont forcés ;

» 2° La signature réelle de l'auteur sera exigée sous peine de suspension de plume, pour celui qui s'y déroberait.

» 3° Jusqu'à trente ans, le journaliste ferait « un stage » ; il ne lui serait permis d'écrire que des romans, des nouvelles, des articles de mœurs, d'observations, etc.; il se consacrerait à instruire, amuser, égayer les lecteurs.

» A trente ans, après de nouveaux examens sévères, il serait admis, ou ne serait pas admis, à traiter les questions politiques et sociales ;

» 4° Le droit de réponse sera absolu, dans un journal et devant ses lecteurs — comme cela a lieu déjà devant un tribunal : « l'accusé » aura la parole le dernier : .

» 5° Un conseil de discipline sera établi et jugera les menus délits, les manques à l'honorabilité professionnelle, car il faudra amener dans les journaux une honorabilité et une solidarité professionnelles qui sont loin d'exister...

» J'aurai encore d'autres points de vue à traiter quand j'aurai suspendu la loi du silence.

» Tas de coquins, tas d'imbéciles et de jobards,

» Car je vous défends, à l'avenir, d'être crédules jusqu'au crétinisme, trompés, abusés, mystifiés, sacrifiés, menés à la ruine, à la prison, à la mort, par des farceurs sinistres qui vous poussent en avant et se tiennent soigneusement à l'abri des coups.

» Ça vous contrarie, ça vous fâche, ça vous irrite; vous m'appelez tout bas Tibère et Néron, mais tant pis pour vous. Vous avez demandé un tyran, vous l'aurez; — et moi je veux vous conduire à la république, vous l'avez demandée trois fois, je vous l'accorderai, mais, en même temps, je l'exigerai; et nous la mettrons dans les mœurs avant de la mettre dans la législature; vous verrez que ça n'est pas si facile, si gai, ni si drôle que vous le croyiez d'être républicain; qu'il ne suffit pas de crier et de noircir du papier, de dire des sottises et de les écouter, d'écrire des mensonges et des calomnies et des absurdités et de les croire.

» Non, c'est beau, c'est noble, c'est juste, mais c'est cher; il faut y mettre le prix.

» Tas de coquins, tas d'imbéciles et de jobards. »

VI

Autre affiche :

» On supprime du pouvoir l'attrait de l'argent et la *piaffe*, il n'y aura pas de fonction payée plus de 20,000 fr. par an, et de celles-là il y en aura très-peu ; — Il n'y en aura pas dont les appointements soient si bas qu'ils ne puissent nourrir et entretenir une famille. »

Autre affiche :

« Il est défendu au peuple français, tant des classes dites libérales ou dirigeantes, que des classes ouvrières, de se jeter au hasard dans des professions déjà encombrées, où ils sont condamnés à mourir de faim ou à vivre misérables ; les corporations et les « devoirs », sont rétablis sur des bases nouvelles ; après avoir calculé le nombre de personnes qui, dans chaque profession peut à la fois être utile et y trouver une existence assurée, on n'y admettra qu'à mesure des vacances.

» Le fils, — sauf des exceptions ci-après énoncées, fera le métier de son père, où il héritera de l'expérience, des instruments, de la réputation, des relations acquises par lui.

» S'il y a plusieurs enfants, les autres succéderont à des parents, à des amis sans enfants sous lesquels ils étudieront leurs métiers respectifs.

» On exempte: 1° Le cas d'incapacité ou impossibilité physique et morale;

» 2° Le cas de dons ou de capacités transcendantes pour une autre profession, ce qui serait décidé par des examens sérieux; une correspondance entre tous les points de la... république, que je gouverne despotiquement jusqu'à nouvel ordre, appellera sur ces points les ouvriers dont il y aura besoin; — l'ouvrier, voyageant pour aller à l'ouvrage, sera transporté par les voies ferrées, à quart de place. »

Autre affiche :

« L'homme naît laboureur et cultivateur; ce n'est que par exception et dans une certaine proportion qu'un certain nombre doivent être admis ou appelés à d'autres professions ou fonctions. Le maître d'école doit donc professer toutes les sciences nécessaires à l'agriculture : — la bonne nourrice; il aura un grand jardin qu'il cultivera avec ses élèves, et où il tiendra, distribuera et propagera, à mesure des découvertes, toutes les greffes et semences des meilleures espèces.

» La translation des habitants de la campagne aux villes sera soumise à des conditions que nous détaillerons ultérieurement : le paysan devenu citadin était un producteur, une fois à la ville, il se transforme, a de nouveaux besoins, et représente trois consommateurs comme celui qu'il était aux champs.

» Il s'agit d'assurer l'exécution d'une loi.

» Et cette loi la voici :

» **Il est défendu de mourir de faim.**

» Je sais les réclamations, les clabauderies et les haines que cet acte de despotisme suscitera et déchaînera contre moi, — mais la *loi du silence* m'en préservera dans les commencements, et peut-être ensuite; avec le temps, on s'y fera et on s'y accoutumera tout doucement. »

Autre affiche :

« Paris redevient la capitale de la France : on le nettoye sévèrement de pas mal de gens et on le tient propre; le séjour n'est autorisé que sous une surveillance assidue; les Chambres, quand il y en aura, reviendront à Paris, et je me charge de les faire respecter, et d'effacer la honte de la peur cyniquement avouée qui les avait transportées à Versailles. »

Autre affiche :

« Quant à la représentation nationale, nous y arriverons graduellement et plus tard, quand j'aurai réussi à vous faire comprendre vos intérêts et vos devoirs.

» Et je ne vous rendrai les petits couteaux et les allumettes qu'à bon escient.

» Mais sachez dès aujourd'hui — que les devoirs compris d'un représentant de la nation sont sérieux, ardus, difficiles, laborieux, demandent du dévouement et des sacrifices ; — je rendrai cela si évident qu'il faudra faire une loi et établir une pénalité contre ceux qui, désignés et chargés de ces devoirs par leurs concitoyens, refuseraient ou éluderaient. Par contre, tout homme qui sollicitera cette honorable corvée, — me sera fort suspect ; je supposerai presque toujours qu'il ne la comprend pas, ou qu'il veut en éluder au moins une partie, — ou qu'il médite quelques honteux trafics. Pendant au moins un certain temps, je n'admettrai que des candidats malgré eux, — ou du moins ce seront les électeurs qui seront candidats, c'est-à-dire qui solliciteront le représentant.

» Le représentant aura au moins dix ans de domicile.

» Car dussiez-vous m'appeler et Domitien et Héliogabale, et Yvan IV, etc.,

» Je veux que vous compreniez ceci qui vous paraît aujourd'hui un paradoxe :

» Que le représentant doit connaître et les gens et les choses qu'il représente, — et les intérêts qu'il doit défendre ;

» Que les représentés, pour choisir le représentant doivent connaître, depuis longtemps, lui, sa vie publique, sa vie privée et sa petite vie ; — sa famille et ses amitiés, etc.

» Et je veux,

» Tas de coquins, tas d'imbéciles et de jobards,

» Que vous chantiez un jour, sur l'air de la Palisse, en ajoutant quelques couplets aux anciens :

Un quart d'heure avant sa mort,
Il était encore en vie,

une foule de vérités palpables, incontestables, que vous repoussez aujourd'hui avec indignation parce qu'on vous a rendus les uns fous, — les autres bêtes.

» Je veux vous rendre, — malgré vous, — honnêtes, heureux et gais, — comme vous étiez autrefois.

» Ah ! vous avez demandé un tyran, — le temps de rire est passé. »

. . . .

Ici, — je fus réveillé par un envoyé de l'imprimerie, qui demandait — *la copie*. — Je me mis à écrire rapidement au courant de mes souvenirs, ce que j'avais rêvé.

Il y avait encore beaucoup d'affiches, peut-être sont-elles à regretter.

VII

Décidément mon entêtement dans ma voie a triomphé de la patience du parti qui se dit si injustement et si impudemment républicain, et on a dû aggraver la pénalité contre moi. Autrefois, naguère même, quand, bravant la consigne, on rompait le silence à mon égard, — le cliché employé disait que je n'avais plus d'esprit ; — mais comme j'ai établi irréfragablement que jamais je n'ai varié à l'égard du parti soi-disant républicain, que je n'ai jamais été un instant ni sa dupe ni son complice ; comme je les ai défiés tous d'apporter une seule ligne de moi contredisant ce que j'avançais, ils en ont naturellement tiré la conséquence qu'alors je n'avais pas eu plus d'esprit autrefois qu'aujourd'hui, et que donc je n'en ai jamais eu.

C'est comme cela qu'ils disent aujourd'hui ; mais un point sur lequel ils sont également d'accord, c'est leur colère contre « ce prétendu bon sens », contre « cette apparence de bon sens », que le public indulgent a la bonté de me reconnaître, et qui les fâche tout à fait.

Je n'ai rien à répondre à ce personnage qui se cache sous un nom de comédien, je ne me rappelle pas si c'est Scapin ou Mascarille ; — parlons plutôt de son patron :

M. Thiers est peut-être le plus intelligent de tous ceux qui, aujourd'hui, se disputent le pouvoir *per fas et nefas*, — mais il ressemble à la mauvaise mère qui, dans le jugement surfait ou plutôt absurde du roi Salomon, aime mieux voir l'enfant coupé en deux que de le voir donner à la vraie mère. M. Thiers ne voit dans la politique ni la paix, ni la grandeur, ni la prospérité ni le bonheur de son pays. Il n'y voit que le pouvoir pour lui ; — être au pouvoir et s'y maintenir par toutes les ruses, tous les compromis ; — une fois tombé, — et il n'a jamais su s'y maintenir longtemps, — une fois « sur le pavé », il l'assiége, l'escalade par tous les moyens, avec toutes les complicités, par les engins les plus funestes, — voilà toute sa vie politique.

Le voici aujourd'hui allié au parti des soi-disant républicains qu'il espère dominer et jouer, tandis qu'ils comptent se servir de lui et le jeter par la fenêtre quand il les aura introduits dans la maison.

C'était donc sans conviction qu'il faisait tuer tant d'autres républicains, et, parmi ceux-là, il y avait des vrais républicains, — dans la rue Transnonain ; — c'était donc sans conviction, sans la pensée d'un triste et tyrannique devoir, qu'il les faisait tuer récemment dans les rues de Paris, et à Versailles, puisqu'il est aujourd'hui leur allié, leur complice et croit être leur chef.

Certes, ce petit homme possède une rare et robuste intelligence, mais il lui manque une âme élevée, un grand cœur — et, tel qu'il est, il faut le mettre au nombre des plus grands fléaux que la colère divine ait jamais envoyés sur la France.

VIII

Léon Gatayes m'envoie une brochure de M. Alphonse Pallu; c'est un projet d'un grand intérêt et relatif à l'éducation et à l'instruction; j'en parlerai plus tard. Aujourd'hui je dirai seulement que depuis ma sortie du collége où j'avais été élève et professeur, je n'ai cessé de m'élever contre cette instruction — sans éducation — et consistant dans l'étude des deux langues qui, seules, ne se parlent pas, qui est pour beaucoup dans nos désordres et nos malheurs. Je me suis occupé de cette question dans trois ouvrages : « Raoul Desloges ou un homme fort en thème », — « Histoire d'un Pion » — « Clovis Gosselin », dont voici un court fragment :

. . . .

....Un jour que les deux mères regardaient leurs enfants jouer, la veuve Séminel dit à la veuve Gosselin :

— Que comptez-vous faire de Clovis?

A quoi la veuve Gosselin prit un air capable et dit :

— Qui sait ce que Clovis deviendra? Et vous, quelles sont vos intentions pour Isoline?

— Elles sont bien simples, reprit la veuve Séminel; elle commence à très-bien filer, elle sait coudre, lire un peu, écrire en demi-gros; elle sera bien au fait du ménage, honnête, pieuse, travaillante. Elle attendra qu'il se présente un brave homme qui prenne sa figure, son honnêteté, son caractère, son amour du travail et sa science du ménage pour une dot.

A la façon dont la veuve Séminel prononça ces paroles, il sembla à la veuve Gosselin qu'elle avait laissé entrer dans son esprit des idées remarquablement ambitieuses, ce qui fit qu'elle la quitta froidement.

Sans doute elle s'endormit préoccupée des hautes destinées de son fils, et, dans son sommeil, elle mêla ses diverses impressions de la journée pour en faire un ensemble assez incohérent, ce qui produisit un songe extraordinaire. Les songes, en effet, se font comme les figures dans les kaléidoscopes; des idées ordonnées et réglées dans l'état de veille se groupent au hasard dans le sommeil et produisent des images bizarres dans lesquelles on fait entrer toutes sortes de souvenirs confus et parfois même des bruits qui réveillent à moitié.

La veuve Gosselin rêva qu'elle voyait un cheval pie sans cavalier dans le chemin qui conduisait à sa « masure ». Ce cheval était sellé et bridé. En le regardant plus attentivement, elle reconnut le cheval d'un officier de santé, chirurgien d'armée, qui s'était depuis longtemps retiré dans le pays, et qui traitait à peu près tout l'arrondissement dans un rayon de quatre ou cinq lieues. L'image du médecin et celle du cheval pie étaient présentes à la mère, car c'était ce même docteur Lemonnier qui avait soigné successivement la petite Isoline et Clovis Gosselin.

Quoi qu'il en soit, le cheval était seul dans le rêve de la veuve Gosselin. Il vint un homme qui s'approcha du cheval, et qui voulut le monter : mais le cheval lui lança une ruade qui le jeta à terre, et se sauva au galop. Plusieurs personnes se mirent à sa poursuite, essayant de s'élancer en selle ; mais elles tombaient sous les pieds du cheval, ou sautaient par-dessus et retombaient de l'autre côté. Tout à coup Clovis Gosselin parut, et, d'une main saisissant la crinière de l'animal, il s'élança sur son dos. Alors le cheval pie se soumit et se laissa monter sans résister. La veuve Gosselin se réveilla et dit :

— Le docteur Lemonnier est mort, et c'est mon fils qui le remplacera.

Il faut dire que le docteur Lemonnier était fort vieux et malade déjà depuis longtemps. Néanmoins, quand la veuve Gosselin apprit que si le docteur n'était pas mort, il était très-dangereusement attaqué au lit, elle eut peur pour elle-même de la presque réalisation de son rêve. Le docteur mourut peu de temps après.

. . . .

Son rêve s'étant réalisé relativement à la mort du docteur Lemonnier, elle ne fit pas le moindre doute qu'il se réalisât également à l'égard de Clovis et qu'il fût appelé à devenir un médecin, et un grand médecin, qui hériterait du cheval pie et de la clientèle du docteur Lemonnier.

— Et cette pauvre Séminel, pensa-t-elle, qui s'avise de rêver que sa petite Isoline épousera Clovis ! Il y a réellement des gens bien extraordinaires, par leur manie de vouloir sortir de leur classe et rêver des destinées auxquelles ils ne sont pas appelés !

Puis, laissant aller son imagination, elle se dit :

— Ce serait vraiment dommage qu'un grand médecin comme Clovis enterrât ses talents dans un mauvais bourg ; il est évident que ses facultés l'appellent à exercer la médecine à Paris.

Elle commença à trouver qu'on payait bien peu les visites de médecin à la campagne, et, un jour, elle soutint que la dette que l'on devait acquitter le plus scrupuleusement et le plus vite, c'était celle que l'on avait contractée envers un médecin. Elle avait bien envie d'acheter le cheval pie du docteur; mais elle réfléchit que Clovis n'avait pas encore douze ans, que le cheval était son aîné de quelques années, et qu'il serait, sans aucun doute, mort de vieillesse avant le jour où Antoine-Clovis Gosselin serait reçu docteur et acquerrait le droit, par son diplôme, *impuné medicandi et occidendi per totam terram.*

Son parti était pris. Elle alla trouver le maître d'école et lui dit :

— Or çà, maître Hérambert, savez-vous le latin?

— Ma bonne dame, répondit le « clerc », ce que je puis vous dire avec certitude, c'est que j'en ai appris beaucoup, longtemps, et pour beaucoup d'argent ; que je suis prêt à céder ce que j'en sais fort au-dessous du prix de revient.

— Eh bien, maître Hérambert, il faut mettre mon fils au latin, et çà, pas demain, mais aujourd'hui ; pas ce soir, mais ce matin ; en un mot, tout de suite au plus tard.

— Eh! mon dieu, ma bonne dame Gosselin, pourquoi voulez-vous mettre au latin ce petit Clovis, qui est un charmant enfant, et qui n'a aucune méchanceté?

— Mais, continua la veuve Gosselin, quand je dis qu'il faut le mettre au latin, je parle du vrai latin, de celui qu'on chante à l'église, tout ce qu'il y a de mieux en latin ; si vous n'en tenez pas, il vaut mieux le dire. On en aura ailleurs pour son argent.

— Ne vous fâchez pas, ma bonne dame Gosselin ; je vous assure que je suis enchanté de trouver le placement de mon pauvre latin et d'en vendre un peu. Il y a dix ans que je suis ici, et on ne m'en avait jamais demandé, mais je vois à votre air que vous craignez que mon latin ne soit éventé : c'est une erreur, ma bonne dame Gosselin ; je l'ai tenu si bien bouché, qu'il est parfaitement conservé, et je vous le garantis même de qualité supérieure à celui de M. le curé.

— Il faut que, dans quelques mois, Clovis soit capable d'entrer au collége.

— Au collége, ma bonne dame Gosselin ! Croyez-moi : que votre fils sache lire, écrire et compter, tout homme doit le savoir; un homme qui ne possède pas ces connaissances est un infirme ; ceux qui savent lire et écrire parlent au loin et entendent les absents; celui qui ne sait ni lire ni écrire est relativement muet et sourd, puisqu'il n'entend plus et ne peut plus se faire entendre à une distance où les autres parlent et entendent; mais ceux-là seulement qui doivent passer leur vie dans les loisirs que donne la fortune acquise, ou ceux qui sont entraînés malgré eux dans les carrières laborieuses des lettres et des sciences par des facultés extraordinaires et des tendances invincibles, ceux-là seulement doivent être conduits au delà des connaissances élémentaires.

— Je ne comprends pas trop bien ce que vous voulez dire, reprit la veuve Gosselin ; j'entends seulement que vous nous reprochez de n'être pas riches.

— Loin de là, ma bonne dame ! la pauvreté des enfants est souvent un indice de l'honnêteté des pères. Beaucoup de grandes fortunes ont eu pour origine quelque énorme coquin qui a amassé, il y a longtemps, de l'argent pour des gens heureusement quelquefois meilleurs que lui, qui doivent venir ensuite. Ainsi il y a, dans un certain pays où l'on pend les voleurs, un proverbe peu moral qui dit : « Heureux les fils dont les pères ont été pendus! »

— Prétendez-vous que Clovis n'est pas un enfant très-intelligent?

— Très-intelligent, en effet, ma bonne madame Gosselin; mais je n'ai jamais vu un homme qui fût trop intelligent et trop savant pour être cultivateur. J'en connais, au contraire, beaucoup, et presque tous sont dans ce cas, qui sont loin de l'être assez; et moi tout le premier; mais d'une intelligence remarquable à des facultés extraordinaires et spéciales, il y a encore de la distance. Votre fils a-t-il quelque inclination très-prononcée pour un art ou pour une science?

— Mon fils est comme tous les enfants : il passerait sa vie à monter aux arbres pour dénicher les oiseaux.

— Ça n'est pas encore là l'entraînement invincible dont je vous parlais tout à l'heure.

— Écoutez-moi, monsieur Hérambert; tout ce que vous me dites là depuis une demi-heure, et rien, c'est la même chose.

— J'en ai peur, dame Gosselin.

— J'ai mon idée là, dit-elle en se touchant le front; mon fils sera un grand médecin et fera ses visites à cheval, comme défunt M. Lemonnier. J'en suis sûre et je l'ai tellement mis dans ma tête, que, si j'avais eu de l'argent et si la bête n'avait pas été trop vieille en même temps que Clovis était trop jeune, j'aurais acheté le cheval pie du docteur ; car on ne sait par qui ça va être monté. C'est humiliant pour cette bête ; et, d'ailleurs, ça connaît la clientèle, ça s'arrête tout seul aux portes des malades ; enfin, ce qui ne se peut pas ne se peut pas, il faut bien ne le pas vouloir. Mais ce qui peut se faire, se fera en le voulant, et le voulant tout à fait ; et je le veux. Ainsi donc, oui ou non, voulez-vous enseigner le latin à Clovis, et vite et dru, pour qu'il puisse entrer au collége dans un an ? D'ici là, je lui aurai obtenu une bourse.

— Et quand commençons-nous, dame Gosselin ?

— Tout de suite, comme je vous l'ai dit : je vais aller chercher Clovis et vous l'amener. Ainsi, préparez vos grimoires, parce que, pendant qu'il apprendra assez de latin pour entrer au collége, j'aurai, moi, d'autre besogne à faire.

La veuve Gosselin rentra chez elle et trouva Clovis absent. Il avait passé par le tunnel pratiqué sous la haie, et, avec l'aide de la petite Isolino, il faisait à l'enfant un jardin dont l'idée la comblait de joie. Il avait labouré à la bêche un carré de terre dans la cour de la veuve Séminel, et là, il mettait en terre toutes sortes de plantes qu'il était allé, pour elle, arracher dans les bois. On était à la fin du mois d'octobre, saison qui permettait de transplanter les arbustes sans les exposer. Il avait apporté des fusains chargés de leurs graines oranges dans une enveloppe rose, des chèvrefeuilles (celui des bois est de tous le plus parfumé), dont les graines ressemblent à des groseilles. Il avait aussi déterré du muguet et des oignons de jacinthe et de narcisse des bois.

— Tu verras, disait-il, comme ça sera joli au printemps. Il y a des plantes encore que je connais, mais que je n'ai pas pu trouver, l'anémone des bois, blanche et violette, et la primevère jaune. Mais j'irai t'en chercher au mois de mars, quand elles commenceront à percer la terre sous les feuilles sèches.

A ce moment, la voix de la veuve Gosselin, qui avait en vain cherché Clovis dans la maison, se fit entendre avec un son formidable.

— Où es-tu, Clovis? criait la voix.
— Dans la cour de madame Séminel, avec Isoline.
— Viens.
— Je ne peux pas, nous faisons un jardin.
— Viens tout de suite.

La seconde injonction était faite à peu près dans les mêmes mots, mais l'accent indiquait un ordre sans réplique. Aussi Clovis laissa là sa bêche, ses plantes, et rejoignit sa mère, qui le conduisit à l'école, et exigea que M. Hérambert lui donnât à l'instant même, devant elle, sa première leçon de latin.

— Mon garçon, dit-elle quand ce fut fini, ça ne m'a pas l'air très-amusant d'apprendre le latin, mais ne fais pas attention à cela. Apprends-le tout de même. Je ne suis pas assez injuste pour exiger que ça t'amuse. Ne t'y amuse donc pas, mais apprends-le. Il dépend de toi et de ton travail que nous soyons un jour heureux et riches. Tu seras médecin, je l'ai décidé. Peut-être bien resterons-nous à Paris. Pour le moins tu reviendras ici prendre la place du docteur Lemonnier, et, comme lui, tu feras tes visites à cheval.

— J'aurai un cheval?

— Un cheval, et même un cheval pie, si c'est possible. Cela te convient-il?

Clovis, comme la plupart des jeunes garçons, se sentait une grande vocation pour tout état qui s'exerçait à cheval. Aussi répondit-il à sa mère que cela lui convenait parfaitement.

— Et maître Hérambert qui me disait qu'il n'avait peut-être pas une vocation bien marquée!

Maître Généreux Hérambert n'était pas un de ces instituteurs qui épargnent les leçons à leurs élèves et en donnent trop aux gouvernements, et font de leur classe un sous-comité des affaires publiques. Précisément parce qu'il était très-supérieur aux maîtres d'école ordinaires, il savait être maître d'école et rien de plus. On avait appris, je ne sais comment, et répété dans le pays, que c'était un très-savant homme et qu'il était même reçu avocat.

Il est vrai que quelquefois il s'était laissé aller à donner des conseils à quelque pauvre opprimé et l'avait aidé à obtenir justice; mais, à part cela, il n'avait qu'un goût, et ce goût était une passion : il aimait les fleurs et cultivait avec une intelligente tendresse un petit coin de terre que la commune lui avait attribué. Du reste, il était doux pour les enfants, leur faisait faire des progrès suffisants, et instruisait gratis tous ceux dont les parents étaient trop pauvres pour payer les mois d'école.

Il prit Clovis en amitié.

— Pauvre enfant! se disait-il, né dans un sillon, il n'avait qu'à le suivre; la vie eût pour lui été douce sans efforts, honnête sans combats. Dans quels hasards va-t-on le jeter!

Il lui donnait des leçons dans son jardin, et lui disait :

— Tu vas quitter la nature, le livre de Dieu, pour le livre des hommes; ne l'oublie cependant pas.

Et tout en parlant de latin, il parlait du ciel et de la terre, et des arbres, et des fleurs, cette fête de la vue, comme disaient les Grecs.

La première déclinaison de la grammaire latine de Lhomond, celle que l'on apprenait alors au collége (je ne sais s'il en est toujours ainsi), donne pour type *rosa*, la rose. Comme Clovis venait de dire le nominatif *rosa*, la rose... à propos des roses, Hérambert apprit à Clovis comment elles végètent et fleurissent, comment elles fructifient et se repro-

duisent, comment on greffe et quels sont les résultats de la greffe; de là à lui dire la marche de la sève, il n'y avait qu'un pas : on en fit deux, on arriva à la contemplation du système, puis il se passa huit jours entre le nominatif et le génitif de la première déclinaison de la grammaire de Lhomond : mais, dans ces huit jours, que de charmantes découvertes, de science réelle, d'enchantements ravissants, de sentiments élevés !. . . . . . .
. . . .

IX

Parlerai-je des « élections sénatoriales »? J'ai dit ce que j'avais à en dire : c'est une concession aux appétits surexcités de trop nombreux convives ; — c'est « une rallonge à la table », — et un journal, acceptant mon appréciation, se plaignait encore, il y a quelques jours que « la nappe » ne fût pas assez longue, du moins au bout où il s'est placé.

Parlerai-je de cette plaisanterie des « réunions privées », où on « invite » trois mille personnes qu'on ne connaît pas, et qui ne se connaissent pas entre elles, et qui avouent hautement qu'elles ne s'assemblent pas pour jouer à « pigeon vole », ni à « M. le curé n'aime pas les os », mais pour renverser le gouvernement actuel, et lui substituer la forme de gouvernement dans laquelle ils ont le plus de chance d'avoir part aux places et à l'argent?

Et à propos des « réunions privées », parlerai-je du discours d'un jeune et ardent bonapartiste, discours qui a joué le rôle d'événement pendant deux jours? Les uns prétendent qu'il s'est « emballé », comme on dit en termes de manége ; que dans cette invitation de venir parler à Belleville au milieu de gens qu'il attaque parfois vigoureusement, invitation crânement acceptée, il était surexcité par la situation, surexcité aussi par les bruyants applaudissements des bonapartistes qui s'étaient donné rendez-vous à la « réunion privée », d'autres soutiennent, au contraire, que c'est un jeune homme très-spirituel et très-gai qui a voulu s'amuser aux « dépens des radicaux » en faisant la charge de leurs orateurs.

En effet, il semblait qu'il voulait dire : Peuple, tes prétendus chefs se moquent audacieusement et impudemment de toi; ils te font des promesses qu'ils savent bien ne pouvoir tenir; — ils te convient à des festins de plus en plus somptueux, avec des mets fabuleux et des vins qui n'existent pas; puis on te fait chaque fois payer la carte, au prix de ton sang, de ta liberté, de toutes les misères, pour te lancer sur la proie qu'ils convoitent et dont ils ne te donneront même pas ta part; — ils t'ont dit que tu étais esclave, et que tu devais briser tes fers; il y avait bien alors quelque chose de vrai, — la royauté était devenue le despotisme; tu as « brisé tes fers »; on t'a dit ensuite : « le peuple meurt de faim. » Des hommes s'intitulant tes marmitons dévoués, t'ont promis des côtelettes de porc frais et du « petit bleu », à discrétion; — tu t'es battu pour le porc frais et le « petit bleu », — plusieurs ont été tués, plusieurs mis en prison, — eux ont mangé des dindes truffées et bu du vin de Champagne; — d'autres marmitons se sont présentés, qui t'ont dit : « Pourquoi, peuple, ne manges-tu pas des dindes truffées et ne bois-tu pas du vin de Champagne? Tu es roi. »

Alors ce roi à dix millions de têtes s'est encore battu pour les dindes truffées et pour le vin de Champagne; — beaucoup, pendant un triomphe de quelques jours, se sont montrés des rois fainéants: les ateliers nationaux — et ont pris pour modèle les tyrans les plus sanguinaires: le massacre des otages; — puis les nouveaux marmitons, par la porte enfoncée, étant entrés dans la salle où leurs prédécesseurs étaient à table, s'y sont assis, — tout le monde se serrant, — et on t'a dit, ô peuple, que c'était fini, que tout allait bien, et que tu eusses à te tenir tranquille; on a fusillé, déporté, emprisonné beaucoup des soldats dont les chefs ne s'étaient pas battus mais avaient pris place à la table.

Aujourd'hui, on te promet des côtelettes de sphynx à la purée de chimère : et tu te prépares encore à te battre pour la conquête de ripailles que feront tes nouveaux marmitons.

Peuple, on se moque de toi, — ça n'est pas difficile de te faire des promesses : je vais t'en faire de plus belles que celles que t'ont jamais faites tes chefs.

On t'avait promis « le droit au travail » ; je te promets, moi, « le droit à la richesse » ; — on t'avait dit que tu étais roi ; je te dis, moi, que tu es demi-Dieu, — Dieu, — Dieu et demi ; tu peux, au gré de ton caprice, faire et défaire les lois : ta fantaisie est la loi, et nous adorerons ton caprice et ta fantaisie ; on t'avait dit : « enrichissez-vous », — je te dis, moi, un nouvel empire t'enrichira.

« Enrichissez-vous » ça demanderait du travail, de la lutte ; il est vrai que beaucoup traduisaient ce conseil de l'austère Guizot par : volez-vous les uns les autres ; mais c'était encore une peine, tandis qu'il n'y aura rien à faire... qu'à se laisser faire ; l'empire vous fera tous riches ; si vous vous servez de cet argent que vous aurez à profusion pour *vous corrompre* vous avez *le droit à la corruption* : nous applaudirons, nous obéirons à votre corruption.

Et, ajoutent ceux qui croient à la « charge », l'auditoire ne sentit pas l'ironie et le sarcasme, prit au sérieux les promesses facétieuses de l'orateur, et lui donna de tels applaudissements, qu'il n'eut pas la force de désabuser les enthousiastes.

Si c'est là la vérité, on pourrait faire remarquer au jeune et brillant orateur, que la « charge » qui égaya tant les ateliers en 1870, est devenue aujourd'hui bien difficile à faire ; en effet, la vie réelle est devenue invraisemblable, on ose à peine et avec des adoucissements la transporter au théâtre et dans les livres, on ne peut rien imaginer de si excessif, de si fort, de si absurde, de si cocasse, qui n'ait été dit sérieusement, qui n'ait été cru, et qui n'ait eu ses victimes et ses martyrs.

Pour ne parler que de l'Empire, l'orateur était heureusement pour lui sur les bancs du lycée en 1849 et en 1852, et il n'a pas vu ce qui s'est passé lors des fameux plébiscites ; on a dit alors et entre autres choses en Normandie, que les harengs qui avaient disparu depuis la chute du premier empire s'empresseraient de revenir sur nos côtes, si on nommait le neveu de l'empereur.

Et on l'a cru.

On a dit que le « prince président » payerait tous les impôts de la France sur sa fortune privée,

Et on l'a cru.

Quoique alors, pour beaucoup, il fût notoire qu'il s'en fallait de deux millions pour que le prince Louis Bonaparte, qui ne possédait que des dettes, pût être appelé un homme sans le sou.

Je parlerai maintenant d'un sujet très-curieux, très-urgent : de l'éducation et de l'instruction. *Paulo majora canamus.*

X

J'aurais mauvaise grâce à ne pas m'empresser d'appuyer de mon mieux le projet de M. Alphonse Pallu[1] : sauf deux points qui, du reste, sont très-importants, presque toutes les réformes qu'il veut faire se trouveraient demandé ou indiquées dans les *Guêpes* depuis bien longtemps.

L'instruction et la non-éducation des dernières générations qui se sont succédé en France ont incontestablement et cruellement contribué aux malheurs de notre pays, et nous en préparent d'autres si l'on n'y met ordre.

Mais qui et comment ?

Ce que l'on appelle « la question politique » domine tout, et la « question politique » c'est de garder, de prendre ou de reprendre les places ou l'argent ; tout le reste est négligé ou plutôt laissé de côté.

Supposez un ministre de l'instruction publique aussi intelligent, aussi résolu, aussi... tout ce que vous voudrez : que fera-t-il dans une forme de gouvernement qui n'assure jamais vingt-quatre heures de pouvoir, où il ne faut qu'un vote de l'assemblée des représentants pour remplacer un ministère par un autre, professant des opinions et des idées radicalement contraires à celles de son prédécesseur? Naturellement le nouveau venu, pour faire ou pour avoir l'air de faire quelque chose, commencera par renverser et raser tout ce que celui qu'il remplace avait élevé ou commencé à élever ; — ça fait plus de bruit que de bâtir et c'est à la fois plus facile et plus prompt.

Quel ministère, quel gouvernement peut compter sur une existence de six mois, avec cette invention immorale et honteuse des *coalitions* qui réunissent par moments, sous le même drapeau, les ennemis les plus acharnés, les prétendus principes les plus contraires, les guillotineurs et les guillotinés de 1793, les fusilleurs et les fusillés de 1871, les proscripteurs et les proscrits de 1852, contre un ennemi commun bien plus haïssable que les proscripteurs, les fusilleurs et les guillotineurs, parce que son crime est d'occuper les places et d'émarger sur la liste des traitements?

J'appuie ici sur ce que j'ai dit : avec ces changements perpétuels de ministres, un gouvernement peut rester en place plus ou moins longtemps, il peut « régner », ainsi que je le disais sous Louis-Philippe, « comme une corniche *règne* autour d'un plafond », mais s'il se figure qu'il gouverne, et qu'il gouverne dans l'intérêt réel du pays, il est dans une grosse et lourde erreur. Les longs ministères seuls ont pu faire de grandes choses; un roi, un président, un khan, un czar, un hospodar, quel que soit le nom que vous donniez au chef de l'État, devrait, en commençant son règne, proclamer ses principes, ses idées, le but qu'il veut atteindre, la route qu'il veut suivre, et nommer pour toute la durée de son règne, des ministres qui ne seraient changés que pour des crimes ou des sottises de la plus incontestable gravité.

Le pouvoir, constitué comme il l'est, étant impuissant à faire par lui-même des réformes et des progrès, on doit louer, encourager, soutenir les particuliers qui bravent les dangers et les haines que l'on suscite en ayant raison contre ou avant tout le monde.

L'instruction, presque exclusivement littéraire, latine et grecque, qu'on donnait dans les lycées et collèges, avait sa raison d'être lorsqu'elle ne s'adressait qu'à deux classes d'individus : la première se composait des jeunes gens appartenant à des familles aristocratiques, riches ou en dignités, qui avaient leurs places toutes faites et toutes marquées d'avance dans la société ; il s'agissait pour eux de cultiver leur esprit, d'acquérir certaines « bonnes manières » convenues, et surtout d'employer, d'occuper, de dérober, d'escamoter, quelques années à la première et exubérante sève du commencement de la jeunesse.

La seconde classe se composait des jeunes gens qui se destinaient aux sciences, à l'église, à la magistrature, au palais, à la littérature, à la médecine, etc. Cette classe était alors assez restreinte et ne fabriquait des prêtres, des magistrats, des avocats, des médecins, des savants, des littérateurs, que, à peu près, dans les proportions nécessaires à la consommation du pays.

Mais lorsque la bourgeoisie, d'abord, eut renversé « les abus » et les priviléges, moins pour les détruire que pour les conquérir, — lorsque les « nouvelles couches sociales » commencèrent à faire contre la bourgeoisie ce que celle-ci avait fait contre l'aristocratie, — les vainqueurs s'affublèrent des dépouilles des vaincus, un peu au hasard et à la manière des sauvages qui se sont emparés d'un navire ; se coiffent avec une culotte, passent leurs jambes dans les manches d'un habit, et attachent sur leur poitrine une casserole ou une fourchette en manière de décoration.

Les conquérants ont dit et surtout fait ce que disaient les drôlesses qui s'étaient emparées des Tuileries en 1848 : « C'est nous qu'est les princesses à présent »; ils ont, sinon pratiqué, du moins professé les principes, les idées, les croyances mêmes qu'ils avaient trouvées sur le navire naufragé ;

non-seulement ils ont voulu avoir « les mêmes loges à l'Opéra » mais aussi « les mêmes chaises à l'église », donner la même instruction à leurs enfants, et leur préparer les mêmes destinées.

Mais à ce festin de dignités, de fonctions, de places, d'honneurs, d'argent, — à cette table dressée et servie pour un certain nombre de convives, — il ne s'est pas trouvé de place et surtout pas de pâture pour l'armée qui enfonçait les portes de la salle à manger; on s'est bousculé, on se bouscule, on se bousculera : on s'est arraché, on s'arrache et on s'arrachera les chaises, les assiettes, — les plats, surtout; — on s'est cassé, on se casse, on se cassera les carafes et les bouteilles — les bouteilles surtout — sur la tête : on prend la viande et la sauce à pleines mains, et on s'essuye aux habits et aux cheveux de ses voisins. — C'est une horrible ripaille, une terrible ripopée, — mais c'est comme cela, et ni Mathieu de la Drôme, ni son gendre et successeur Neyret, n'oseraient prédire quand ce sera autrement.

D'ailleurs, quelques exemples vinrent encourager cette folie; si beaucoup étaient repoussés de la salle du banquet, jetés par les fenêtres ou les escaliers, ou foulés aux pieds et écrasés sous la table, quelques-uns, par la force de leurs poings, ou par hasard, réussissaient à s'asseoir en bonne place, et à s'emparer d'un rosbif saignant, d'un gigot à l'ail ou d'une bonne volaille de Bresse, et en leur voyant déchirer l'épave à belles dents, les spectateurs sentaient s'accroître et leur appétit et leurs espérances.

C'est possible; voyez un tel. C'était mon voisin, mon camarade d'école; son père était épicier ou commissionnaire au coin de ma rue, — sa mère était blanchisseuse ou... n'importe quoi. Il avait à l'école une mauvaise petite veste bleue — je le vois encore — je lui ai donné des claques parce qu'il trichait et me chippait mes billes, et le voilà ministre, député, préfet, chef de division, etc.

Pourquoi lui plutôt que moi?

Personne n'essaye de décrocher les étoiles, mais s'il en descendait quelques-unes s'attacher comme des fleurs de feu aux arbres des boulevards de Paris, toutes les femmes en voudraient mettre en pendeloques à leurs oreilles.

Du temps de la loterie, — cette insigne filouterie du grand roi à l'égard de son peuple, — quand après avoir « nourri un terne » pendant cinq ou six ans à force de privation ou de menus vols à ses maîtres, une cuisinière venait à gagner un lot quelque petit qu'il fût, et déjà dix fois payé par les « mises », la direction de la loterie envoyait « sa musique », grosse caisse, trompettes, chapeau chinois, etc., donner une aubade bruyante à l'heureuse gagnante, et sur les vitres du bureau où la « mise » avait été faite, on affichait le billet gagnant avec des rosettes de rubans de toutes les couleurs.

De même, il ne faut pas s'attendrir lorsqu'on lit dans les journaux qu'un inconnu a gagné une grosse somme à Monaco, ou même que « la banque a sauté », il ne serait pas impossible que la direction des jeux eût encouragé la publicité de l'événement, et, quelquefois, inventé l'événement lui-même.

Alors les parents s'inquiétèrent moins de voir encombrées les professions libérales auxquelles ils destinaient leur fils au hasard; — il sera avocat;— s'il n'a pas de talent, s'il est paresseux et ignorant, si personne ne lui confie ses intérêts, ma foi, tant pis! il se fera homme politique, et visera à la présidence de la république, ou du moins à un ministère, peu importe lequel; ceux qui savent une chose pour l'avoir apprise, souvent ayant appliqué toutes leurs facultés à cette étude, ne sont pas aptes à autre chose. — mais lui, il acceptera la guerre, aussi bien que la marine, l'intérieur ou les finances.

De là, tous les ans s'abat sur la France une nuée de corbeaux affamés, une armée d'hommes qui ont revêtu l'habit noir et le chapeau tuyau de poêle; — ce sont des « messieurs », il faut qu'ils vivent en « messieurs », et, comme je l'ai déjà dit :

« Si quelques-uns trouvent la fortune et le pouvoir à moitié chemin des galères,—il en est d'autres, en plus grand nombre, qui trouvent les galères à moitié chemin du pouvoir et de la fortune. »

A peine sorti du collége, je constatais publiquement que sur soixante élèves qui composaient une classe ou une division, et qui devaient, pendant huit ou dix ans, consacrer tous leurs efforts à apprendre « les deux langues qui, seules, ne se parlent pas », six ou huit, les études finies, savaient en réalité le latin et le grec autant qu'on peut savoir deux langues mortes, — dix ou douze derrière eux les suivant « *non passibus œquis* », en savaient juste assez pour franchir le saut du baccalauréat, et n'auraient pu subir le même examen trois mois après, — le reste ne savait absolument rien, — et, étant professeur, je soutenais qu'un élève qui, en rhétorique, était, lors des concours, le dernier de la classe, ne serait pas le premier en septième.

Néanmoins tous ces gens ayant « fait leurs études », se croyaient des droits à faire partie d'une certaine aristocratie qui ne consiste pas seulement dans un certain rang dans la société, dans certaine considération, mais dans certaines jouissances qui nécessitent un certain revenu ; — leur pain quotidien ne se peut manger à moins de douze, de vingt, de cent mille francs, d'un million par an ; — le pain quotidien de ce prix-là ne se demande plus à Dieu, — c'est du diable qu'il faut l'obtenir.

On a apporté quelques réformes et quelques améliorations sous le rapport de l'instruction, on a *ajouté* l'étude des langues vivantes, mais on n'a pas *diminué* le latin et le grec, et encore cette année, le « prix d'honneur », au concours général, et dans les lycées était le prix de discours latin, — et Dieu sait ce que peut être un discours latin ; — quant à l'éducation, on n'a pas le temps ; — profitez, si vous voulez des bons préceptes que vous trouverez dans vos « auteurs », mais personne n'est chargé de vous faire discerner le vrai du faux, le juste de l'injuste, — beaucoup même des exemples offerts à l'admiration des élèves seraient dangereux à suivre, et j'ai constaté dans le temps que les vertus romaines racontées dans les cent premières pages de *Tite-Live* exposeraient celui qui les mettrait en pratique aujourd'hui à douze ou quinze fois la peine de mort et à huit cent cinquante ans de travaux forcés.

On tâche d'orner l'esprit, mais du corps, de l'âme, du cœur, de la connaissance de la vie, il n'en est pas question.

Il ne s'agit pas de faire des hommes, mais des forts en thème.

Il est un usage absurde contre lequel je me suis élevé bien des fois, et il y a longtemps, c'est celui des pensums, comme punition ; le « pensum vorace », comme l'appelle Hugo, dans un de ses chefs-d'œuvre.

A l'âge où les enfants sont au collége, ils ont autant besoin d'exercice que de nourriture ; — ils doivent exercer leurs bras, leurs jambes, leurs poumons au grand air. — Eh bien, déjà les classes et les études les condamnent à vivre immobiles et renfermés beaucoup plus longtemps qu'il ne le faudrait pour faire d'eux des hommes bien portants et vigoureux ; — que dire de cet usage bête de leur faire, pour punir leurs fautes, employer des récréations à copier des vers latins ou français, — c'est aussi sage que si on les privait de nourriture ou de sommeil. J'ai proposé, sans succès, de substituer au « pensum » un exercice monotone, ennuyeux, si vous voulez, mais un exercice, — tirer de l'eau à un puits, brouetter des pierres ou de la terre, etc. — La récréation n'est pas une récompense, c'est une nécessité ; ce devrait être une des branches de l'éducation, que d'apprendre à être robuste, agile, adroit. — Les anciens disaient : *Mens sana in corpore sano* ; — un esprit sain dans un corps vigoureux. — J'ai entendu nier ce principe en citant des exemples d'hommes faibles, rachitiques, malingres, maladifs, qui avaient manifesté de grands talents et beaucoup d'esprit ; — mais par *mens sana* il ne faut pas entendre ce qu'on appelle vulgairement « l'esprit » ; — l'art ou le don de parler d'une façon agréable, piquante surtout, malicieuse, blessante, c'est en effet l'espèce d'esprit qu'on peut appeler « l'esprit des bossus », l'esprit irrité, froissé, haineux, toujours à l'état de guerre et de représailles souvent préventives ; — l'esprit doit être :

« La raison ornée et armée. »

Et le bon esprit, l'esprit sain, doit être un composé de bon sens, de lucidité, de justice, de liberté et de courage ; — donc il ne peut guère appartenir à un pauvre être chétif, malingre, opprimé ou craignant de l'être.

Dans le *mens sana* il entre du tempérament, du caractère ; mais le caractère ! c'est-à-dire la puissance de voir le vrai et le faux, le juste et l'injuste, de connaître ses devoirs et ses droits, et la force de marcher résolûment dans le chemin qu'on a choisi et vers le but qu'on s'est fixé en respectant les uns, en faisant respecter les autres, — à ciel découvert, — la poitrine nue, le front haut, sans ruse, sans déguisement, sans compromis, sans connivences, sans conventions, ça... ça n'existe plus ; ça a disparu comme les ichthyosaurus et les dynothériums ; un homme, lorsqu'il s'en trouve par hasard un de cette espèce devenue fossile, semble un être singulier d'abord, gênant ensuite, et surtout nullement pratique ; il n'est « possible » dans aucune « combinaison » d'affaire ni de politique, et, dans les relations privées, son rôle est un rôle plutôt comique comme celui du *Misanthrope*, de Molière.

La Société d'abord, les hommes s'intitulant « hommes politiques » ensuite, ont été effrayés de voir, tous les ans, un nouvel essaim, une nouvelle nuée, une nouvelle armée s'abattre, se ruer sur un nombre de places relativement minimes, et venir se jeter dans la mêlée où déjà beaucoup trop se bousculent, — et s'arrachent les débris et les lambeaux de tout; — et cet essaim, cette nuée, cette armée grossir tous les ans, c'est-à-dire marcher visiblement à ce résultat, que les membres d'une nation de trente millions d'hommes voudraient tous être avocats, médecins, littérateurs; ceux qui ne trouveraient ni cause à plaider, ni malades à soigner, ni papier blanc à noircir fructueusement, se réservant les ministères, les préfectures, les ambassades, toutes les places, tous les traitements surtout, et s'intitulant eux-mêmes la « classe dirigeante », c'est-à-dire « émargeante » et « bien vivante ».

La société menacée de se composer entièrement de consommateurs, de convives affamés ; les producteurs, les cultivateurs, les cuisiniers, étant supprimés ou mieux devenus eux-mêmes consommateurs et convives, avec cette perspective inévitable d'en venir à se manger les uns les autres, et à se manger crus.

On a donc songé à rendre plus difficile l'abord de cette classe « libérale », de cette table, afin de diminuer le nombre des convives et de le proportionner un peu plus au nombre des places possibles autour de la table et à la quantité des victuailles ; on a créé, élevé des obstacles, des « banquettes irlandaises » comme dans le steeple-chase — espérant qu'un certain nombre des concurrents tomberaient et se casseraient les jambes ou se rompraient le col, — ce qui désencombrerait la voie, la « piste », et ne laisserait arriver au « poteau » qu'un petit nombre de rivaux ; mais il fallait faire mieux que sur « le turf », — on a fait plus mal ; — il fallait mettre l'obstacle à l'entrée de l'hippodrome ; on l'a placé à la fin du parcours, c'est-à-dire qu'on laisse s'engager sur la piste tous ceux qui veulent se présenter, sans consulter, sans connaître leurs forces ; c'est quand leur famille s'est épuisée à les conduire jusqu'aux examens, à la « banquette irlandaise », qu'on leur dit : « sautez maintenant. » Si « l'obstacle » était au commencement, c'est-à-dire si l'instruction primaire étant obligatoire, on ne pouvait passer aux degrés supérieurs que progressivement et à mesure que des facultés natives ou cultivées et visiblement supérieures, en donneraient une sorte de droit, ceux qui ne voudraient pas ou ne pourraient pas tenter le saut de l'obstacle, y renonceraient, prendraient d'autres chemins ; il n'est pas nécessaire, il est plutôt bête que tous les chevaux soient d'inutiles chevaux de course ; il faut des chevaux de cavalerie, des chevaux de selle, des chevaux de carrosse, des chevaux de labour, des chevaux de trait pour tous les usages. Il est toutes sortes de carrières honorables qu'on pourrait aborder et parcourir avec utilité pour soi et pour les autres, avec divers degrés d'instruction, l'instruction primaire étant le minimum obligatoire; mais quand « entraîné » pour la course, c'est-à-dire amaigri, efflanqué, capable de courir quatre ou six minutes et non pas dix, si on tombe à l'obstacle placé près du poteau d'arrivée, on reste par terre, on ne gagnera pas la course, mais on ne pourra servir ni pour la cavalerie, ni pour la voiture, ni pour la messagerie; le plus heureux serait de s'être cassé une jambe, et d'être délivré par l'équarrisseur d'une vie vouée nécessairement aux mécomptes, aux déceptions, aux misères, aux humiliations ou à l'improbité, à la bassesse, souvent au crime. Le cheval tombé à « l'obstacle » n'étant plus propre à rien qu'à être une bête rétive, hargneuse, mordant, ruant et dangereusement inutile.

Alors on a failli avoir une idée juste et bonne, on a imaginé la « bifurcation », c'est-à-dire des carrefours, où ceux qui, ayant éprouvé et leurs jarrets et leur haleine, peuvent quitter la « piste » où ils laisseront courir les autres, et choisir ces chemins divers moins « montants », moins « sablonneux », moins « malaisés », où ils pourront suivre une carrière heureuse pour eux-mêmes et utile aux autres. Mais la « bifurcation » avait le tort de mettre le latin au commencement au lieu de le mettre à la fin, c'est-à-dire que c'est à des chevaux déjà « entraînés » pour la course, déjà amaigris et efflanqués, que l'on proposait le collier et les traits; ça n'a pas eu de succès.

Mais ce qui a été — je ne dirai pas négligé, mais tout à fait laissé de côté — c'est « l'éducation »; « l'éducation » qui, selon l'excellente définition de M. Pallu, « a surtout pour objet le développement des forces physiques et morales, la formation des caractères, le savoir-vivre (il ne s'agit pas ici seulement de la politesse des manières) et le savoir-faire (il ne s'agit pas de retourner le roi à l'écarté). »

« L'instruction a pour but principal la culture de l'esprit. »

Instruit — *instructus*, veut dire : — armé. L'homme instruit, c'est-à-dire auquel on a donné l'armure de François Ier, jouera dedans comme une amande sèche dans sa coque et sera froissé, meurtri, et enfin sera écrasé sous le poids de la cuirasse; son bras inerte laissera tomber la lourde épée, si l'éducation ne lui a pas fait d'abord un corps développé et solide, capable de remplir et de porter la cuirasse, un bras capable de manier la lourde épée, et aussi un cœur qui donne le courage et la résolution.

Jusqu'ici, j'ai parlé pour mon compte, c'est-à-dire signalant divers points sur lesquels j'ai, à diverses époques, publié mes idées avant l'apparition de la brochure de M. Pallu; nous voici arrivé à ce qui est véritablement son « apport » dans la question vitale dont nous avons à nous occuper.

Un professeur fait deux fois par jour sa classe de deux heures : elle est entièrement occupée par la récitation des leçons, la dictée et la correction des devoirs; d'éducation, de culture des forces morales, il n'en est pas question, si ce n'est que rien n'empêche de faire un choix dans le mélange confus de vertus et de crimes, de vérités et de mensonges que la lecture des anciens fait passer sous nos yeux.

Certains professeurs — pas tous, il s'en faut — essayent de guider l'esprit dans ce choix, mais ils ne voient les élèves qu'à certaines heures occupées qui ne permettent ni de discerner ni de juger ni les tempéraments ni les caractères. « D'ailleurs, l'instruction qui est leur but est un domaine assez vaste; ils s'y retranchent volontiers. » Avant et après les leçons, les élèves sont livrés aux « maîtres d'études ». Empruntons à M. Pallu, qui l'a emprunté à un très-remarquable travail d'un « fonctionnaire émérite » qu'il ne nomme pas, un portrait très-frappant du maître d'études :

« Le maître d'études.

» Voilà l'homme de tous les jours et de tous les instants.

» Il suit les élèves partout : au dortoir, à la récréation, à la salle d'études; il veille sur leur sommeil, sur leur décence; il préside à leurs repas, à leurs jeux; il est le témoin de leurs altercations, de leurs amitiés ou de leurs antipathies; il est appelé vingt fois par jour à les avertir, à les réprimander, à punir leur légèreté ou leurs vices naissants; il connaît à fond leurs caractères, leurs mœurs, les détails les plus intimes de leur vie, les sentiments qu'ils ont dans le cœur pour leurs camarades et pour leurs maîtres.

» Le maître d'études

» Est donc celui de tous les maîtres qui retrace le mieux l'image du père de famille, puisqu'il ne se sépare point de l'enfant, et qu'il le suit et le surveille dans tous les moments.

» C'est lui qui, mieux que tous les autres, peut agir sur l'âme, sur le cœur des élèves, et former leur caractère.

» Or, qu'exige-t-on de ceux qui aspirent à cette position importante ?

» Assurément,

» On doit leur demander, plus encore qu'aux professeurs mêmes, une haute culture de l'esprit, afin qu'ils aient des idées d'autant plus justes et un tact d'autant plus délicat;

» On doit les choisir parmi les hommes les plus distingués de sentiments et de mœurs, vouloir avant tout qu'ils soient pénétrés de la grandeur de la mission à laquelle ils se vouent, et qu'ils se soient préparés à la remplir par une direction d'idées et par des études toutes spéciales.

» On doit enfin, pour attirer et retenir dans les établissements une classe de maîtres capables de satisfaire à des devoirs aussi difficiles qu'importants, se montrer généreux à leur égard, ne pas marchander leurs services, et les placer, par un traitement affecté à leur emploi, sur la ligne des fonctionnaires les plus considérés, les plus utiles; enfin les rehausser aux yeux de tous, et à leurs propres yeux, par des marques de considération et par les perspectives favorables qu'on ouvre devant eux pour leur avenir.

» Malheureusement, tout cela n'est que le contre-pied de la réalité et la satire la plus amère de ce qui se passe.

» Les maîtres d'études peuvent se partager en deux classes :

» L'une se compose d'hommes d'une éducation commune, sans avenir, forcés par les nécessités de la vie de prendre, faute de mieux, cet emploi qui leur assure, au prix des plus pénibles soins, un abri, des vêtements et du pain. Ils sont entrés dans une maison d'éducation comme il seraient entrés dans l'octroi ou dans la police des marchés, parce qu'il faut qu'ils vivent.

» L'autre classe est formée de jeunes gens instruits, mais sans fortune, quelquefois doués d'une énergie très-louable, qui, ne pouvant suffire, sans gagner quelque argent, aux dépenses qu'exigent des études préparatoires, ont pris un jour une grande résolution; il se sont condamnés à traverser pendant trois ou quatre ans la vie la plus semée de dégoûts, afin d'être en mesure plus tard d'aborder une des carrières libérales, peut-être même de s'ouvrir, par les concours et l'agrégation, celle de l'enseignement.

» De quels secours peuvent être pour l'éducation morale, des hommes attirés dans les établissements par de tels mobiles?

» Ceux qui arrivent pourvus d'un certain savoir, et avec la résolution de traverser le plus rapidement possible leurs pénibles fonctions, pour parvenir à un but plus en harmonie avec leurs goûts et leur capacité, ceux-là d'ordinaire détestent leur position; ils en sentent toutes les amertumes et s'y résignent tristement, comme on se résigne au malheur. — Aigris par la nécessité qu'ils subissent, ils ne sauraient se pénétrer de cet esprit doux et affectueux que les soins de l'éducation réclament; ils sont, le plus souvent, dans leurs rapports avec leurs élèves, d'une humeur sèche, d'une sévérité chagrine.

» Ceux qui, sans distinction aucune dans les habitudes et dans l'esprit, ont choisi cet état pour y user leur vie, comme ils l'auraient usée dans des emplois tout matériels,

» Ceux-là se font un caractère et adoptent un rôle; — tantôt ils en viennent à une insouciance routinière qui, s'accommodant de tout, leur épargne de sentir trop vivement tant d'ennuis et de déboires qu'ils ont à supporter : — ou bien ils contractent l'habitude d'un ton grondeur et des manières brusques par lesquelles ils se plaisent à intimider les enfants, et qui semblent parfois des réminiscences de la caserne ou de la prison.

» Il n'est pas ici question, remarquez-le bien, de confiance ni d'attachement; l'éducation y est remplacée par la discipline, et l'action du maître sur l'élève est simplement réduite à un système de récompenses et de punitions. »

Ajoutons :

L'éducation se borne à deux points, — l'obéissance aveugle et le silence contre lesquels l'élève tend toutes ses forces et toute son intelligence.

La première idée de M. Pallu, — celle qui lui appartient et qu'on ne saurait trop louer, — c'est de renverser l'usage établi si tristement dans toutes nos maisons dites d'éducation : c'est de supprimer le « pion », ce monstre malheureux, ce tyran opprimé; — c'est de donner au maître d'études, une importance, une situation, une rémunération, au moins égales à celles du professeur, et par ce moyen l'éducation servant de base à l'instruction, ou mieux de cultiver et développer à la fois les forces physiques et morales et celles de l'intelligence.

Quant à l'instruction, au premier degré, l'enseignement des sciences utiles et applicables, l'étude et la pratique de langues vivantes, puis sur cette base — et pour quelques-uns — le grec et le latin, puis les humanités et l'enseignement supérieur.

Pour la pratique, M. Pallu suit l'avis très-bien motivé du fonctionnaire émérite :

« Le grand nombre, s'écrie-t-il, voilà l'un des inconvénients les plus graves de l'éducation publique actuelle. »

C'est plus qu'un inconvénient et malheureusement c'est inévitable.

On disait autrefois des capotes des soldats que le tailleur du régiment prenait mesure sur la guérite : ce n'est pas ou ce n'est pas tout à fait comme cela. On fait des capotes pour trois tailles de soldats, — mais quant à « l'éducation » de la jeunesse des écoles, des pensions et des lycées, il faut revenir à la mesure prise sur la guérite; il faut nécessairement une discipline unique pour cent, deux cents, cinq cents, mille, quinze cents élèves : les uns, d'un naturel timide facilement effarouché, affolé, découragé, auraient besoin d'être soutenus, menés doucement par la main; les autres, caractères rudes, farouches, raides, impérieux, auraient besoin d'être assouplis, domptés par une règle sévère. Sans compter tous les caractères intermédiaires entre ces deux extrêmes. Eh bien! la discipline uniforme, « presque mécanique », appliquée nécessairement à tous dans les établissements nombreux, est trop tendue pour les uns et ne l'est pas assez pour les autres. La seule règle de cette discipline, c'est la prescription de « l'obéissance », règle soutenue par une pénalité. Sous ce régime, souvenez-vous du collége et de la pension, la plus grave des infractions, entraînant la punition la plus sévère, c'est de « raisonner »; qui ne voit encore la figure rogue, indignée, étonnée, stupéfaite du « pion », disant : « vous raisonnez, je crois, — cinq cents vers de plus à copier pendant la récréation. »

Cette discipline uniforme, — mesure prise sur la guérite, — cette obéissance aveugle exigée sinon obtenue, amène, pour les uns, la faiblesse, l'indécision, le ramollissement du caractère; pour les autres, l'esprit de ruse, de révolte, d'insurrection, contre toute règle et souvent toute équité, et cela presque toujours pour toute leur vie.

M. A. Pallu adopte le système anglais, et voici selon MM. Demogeot et Montucci, en quoi consiste ce système :

« L'école anglaise, dit ce rapport, est un hameau dont les divers bâtiments dispersés çà et là, se groupent dans un désordre capricieux et pittoresque, autour de l'édifice qui contient les classes. »

Plus loin : « En Angleterre, l'éducation est d'ordinaire excellente, tandis que l'instruction semble généralement incomplète.

» Elle est paternelle sans être amollissante, sévère, mais non pas tracassière, religieuse sans bigoterie, morale sans affectation. Elle semble avoir résolu le problème difficile d'unir la discipline avec la liberté. Elle atteint un double résultat que manquent quelquefois des systèmes de surveillance plus continue; elle fait en sorte que les élèves ne haïssent point l'autorité et peuvent se passer d'elle.

» La grande affaire de l'*éducation*, aux yeux de la majorité des instituteurs anglais, c'est de former la volonté. Ils pensent avec raison que l'homme puissant est moins encore celui qui sait que celui qui veut.

» Savoir vouloir, savoir agir, c'est aux yeux des Anglais le but suprême où l'éducation doit amener l'homme.

» L'école est chez eux l'apprentissage de la vie plutôt que de la science.

Et M. A. Pallu ajoute, à propos de ce rapport :

» Le système de l'éducation anglaise supprime l'internat et tend à rendre, autant que possible, le travail attrayant; c'est un des grands avantages de cette éducation. Elle évite ainsi l'écueil du découragement, qui s'empare souvent de l'enfant dans nos lycées et pèse sur toute son éducation.

» La gymnastique et surtout les jeux athlétiques jouent un rôle très-important chez nos voisins; ils sont pour eux un moyen puissant de développer l'énergie, l'agilité et la force physique. Nous devron les imiter. Je voudrais y joindre encore l'enseignement pratique de la culture de la terre par le jardinage, car l'agriculteur intelligent qui voit s'accomplir chaque jour sous ses yeux les grands phénomènes de la nature, y prend l'habitude de l'observation, élève son âme à Dieu et devient meilleur.

» MM Demogeot et Montucci se plaignent bien un peu de la trop grande prépondérance accordée, en Angleterre, à l'éducation sur les études, mais de notre côté, en négligeant l'éducation, n'abusons-nous pas beaucoup trop de ces mêmes études, de leur aridité et de la discipline? »

Donc les « pions » remplacés par des « tuteurs » scrupuleusement et intelligemment choisis, traités honorablement, chacun dans une maison séparée, ayant sous sa direction seulement une quinzaine d'élèves, assortis par pays, par origine, par religion, par but des études. Parfois aussi l'élève passant d'une famille écolière dans une autre rencontrera dans tel ou tel tuteur les soins spéciaux qu'exige son caractère particulier; le milieu, les exemples, « l'entraînement » qui peuvent corriger certains défauts, créer ou développer certaines qualités.

La gymnastique, c'est-à-dire la culture des forces physiques, prenant sa place dans l'éducation comme la culture des forces morales ; — des carrefours où l'élève peut s'arrêter avec une instruction plus ou moins spéciale complète, et prendre sa route dans la vie.

Le lycée, l'école, cessant d'être quelque chose comme un couvent, une prison. — comme l'enfer punissant une sorte de second péché originel, — la vie de famille avec toutes ses indulgences, tous ses plaisirs : — la vie à la campagne avec ses salutaires effluves, ses salutaires enseignements.

« L'éducation servant de base à l'instruction. »

Faire l'homme avant de forger les armes : faire des hommes et non des forts en thème, et arriver à ce but qu'annonce M. A. Pallu :

« L'homme si faible par sa force physique, si
» puissant par sa force morale, doit posséder, pour
» donner à cette force toute son expansion : *le res-*
» *pect de Dieu, de lui-même et des autres, le senti-*
» *ment très-prononcé du devoir et de la responsabilité,*
» *l'horreur du mensonge et de la duplicité qui sont la*
» *plaie de notre époque, le respect des lois de son pays,*
» *le culte et le respect de la famille, le savoir-vivre ;*
» il lui faut aussi *la volonté, l'énergie, la tenacité,*
» *l'esprit d'observation, le savoir-faire.* »

C'est au Vésinet, dans une très-belle campagne, que M. A. Pallu veut fonder cet établissement. Il est du devoir de tous les gens sensés et amis de leur pays de venir en aide, ce serait aussi le devoir du gouvernement, si les factions, la lutte incessante, la « question politique », lui laissaient le temps et le moyen de faire autre chose que de se maintenir.

Je répéterai ici ce que je disais dernièrement : « Pour sauver la France, il faut contenir la génération présente, corriger celle qui la suit, et élever la troisième. »

XI

Quant à l'aide que le gouvernement « devrait » à un pareil projet, je rappellerai un souvenir :

Certes, Cavaignac, pendant la présidence, n'avait pas à se croiser les bras.

Cependant il croyait devoir soutenir l'expérimentation de tout système, offrant des chances plausibles de progrès, dans l'intérêt de la société.

Il m'engagea un jour à déjeuner avec Considérant, le chef alors de l'école Fouriériste, et directeur d'un journal : *la Démocratie Pacifique*. Ce journal créé pour la vulgarisation des doctrines de Fourier, avait pris depuis quelque temps une attitude taquine, provoquante, et il semblait qu'à chaque numéro, on enlevait à l'imprimerie une lettre de son titre :

    Démocratie Pacifique.
    —   Acifique.
    —   Cifique.
    —   Ifique.
    —   Fique.
    —   Ique. etc.

Il passait, de la couleur sereine et céleste qui convient à un système philosophique, au lilas, au rose, au carmin, au rouge, à l'écarlate, au sang de bœuf et au rouge vineux.

Cavaignac et Considérant avaient été ensemble à l'école polytechnique, et se tutoyaient.

« J'ai fait la guerre toute ma vie en Afrique, dit Cavaignac; il s'est passé en France bien des choses que je n'ai pu étudier ; — je n'ai pas lu les livres de Fourier, — quelques numéros de ton journal seuls ont passé sous mes yeux, j'ai cru y discerner certaines idées justes. Je vois que plusieurs hommes très-intelligents comme toi, paraissent convaincus de l'efficacité, pour le bonheur humain, des doctrines et des idées de Fourier.

Pourquoi avez-vous depuis quelque temps changé d'attitude ; — pourquoi à la discussion, à la persuasion, essayez-vous de faire succéder la menace et l'intimidation ?

— C'est, répondit Considérant, qu'il faut bien élever la voix quand on parle à des sourds.

— Tu es bien convaincu de ce que tu professes?

— On ne peut plus convaincu.

— Eh bien, il faut le prouver par la pratique, la vérité des théories ; — il faut créer un phalanstère. Si vous réussissez, l'exemple sera fertile. Je puis vous donner en Afrique une assez vaste concession de terre et un peu d'argent, il faut vous mettre à la besogne et tout de suite, — en renonçant à ces agressions légèrement commencées qui ont l'air de faire de vous des alliés des émeutiers; — ça te va-t-il ?

— Ça me va, répondit Considérant, mais ce qu'il

nous faut pour établir notre phalanstère, c'est la forêt de Saint-Germain.

— Le gouvernement ne dispose pas de la forêt de Saint-Germain,—d'ailleurs, cette proximité de Paris n'a aucun avantage pour l'application de vos doctrines, et le prétendu phalanstère pourrait devenir un foyer, un centre d'action et un rendez-vous pour le désordre ; — veux-tu essayer un phalanstère en Afrique, — une concession de terre et un peu d'argent ?

— Non, pas en Afrique.

— Je suis éclairé, dit Cavaignac en se levant. Eh bien, dis à tes amis, que si vous me faites la guerre, que si vous bougez, je vous f.....ai des coups de fusils.

Et il sortit brusquement de la salle à manger, me laissant seul avec Considérant.

— Que pensez-vous de cette violence, me dit l'apôtre ?

— Je pense que vous n'êtes pas Fouriériste.

Ah ! quel brave et honnête homme que ce Cavaignac ! voilà deux fois, depuis quelque temps, que j'ai le plaisir de me rencontrer à Nice avec l'éminent historien A. de Vaulabelle, qui fut ministre avec lui en 1848, et comme nous aimons à parler de lui ! Comme la république eût été fondée sans les intrigues de MM. Thiers, de Girardin, etc., sans la réunion de la rue de Poitiers d'une part, et les efforts des pseudo-républicains d'autre part ; — et, alors, pas d'empire, pas de Commune, pas cette guerre civile, aujourd'hui permanente.

L'adoption du scrutin uninominal est une victoire du bon sens et de l'équité, sur l'intrigue, le mensonge et la bêtise.

Mais il ne faut pas se leurrer d'une vaine espérance ; ce vote, qui remplace le scrutin de liste par le scrutin d'arrondissement, ne donne pas la paix; elle ne donne même pas une trève consentie ; c'est un armistice, dont le parti qui se prétend si faussement et si impudemment républicain va profiter pour enterrer « civilement » ses morts, quelques-uns au Sénat, quelques autres dans certaines fonctions rétribuées, et forger des nouvelles armes, car la guerre qu'ils font à la société est une guerre véritablement à outrance.

Et celle-là, ils la font pour de bon et la font eux-mêmes.

Il ne s'agit pas pour eux d'une de ces guerres épiques, où il est question de gloire, de palmes, de lauriers, etc.

Cette guerre, c'est leur profession, leur métier, leur gagne-pain; ils ont contracté des habitudes, acquis des besoins, fait des rêves qui ne se peuvent contenter des ressources d'un métier honnête, d'une industrie correcte, ils ne peuvent vivre à leur gré, à moins du bouleversement et de la ruine du pays et de la société, il leur faut tout, quittes à se le disputer et à se l'arracher ensuite par lambeaux, parce que tout ne ferait pas encore à tous des parts assez grosses et suffisantes à assouvir leurs appétits; c'est une guerre de loups, de loups affamés, et ceux d'entre eux qui, grâce à l'abolition du scrutin de liste, vont retomber à mener la vie privée, déshabitués du peu de travail qu'ils faisaient avant d'être députés, travail qu'ils ont tout à fait abandonné depuis cinq ans que l'*indemnité* de représentants leur avait donné neuf mille francs de revenu, qui les faisaient vivre des rentes des autres, ceux-là ne seront pas les moins loups, les moins affamés, les moins irréconciliables.

Il ne faut donc pas considérer cette victoire comme définitive, et devant nous donner la paix.

Il faut profiter de l'armistice pour réparer les brèches faites aux murailles qui ne tarderont pas à subir de nouveaux assauts; il faut agir et promptement et résolûment.

La génération actuelle est envahie par la contagion emprisonnée jusque dans ses os, on ne la guérira pas; la société s'est mise trop tard en défense, elle a donc aujourd'hui un double but à atteindre :

« Contenir les pères, corriger et élever les enfants . »

Cette régénération n'est peut-être pas, je crois,

impossible, mais il faut s'y mettre résolûment, infatigablement et tout de suite.

Parlons d'abord un peu de la presse.

Le gouvernement actuel est, ce me semble, sur le point de commettre une erreur et une faute, et cela à propos de la presse.

Certes, le mieux serait de prendre la question comme la prenait l'autre jour l'honnête et excellent tyran de mon rêve, mais n'osant pas espérer de voir appliquer un remède aussi héroïque, aussi radical, il faut en chercher un autre, et cet autre il est tout trouvé, vous l'avez sous la main, c'est de ne rien faire, du moins rien de nouveau : Heureuse Égypte, disait un ancien, qui voit les dieux pousser dans les jardins; c'est d'appliquer sévèrement, inexorablement les lois existantes; la signature réelle, le droit de réponse absolu avec cette condition que, ainsi qu'il est juste, ainsi qu'il est admis devant les tribunaux, l'accusé, l'attaqué a la parole le dernier. Le gouvernement usant de ce droit de réponse comme les particuliers, et en usant sans relâche, se faisant au besoin le collaborateur assidu et quotidien des journaux qui l'attaquent, et lui et la société, par le mensonge et la calomnie, et cela sans employer le ton rogue et agressif que j'ai plus d'une fois reproché aux *communiqués* de l'empire, qu'un journal m'accusait, il y a quelque temps, d'avoir inventés, accusation que je n'ai pas repoussée, la sachant fondée. Le ton de ces réponses doit être calme et mesuré : le journal a dit hier telle chose, voici la vérité sur ce fait, — suit la vérité, suivent aussi les preuves à l'appui.

Ce n'est pas tout, je reviens à un projet que j'avais soumis dans le temps au père de M. le comte de Paris, et que, malheureusement, je crois, je n'ai pas eu le bonheur de lui faire comprendre.

Il faut que le gouvernement *fasse* un journal, non pas un journal de polémique. Sa polémique aura pour théâtres les journaux mêmes qui l'attaquent, là il parlera au même auditoire devant lequel il est accusé.

Voici comment j'entends la chose :

Le journal que doit faire le gouvernement, doit réunir autour de lui, dans l'intérêt et au nom de la patrie et de la société, et aux conditions les plus honorables, tous les écrivains qui, à divers titres et à divers degrés, ont, comme on dit au palais, « l'oreille du public »; — tous ceux qu'on lit, tous ceux qu'on écoute, sans se préoccuper de leurs opinions politiques, ni de leurs engagements pris avec tel ou tel parti, — n'écouter pour ce choix ni les coteries, ni les préjugés hiérarchiques. — Il eût fallu avoir Paul de Kock aussi bien que Lamartine et Victor Hugo. — M. Labiche, comme M. Augier ou M. Dumas fils, la rédaction payée à chaque collaborateur un prix double de ce qu'il trouverait ailleurs. — Le journal imprimé sur magnifique papier avec le plus grand soin, on y ajouterait des illustrations artistiques et sérieuses, ou comiques et bouffonnes, sans reculer devant les modes, ni la caricature, ni les rébus, et on choisirait pour ces illustrations comme pour la rédaction, tous ceux qui, à un titre quelconque, possèdent la faveur du public; on serait à l'affût et on surveillerait l'éclosion de tout nouveau talent, de toute nouvelle renommée, de toutes dispositions heureuses, et on les accaparerait; on ferait ce que faisait autrefois le Théâtre-Français qui avait le droit de réclamer tout artiste de talent jouant sur tout autre théâtre, et de lui envoyer un ordre de début; on imiterait immédiatement toute innovation heureuse, imaginée ou appliquée par une autre publication, et on l'imiterait en la perfectionnant; on ne permettrait à aucun journal d'offrir au public quelque chose que ce public ne trouvât dans votre journal mieux fait et fait par les meilleurs ouvriers; il ne faudrait reculer ni devant les primes ni devant rien.

Ce journal qui, je le répète, ne ferait pas de polémique, rétablirait les faits historiques si audacieusement altérés et sophistiqués depuis soixante ans; il rectifierait les idées faussées en philosophie, en industrie, en politique, etc.; grâce à l'élite des savants, des romanciers, des moralistes, des humoristes, des dramaturges, des fantaisistes, des artistes en tous genres, composant sa rédaction ; grâce aux ressources dont dispose le gouvernement, il aurait plus de faits et de nouvelles que les autres et les aurait avant eux ; — il intéresserait et amuserait ses lecteurs plus que ne pourraient le faire tous les autres journaux ; il serait dirigé par un comité d'hommes choisis, non dans tel ou tel parti, dans telle ou telle coterie, mais parmi ceux qui ont manifesté une incontestable supériorité, un heureux savoir-faire dans des exploitations analogues.

Ce journal se vendrait un sou et serait envoyé gratuitement à tous les maires, à tous les instituteurs, à tous les curés, à tous les médecins de toutes les communes de France.

Cette dernière phrase me servira de transition pour arriver à ce que je veux dire dans l'intérêt et pour le salut de la société gangrenée que nous sommes devenus.

Après que j'aurai répété que, quant à la presse, les obstacles d'argent sont une niaiserie. Ils seront toujours franchis par les journaux de partis, et le seul résultat que vous en obtenez est de créer en leur faveur un monopole extrêmement dangereux pour vous.

XII

Je veux parler des maires, des curés, des instituteurs et des médecins, et c'est en eux que je place le salut et la régénération de la société, à moins qu'elle ne soit, par la providence, définitivement jugée et condamnée à périr, ce que, voyant ce qui se passe et ce qui se prépare, je n'oserais pas affirmer être tout à fait impossible.

Certes, nous ne sommes pas un peuple qui manque de lois ; — nous en avions, en 1854,

Quatre-vingt-sept mille cinq cent vingt.

Je ne parle pas de trente et quelque mille décrets, etc., ni des lois qui ont été faites depuis par nos sept cent quarante législateurs privilégiés et payés.

Quatre-vingt-sept mille cinq cent vingt lois que nous sommes tenus de savoir, que nous sommes censés savoir, dont l'ignorance nous expose à toutes sortes de périls et de punitions.

Quatre-vingt-sept mille cinq cent vingt lois contre lesquelles l'homme le plus juste de la France doit pécher plus de sept fois par jour.

Non-seulement nous avons quatre-vingt-sept mille cinq cent vingt lois et plus, mais encore nous en avons, et en grand nombre, de très-bonnes et d'excellentes.

Il n'y a qu'un seul inconvénient : c'est qu'on ne les exécute pas; — je l'ai déjà dit plusieurs fois, et, à propos de la presse entre autres, avant de faire de nouvelles lois, essayez l'application sérieuse de celles qui existent. J'ai comparé le gouvernement, depuis un demi-siècle, à un homme qui, par la pluie, se plaindrait d'être mouillé, — un parapluie à la main, — et je lui ai crié : mais ouvrez donc votre parapluie!

Tous les bons esprits se préoccupent, avec raison, de l'envahissement de la société à tous les étages par des idées fausses, par des théories absurdes, par des rêves insensés; — idées, théories et rêves également dangereux, et devant, pour peu qu'on n'y mette ordre, mener la France à sa ruine complète, et la société à « une rechute en sauvagerie. »

Depuis bien longtemps, grâce à la forme de gouvernement dite improprement constitutionnelle et représentative, ce ne sont pas les études sérieuses, les grandes facultés, la moralité éprouvée, le tendre et intelligent amour du peuple, qui conduisent les hommes au pouvoir, — ce sont, à peu d'exceptions près, les appétits et les soifs surexcités, — la vanité, l'audace, la présomption, — la facilité naturelle ou acquise de parler longtemps sans s'arrêter, — de parler de tout sans savoir grand'chose, — et de réciter, avec emphase, des lieux communs, des rengaînes qui excitent, à leur tour, les appétits et les soifs, — la vanité et l'audace des auditeurs.

Comme ces « talents » peuvent être acquis par des hommes d'une intelligence commune, d'une moralité, d'un caractère au moins douteux, il s'en suit que les prétendants et les assaillants sont nombreux et se multiplient tous les jours ; que de la « révolution française », la première phase — la phase de « la bataille » qui était gagnée et aurait dû être finie dès 1789 et du vivant même de Louis XVI, n'a eu que des armistices, se recommence et se continue sans cesse, — et que la phase du problème à résoudre et de l'organisation à former ne fait aucun progrès et ne semble pas promettre d'en faire de si tôt.

Seuls, quelques solitaires — éloignés des affaires et de la compétition du pouvoir par la paresse, par l'indifférence, par l'absence de besoins, par le dégoût — consacrent les forces de leur esprit, sans cesse en travail, à chercher, trouvent quelquefois, et leur voix se perd au milieu du tumulte et des cris des assiégeants et des assiégés, des parleurs, des hableurs, des charlatans, des escamoteurs, etc.

Néanmoins ils filent obstinément leurs cocons ; — et je l'ai dit déjà : ce n'est qu'après leur mort, — peut-être après les avoir étouffés,—qu'on s'apercevra que c'est de la soie, et qu'on s'occupera de les dévider.

C'est cependant un devoir de donner autant de publicité que possible aux idées, aux recettes qu'on croit bonnes et salutaires. Je suis convaincu que, sans chercher le salut toujours dans les lois qui naissent mortes — puisqu'on ne les exécute pas — un pouvoir sensé, intelligent, ferme et résolu, a, dans l'organisation actuelle même, les éléments, les armes nécessaires et suffisantes pour travailler, avec succès, à la réorganisation de la société qui s'en va se délabrant de jour en jour.

Il n'est pas besoin d'expliquer quelle force certaines institutions tirent d'une organisation bien faite et d'une discipline obéie, — il suffit de nommer les jésuites, et, comme exemple récent, le parti soi-disant républicain, social, démocratique, etc., et la guerre civile que ce parti fait sans relâche et sans trêve aux institutions sociales.

Comme un réseau de fils électriques dont le bureau est à Paris, les mots d'ordre parcourent la France en tous sens, arrivant à toutes les tavernes, à tous les cabarets, à tous les cafés, à toutes les « chambrées », par l'intermédiaire de certains journaux et de certaines correspondances ; là se trouvent des affiliés qui reçoivent la manne vénéneuse et la distribuent. Il n'est pas une ville, pas un hameau qui n'ait son orateur, son hâbleur affilié. Qu'avez-vous pour vous défendre? quelques lois non exécutées, — lois d'ailleurs purement répressives qui, fussent-elles obéies, empêcheraient à un certain point de distribuer aussi régulièrement ladite manne empoisonnée, mais ne donneraient pas pour la remplacer une nourriture suffisante et salubre.

Eh bien, cette organisation, elle existe, — cette manne salutaire, il dépend de vous de la distribuer; et, ressource meilleure, c'est en vous servant de ce qui est une des plus terribles, des plus invincibles causes de la ruine imminente et des dangers du pays que vous pouvez arriver à ce résultat.

Il suffit d'un procédé... chimique, analogue à celui qui, grâce à une invention nouvelle, tire du noir goudron plusieurs gammes des couleurs les plus splendides qu'on ait jamais vues.

D'un procédé qui, de la corruption et du fumier enfoui, fait naître et nourrit les fleurs, les fruits, les légumes et les troupeaux.

Et je dirai encore : Ouvrez votre parapluie.

Que sont les maîtres d'école dans les petites villes, dans les villages et dans les campagnes? De pauvres diables à peine payés, mal nourris, mal vêtus, partant, sans considération, sans crédit, sans influence.

Que sont les médecins dans ces mêmes localités? A peu près la même chose : — de pauvres hères condamnés à une vie solitaire et triste, parce que leurs études les ayant fait vivre au moins pendant quelques années dans les grands centres, ils y ont contracté des habitudes, acquis des besoins d'intelligence, dont ils sont aussi embarrassés et attristés que l'eût été Robinson, si avant d'avoir trouvé Vendredi, il eût voulu, dans son île, jouer aux dames ou aux échecs.

Quant aux curés, nous allons les laisser un instant de côté pour en causer particulièrement un peu plus tard.

Toutes les voies des professions libérales sont envahies, encombrées; les écoles et les examens lancent, tous les ans, des hordes de « messieurs » ayant le droit, la volonté, le besoin d'aspirer à des places déjà prises, déjà occupées, et de venir les réclamer, les assaillir, les enfoncer. Ceux qui ne réussissent pas à se caser, ceux qui sont renversés du siége antérieurement conquis, sont condamnés à n'attendre plus ce pain quotidien devenu cher, que des agitations, des révolutions, des malheurs de leur pays.

Ce serait déjà un résultat très-heureux que de faire ce que fit Duguesclin des « grandes compagnies », lorsqu'il les emmena en Espagne combattre Pierre-le-Cruel; mais il y a mieux à faire.

Grâce à la guerre follement et criminellement entreprise, follement et criminellement continuée, le nombre des trente-six mille communes, composant le territoire français, se trouve diminué. En admettant cette diminution, et en tenant compte des communes trop petites ou trop rapprochées, il y a vingt-cinq mille places d'instituteurs et vingt-cinq mille places de médecins : total, cinquante mille positions pour cinquante mille jeunes gens instruits, devenus « messieurs », et condamnés à labourer infructueusement le pavé avare des grandes villes.

Mais pour cela, il faudrait que ces places fussent convenablement rétribuées et donnassent une position tout autrement respectable et respectée qu'elles ne le font aujourd'hui.

Voilà quant au déblaiement des voies encombrées des professions libérales, etc.

Voici les avantages de l'État, que la société tirerait de cette armée, et voici comment elle devrait être organisée : — en armée de défense, en armée de l'ordre, en armée de l'honnêteté et du bon sens, contre l'armée déjà trop bien organisée qui attaque tout cela.

Je parle surtout des maîtres d'école des campagnes, et, par là, je m'adresse à la très-majeure partie de la population. — Le maître d'école dans les examens qu'il aurait à subir, dût-on à la rigueur se montrer moins exigeant pour certaines conditions ultra-littéraires, devrait répondre à deux conditions :

D'abord, des connaissances agricoles sérieuses ; — Il aurait à la commune un jardin assez vaste qu'il cultiverait avec ses élèves, leur enseignant les meilleures méthodes et les découvertes nouvelles ; dans ce jardin, grâce à des dons et à des échanges effectués par l'entremise, et sous la protection du ministère, se trouveraient les meilleures espèces en fruits, en légumes, et même en fleurs, qui se propageraient par les semences, les greffes, les boutures dans le cercle de chaque école ; la seconde condition serait de répondre à un examen sur l'ensemble des principales lois du pays, et sur la vraie morale pratique.

Cet examen serait également passé par le médecin, qui devrait faire un peu de médecine morale, c'est-à-dire, détruire par ses conseils certaines habitudes malsaines, nuisibles, abrutissantes, — le tabac, l'absinthe, etc., l'atmosphère des tavernes, etc.

Il serait bien important de compléter le trio par l'adjonction du curé.

Pour cela il faudrait qu'il se trouvât un pape vraiment libéral, comme Pie IX, le pape actuel, se montrait dans les commencements de son règne, — de quoi les excès des faux républicains l'ont assez vite dégoûté.

Qu'il se trouvât des évêques intelligents, éloquents, comme M. Dupanloup mais plus tolérants que lui et quelques autres qui comprissent que l'avenir est à l'Église qui aura les portes les plus larges et les plus ouvertes, que si elle veut garder ce qui lui reste d'influence, il faut qu'elle abandonne graduellement les subtilités du dogme qui divise, — tandis que le mot religion veut dire : relier — qu'il faut du christianisme ne conserver que l'Évangile.

Alors ce trio, le curé, l'instituteur, le médecin, envelopperait les populations d'un heureux réseau; l'instituteur a affaire à l'homme enfant, faible, encore souple et malléable ; dans les cerveaux pas encore durcis, il trace, comme sur du papier blanc, des empreintes qui ne s'effaceront pas plus que les caractères et les lettres tracés sur le tronc d'un jeune arbre et qui croissent et grandissent avec lui.

Le médecin voit l'homme malade, souffrant lui-même ou inquiet pour les siens, c'est-à-dire disposé à s'appuyer, à écouter, à croire, à obéir.

Le curé le suit depuis sa naissance jusqu'à sa mort; — l'assistant à chaque étape de sa vie, — à tous ses chagrins, à toutes ses joies, à la naissance de ses enfants, à la mort de ses parents, à son mariage, etc.

Supposez ces trois hommes placés matériellement dans une situation relativement heureuse et honorable, rapprochés par l'éducation, par les connaissances, par les études, par les goûts; supposez-les ayant un but commun qu'on leur aurait bien fait comprendre; tous trois faisant, de droit, partie du conseil municipal de la commune; tous trois trouvant les uns dans les autres des relations et une société agréables, au lieu d'être très-souvent isolés comme ils le sont aujourd'hui; tous trois se communiquant leurs observations, voyant le mal, cherchant les remèdes, s'entr'aidant, se soutenant; tous trois désignant d'accord ceux des jeunes sujets qui leur paraîtraient devoir être appelés à une instruction supérieure; tous trois tenant le ministère au courant de la situation de leur commune : besoins, progrès, ressources, etc., — vous aurez alors réellement et paternellement gouverné une nation qui, aujourd'hui, ne l'est pas du tout.

Supposez-les marchant d'accord avec le maire, lequel maire choisi, autant que possible, dans le conseil municipal élu.

Ajoutez le journal à un sou, fait dans les conditions que j'ai indiquées plus haut, répandu, propagé, — ajoutez des lectures, des conférences faites le dimanche, tour à tour, par chacun des membres du trio; — le curé leur parlant de vraie morale, citant des exemples, racontant des anecdotes touchantes ou gaies; le maître d'école les tenant au courant de l'histoire contemporaine et des principaux événenements et des nouvelles découvertes des sciences agricoles et autres, — leur lisant les parties instructives et amusantes du journal, leur communiquant des recettes, etc.; — le médecin leur donnant des préceptes d'hygiène, parlant aux mères des soins à donner aux enfants, traitant ironiquement et gaiement certains préjugés, certaines pratiques superstitieuses, mettant à la portée de ses auditeurs les phénomènes si intéressants de l'histoire naturelle, les splendeurs de la création, les bienfaits de la providence, leur contant les mœurs des pays lointains.

Ajoutez la quasi-fermeture pacifique et volontaire des cabarets, par les procédés légaux que j'ai indiqués.

Ajoutez l'encouragement donné aux jeux d'exercice : à la course, à la natation.

Des fêtes et des prix à ce sujet.

La fête des semailles, — celle de la moisson, — celle des vendanges, — avec des concours et des récompenses pour les meilleures cultures, les produits les plus remarquables, — des récompenses aux bons serviteurs, — de l'appui, des secours répartis avec intelligence, connaissance et bonté.

Ajoutez un point important : — il s'agit de paupérisme.

La pauvreté est un accident, — souvent momentané, — le paupérisme est une situation, une profession, un fléau menaçant.

On donne en France des sommes énormes pour les pauvres; mais ça se donne au hasard, ça se donne aux basses intrigues, à l'importunité, — ça se donne aux mendiants. Or, les mendiants sont les ennemis, les parasites, les spoliateurs des pauvres : — il faut canaliser la charité.

On est pauvre parce qu'on ne peut plus travailler, faute de force et de santé, — faute de trouver à s'occuper de l'ouvrage qu'on sait faire.

On est pauvre, parce qu'on ne peut pas travailler par l'âge ou les infirmités.

On est pauvre, parce qu'on ne veut pas travailler, parce que, grâce au laisser-aller, à la paresse de la charité, on « gagne » plus d'argent à mendier qu'à faire un travail honnête et régulier.

Un exemple : j'ai passé une quinzaine d'années, pour le moins, à Nice, cultivant de grands jardins; chaque fois qu'il se présentait un mendiant, plus ou moins valide, — il y a toujours dans une exploitation rurale des travaux variés qui s'arrangent à tous les degrés de force et presque de faiblesse, — chaque fois, on lui disait : « Vous espérez recevoir un ou deux sous, — eh bien, il y a là trente sous à vous, si vous voulez entrer et travailler. »

Pas une seule fois, en quinze ans et plus, pas une seule fois un seul n'a accepté.

Rien de si facile que de détruire la mendicité; il ne s'agit pas d'écrire aux portes d'une ville : « la mendicité est interdite », — il faudrait alors interdire le froid et la faim.

Ce qu'il faut faire, c'est que chaque commune garde ses pauvres.

A la commune, on peut juger de la vérité et de la gravité de la situation; — on soutient, on aide le malade, l'infirme, celui qui est frappé d'un sinistre, incendie, grêle, inondation; — on donne les secours dans la proportion où ils sont nécessaires et pour le temps où le besoin dure; on peut discerner celui qui ne peut pas ou ne peut plus travailler, d'avec celui qui ne veut pas travailler; contre ce dernier, que la société se défende; c'est un ennemi.

Chaque commune, gardant ses pauvres, recevrait, en cas d'insuffisance de ressources, des secours du département ou même du gouvernement qui réunirait et canaliserait les dons de la générosité publique. C'est ainsi qu'on peut « canaliser la charité », soulager la misère et détruire la mendicité, c'est-à-dire la profession fructueuse de pauvre.

Avec ces divers éléments que j'indique, il est incontestable, qu'en deux générations, on rétablirait la France en santé, en prospérité, qu'on la referait honnête et heureuse.

Mais qui fera cela? Qui voudra, qui pourra renoncer résolument à la politique d'expédients et de « rafistolages » ?

XIII

Au sacre de je ne sais plus quel pape, un des cardinaux qui avait été très-lié et très-familier avec lui, se trouva chargé de certaines parties de la cérémonie, de lui mettre ou de lui ôter quelque chose : peut-être la tiare. Il s'approcha, s'inclina respectueusement, et lui dit à voix basse : dans quelques instants, tu vas être le « serviteur des serviteurs de Dieu », et, en cette qualité, un monarque absolu, flatté, adoré, encensé : jusqu'au jour de ta mort, tu n'entendras plus la vérité, — je vais te la dire pour la dernière fois, tâche d'en profiter. Tu es naturellement emporté, avide, entêté, présomptueux; efforce-toi, sinon de te corriger de ces défauts, au moins de les tenir en bride,—c'est tout ce que j'avais à te dire. Maintenant, saint-père, je m'agenouille, je me prosterne devant vous, je baise votre mule sacrée, et j'implore votre sainte bénédiction.

Le moment est opportun pour dire encore quelques vérités, non-seulement au Sénat qui n'existe pas encore, mais aussi à l'Assemblée qui n'existe plus, et appartient déjà à l'histoire, — tant pis pour elle.

Je puis me rendre et je me rends cette justice,

disons mieux, cet hommage à moi-même, que, dès qu'il a été question du Sénat, j'ai pressenti ce que serait cette... « institution » : une « rallonge à la table », un appât, une amorce, une « distribution de comestibles », comme on en faisait aux Champs-Élysées sous la Restauration.

Quant à l'Assemblée, après avoir paru se relever un moment par son vote contre le scrutin de liste, elle finit de la façon la plus... malheureuse, par cette élection des sénateurs, où l'on voit des membres d'un parti qui pouvait dire, quand il voyait la vanité de ses espérances : tout est perdu fors l'honneur ; quand on voit des légitimistes, je ne dirai pas venir mendier des sièges de sénateurs à MM. Gambetta, Thiers, Naquet, Vermesh, etc., mais les payer en tramant contre la France la plus odieuse, la plus misérable des trahisons, en votant à prix convenu, avec ceux qui ont guillotiné leurs pères et fusillé leurs amis, avec ceux qu'ils fusillaient et déportaient hier.

Henry Monnier prêtait à un de ses personnages ce vœu « libéral » : ce que je veux voir, c'est l'amitié s'établir entre les fils de pairs de France et les marchands de peaux de lapin.

Il doit être content, voici l'accord entre les fusilleurs et les fusillés, entre les guillotineurs et les guillotinés.

Le voici également entre les soi-disant républicains et les bonapartistes, eux qui, les uns et les autres, depuis quatre ans échangent, avec furie, les injures et les menaces.

Quelques assemblées publiques ont conservé dans l'histoire des sobriquets fâcheux ou des épithètes flétrissantes; j'ignore le sobriquet et l'épithète qui seront infligés à celle-ci, mais, à coup sûr, ils ne seront pas flatteurs.

Quand il a été question d'un sénat, les gens honnêtes, les gens naïfs, ceux qui croient au bon sens, à la logique, à la dignité, à l'honnêteté des assemblées politiques, se sont dit : que doit être un sénat ?

La réunion des grandes intelligences, des supériorités du pays.

De même que l'Académie française doit être ou devrait être la réunion des quarante plus éminents écrivains.

Un sénat devrait demander à la politique, aux sciences, aux lettres, à l'armée, aux arts, à l'industrie, toutes ces gloires bien constatées, — et certes, il ne manque pas en France d'hommes supérieurs, d'illustrations incontestables.

Mais l'Assemblée a fermé ses portes, et a dit : Nous avons soixante-quinze fois une rente viagère de douze, de quinze mille francs par an, nous serions bien bons d'aller chercher des convives au dehors, nous allons tranquillement nous distribuer ça entre nous.

Absolument comme si l'Académie française réservait exclusivement à ses membres les prix littéraires et les prix de vertu qu'elle distribue chaque année.

Toutes les gauches réunies disposaient de 312 voix. M. Rouher, le chef du parti bonapartiste a amené à MM. Naquet et Cⁱᵉ, 22 voix; — cette alliance déjà monstrueuse ne suffisait pas, les coalisés auraient vu les « cervelas », je veux dire les siéges au Sénat leur passer devant le nez.

Mais à qui demander l'appoint d'une douzaine de voix qu'il fallait encore pour obtenir la majorité ?

Aux légitimistes.

Qui les leur demandait ? — Sont-ce ceux qui se vantent d'être les héritiers et les continuateurs de ceux qui ont guillotiné Louis XVI, Marie-Antoinette et madame Élisabeth ; ceux qui appellent leurs amis les assassins des otages et les incendiaires de Paris ?

Est-ce M. Thiers, celui qui a déshonoré la mère de leur roi en la faisant accoucher en prison ?

Oui, ce sont ceux-là qui ont appelé les légitimistes à s'unir à eux, c'est à ces douces voix de syrènes que douze légitimistes se sont livrés.

Il faut dire que ce n'était pas seulement la mélodie des voix qui faisait leur séduction, il faut tenir compte des paroles plus encore que de la musique.

Qui veut, chantaient-elles, un bon petit siége au Sénat, avec quinze mille francs assurés pour toute

6.

la vie? C'est gentil, c'est commode, ça n'est pas fatigant, — c'est « facile à prendre en secret ». — Venez à nous, mes chers petits agneaux de légitimistes, nous vous donnerons à chacun un de ces bons petits siéges.

Car il ne faut pas s'y tromper, — c'est un appât aussi grossier que ça qu'on a offert aux poissons goulus pour les faire mordre à l'hameçon.

On avait dit d'abord que dix-sept légitimistes s'étaient rendus à l'invitation des soi-disant républicains et des bonapartistes réunis; mais six de ceux qu'on nommait ont protesté avec indignation; il reste donc douze légitimistes et vingt-deux bonapartistes avec les soi-disant républicains.

Les douze légitimistes et les vingt-deux bonapartistes qui se sont fait élire comme représentants de l'ordre, ont joué, à l'égard de la France, précisément le rôle que joue à l'égard de son maître, le chien de La Fontaine.

Écoutons La Fontaine :

Le chien qui porte à son cou le dîner de son Maître.

Certain Chien qui portait la pitance au logis
S'était fait un collier du dîner de son maître.
Il était tempérant, plus qu'il n'eût voulu l'être
    Quand il voyait un mets exquis;
Mais enfin il l'était; et, tous tant que nous sommes,
Nous nous laissons tenter à l'approche des biens.
Chose étrange! on apprend la tempérance aux chiens,
    Et l'on ne peut l'apprendre aux hommes

Ce Chien-ci donc étant de la sorte atourné,
Un Mâtin passe, et veut lui prendre le dîné.
  Il n'en eut pas toute la joie
Qu'il espérait d'abord : le Chien mit bas la proie
Pour la défendre mieux, n'en étant plus chargé.
  Grand combat. D'autres chiens arrivent :
  Ils étaient de ceux-là qui vivent
 Sur le public, et craignent peu les coups.
Notre Chien, se voyant trop faible contre tous,
Et que la chair courait un danger manifeste,
Voulut avoir sa part ; et, lui sage, il leur dit :
« Point de courroux, messieurs, mon lopin me suffit.
  Faites votre profit du reste. »
A ces mots, le premier il vous happe un morceau ;
Et chacun de tirer, le Mâtin, la canaille,
 A qui mieux mieux ; ils firent tous ripaille,
  Chacun d'eux eut sa part au gâteau.

Quant aux transfuges de l'extrême droite, c'est en vain qu'ils espéraient laisser un voile sur leur forfaiture. Naturellement, les pseudo-républicains se vantent de leur conquête et veulent surtout les compromettre. Avec l'audace de Tartufe dévoilé, ils se vantent d'avoir tenu leur promesse aux légitimistes, ils les exhibent au public, — ils les font monter sur un tréteau ou plutôt un pilori ; ils font leur éloge, et ils proclament qu'en récompense de leur bonne conduite, en échange de leur honneur perdu, ils leur ont fidèlement donné les bons petits siéges au Sénat, les bonnes petites rentes qu'ils leur avaient promises ; et les soi-disant républicains appellent ce honteux trafic, un acte de moralité, de dignité ; il est vrai qu'ils ajoutent que c'est de leur côté que sont la moralité et la dignité.

On se plaignait autrefois des ambitieux; — aujourd'hui il n'y a plus même d'ambitieux : il y a des avides, des altérés, des affamés.

Au commencement de nos désastres, leur grandeur nous avait concilié la sympathie du monde entier, mais depuis nous n'avons pas, il s'en faut, su conserver la majesté du malheur; — le nôtre est honteux, ridicule.... mérité.

Ah! pauvre France! voilà un pays agréablement représenté, — où peut aujourd'hui se réfugier ton vieil honneur, dont le culte a fait, pendant tant de siècles, le fondement le plus sûr et le plus glorieux de tes grandes destinées?

Ce n'est plus du chagrin, — c'est un profond dégoût que m'inspire ce qui se passe aujourd'hui, et je n'ai pas le courage d'en parler plus longtemps.

XIV

J'ai trouvé dans un vieux livre de 1700, commencement du xviii° siècle, — un récit qui mérite d'être reproduit. Loin de moi, comme vous le pensez bien, la pensée de faire la moindre comparaison entre « le long parlement » et notre Assemblée actuelle qui, ayant décidé sa propre mort, vient d'embaumer pour le Sénat quelques spécimens de ses membres les plus.... ce que vous voudrez. Plus loin de moi encore, l'idée de donner cette histoire comme un conseil ou un modèle. M. le duc de Magenta, président de la république, n'a ni le droit, ni la volonté, ni le tempérament, de procéder ainsi. C'est seulement à titre de curiosité que je reproduis ce fragment, et pour faire remarquer que si le fond des choses ne change que peu ou point, la forme change sans cesse et beaucoup. Il est curieux de voir comment se faisaient alors les dissolutions d'assemblées, et comment elles se font aujourd'hui.

Voici l'anecdote copiée textuellement; — c'est une comparaison à faire :

« Cromwell redoutait le parlement et en était craint; il n'ignorait pas que cette assemblée, appelée le « long parlement », qu'il avait rendue complice de ses crimes, prenait sourdement tous les moyens possibles pour le réduire à la subordination sous sa propre autorité. Le moindre délai pouvant le perdre et faire triompher ses ennemis, il résolut de les prévenir; on l'instruit que le parlement est rassemblé et *qu'au lieu de songer à se dissoudre*, il cherche à remplir les places vacantes.

» Cromwell vole à la chambre, s'assied, et garde le silence pendant un quart d'heure au milieu de l'attente et de l'inquiétude générales, — puis il se lève et charge le parlement des plus sanglantes accusations; il lui reproche sa tyrannie, son ambition, ses vols publics, ensuite, frappant du pied, signal convenu, auquel des soldats amenés par lui se montrent à toutes les issues :

» Fi ! fi ! par pudeur, retirez-vous. »

» Faites place à de plus honnêtes gens que vous, qui seront plus fidèles à leurs devoirs; vous n'êtes plus un parlement, m'entendez-vous? Je vous déclare que vous n'êtes plus un parlement; le Seigneur vous a rejetés ; il a choisi d'autres instruments pour achever son ouvrage. »

Vane se récriant contre un procédé si singulier, Cromwell l'interrompt d'une voix plus forte : « O chevalier Vane, chevalier Vane! Ciel, délivre-moi du chevalier Vane! »

« Il prit un membre par l'habit : « Tu es, lui dit-il, un coureur de filles, va-t'en ; à un autre : tu es un adultère, va-t'en ; à un troisième : tu es un voleur, va-t'en ; à un quatrième, tu es un gourmand, va-t'en ; à un cinquième, tu es un ignorant et une bête, va-t'en, etc. »

» Puis, s'adressant au premier soldat, il lui donne l'ordre de prendre la masse, signe de dignité du président : que faites-vous de ce colifichet? qu'on l'emporte !

» Et s'adressant à l'assemblée : c'est vous qui m'y avez forcé.

» Les soldats entrèrent et expulsèrent tous les membres; puis Cromwell, sortant le dernier, tira la porte, mit la clef dans sa poche et se retira. »

Ce n'est pas la première fois que je fais remarquer avec quelle facilité les coryphées du parti soi-disant républicain ont abandonné successivement tous les principes républicains pour se faire accepter par quelques dupes et faire de ces dupes des complices.

Et le suffrage universel et l'impôt sur le revenu, etc., et dix autres.

Il y a aussi la question de « l'amnistie » qui avait été laissée de côté.

Mais voici enfin irrévocablement arrivé le moment de cette dissolution qu'on demandait avec un si vif désir de ne pas l'obtenir, comme on avait demandé la continuation d'une guerre à laquelle on n'avait pris et on était bien décidé à ne prendre aucune part personnelle. Beaucoup, grâce à l'adoption du scrutin uninominal, voient leur réélection douteuse, — et M. Naquet a songé à exciter l'intérêt de ses seuls électeurs possibles : les communards, en demandant bruyamment l'amnistie, — non qu'il crût avoir aucune chance de l'obtenir, non qu'il y tienne peut-être beaucoup, mais pour faire un effet au dehors.

Un M. Perrin, moins connu que M. Naquet, M. Lepère, M. Madier, veulent et à la fois partager cette gloire et cette popularité, et cependant arrêter l'élan maladroit de M. Naquet qui contrarie singulièrement les malins du parti.

Tous ont parlé avec estime, avec amitié, avec

admiration des « amis absents », des frères de la
Nouvelle-Calédonie; c'est non-seulement au nom de
la clémence, mais au nom de « la justice », qu'ils
ont demandé l'amnistie; cela a paru un peu hardi.
Eh bien, parlons-en :

Mais,

Au nom de la clémence,

Que l'on fasse un triage s'il en reste encore là-
bas de ceux-là, des dupes et des niais, instruments
inconscients des crimes de la commune;

Au nom de la justice,

Qu'on les remplace par une liste facile à faire de
leurs chefs, de leurs complices, réfugiés aujourd'hui
quelques-uns dans cette même Assemblée, quelques
autres dans diverses fonctions honorifiques et rétribuées, et qui n'ont échappé à la chance de partager
la punition qu'en abandonnant lâchement leurs
complices au jour de danger où ils les avaient jetés.

L'élection des soixante-quinze sénateurs et la
coalition qui l'a faite doit causer aux clairvoyants
plus de dégoût que d'alarmes. Cette alliance honteuse ne peut avoir et n'aura de durée que celle
du combat. Il n'y a pas à partager, à ronger que
les soixante-quinze os du Sénat, et, pour continuer
la fable de La Fontaine que je citais l'autre jour, les
dogues et mâtins, un moment repus, ne tarderont
pas à se battre entre eux pour quelque proie nouvelle.

Il n'y a plus, dans les mœurs parlementaires de ce temps-ci, de majorité possible qui puisse être assurée de durer trois mois, et sur laquelle un gouvernement sérieux puisse s'appuyer, il n'y a même plus de partis, — il n'y a plus que des joueurs qui « pontent » et placent leur mise sur telle ou telle couleur, non que ce soit celle de leur drapeau, ou que ce drapeau soit l'emblème de telle ou telle conviction ; ce qui décide le choix de la couleur sur laquelle ils « pontent », — c'est une prévision, un préjugé, un caprice de joueur, ils ont ou croient avoir telle ou telle raison de supposer que cette couleur sortira,— ou elle vient de sortir et ils croient à une série, ou elle n'est pas sortie depuis quelque temps, et alors elle doit sortir à son tour.

Quelques-uns — ce n'est pas dire assez, — beaucoup mettent leur enjeu à cheval sur deux ou quatre numéros à la fois, comme fait en ce moment M. Say qui, assure-t-on, membre du ministère, a voté contre un ministère qui finit et pour le ministère qui vient, du moins dans ses prévisions.

Lorsque je commençai à étudier le jeu de la politique, c'était tout à fait à la fin de la Restauration ; — il y avait alors deux partis tranchés et ayant leur raison d'être : l'un voulait maintenir la royauté du droit divin, qui avait le malheur d'être revenue à la suite de la double invasion des armées étrangères ; et les ultras de ce parti voulaient ramener, avec cette royauté, certains priviléges, certains abus justement renversés en 1789. Le parti opposé, qui ne se disait que libéral, ne demandait tout haut que le gouvernement mixte, dit représentatif; mais il avait aussi ses *ultras*; — de ces ultras, les uns rêvaient le retour de l'Empire, les autres le retour de la République, — ils n'étaient d'accord que pour la ruine de la Restauration. Mais entre ces deux partis, il s'en était formé un troisième : le centre. Ce fut le centre qui, après la révolution de 1830, a donné à la France le gouvernement sous lequel elle a joui de dix-huit années de paix, de liberté, de prospérité, d'éclat dans les sciences, les lettres et les arts.

Le centre reçut alors des sobriquets injurieux; on l'appela « le ventre », sans penser que là aussi est l'estomac, puis on fit une injure du nom de « juste milieu » qui, selon les sages de tous les temps, est la justice, le bon sens et la vérité : *in medio stat virtus*.

Tout ce qui est extrême est vicieux.
(DESCARTES.)

Mais l'esprit français ne peut se priver de taquiner, de harceler, de chansonner l'autorité même qu'il a créée et qu'il n'a aucune intention de détruire. Je le sentais bien lorsque voyant les fêtes et la joie à la naissance du comte de Paris, j'écrivais dans les *Guêpes* : « Les Parisiens se réjouissent, c'est un prince de plus à insulter, à chasser. » Une partie du centre se chargea de représenter cet esprit de taquinerie, « d'asticoteries », sans intentions, au fond réellement hostiles. De là, une division dans le centre, et la naissance du « centre gauche » qui, en réalité, représente les opinions de la majorité du pays. La taquinerie, l'inclinaison du centre à droite ou à gauche, faisait de temps en temps pencher le gouvernement; mais un bateau bien lesté peut pencher et glisser, incliné sous tel ou tel vent, sans pour cela perdre l'équilibre et chavirer.

Le centre était le « lest » — le modérateur.

Dans ce temps-là, il y avait des ambitieux, des gens qui aimaient le pouvoir pour le pouvoir, par orgueil, par vanité, par esprit de domination; on sait tout ce que l'orgueil et cet esprit de domination font quelquefois faire et supporter d'humiliation : *omnia serviliter pro dominatione*. Mais on attachait une sorte d'honneur à ne pas abandonner le parti dans lequel on s'était une fois enrôlé, et l'opinion publique se montrait d'une sévérité extrême à l'égard des transfuges. Quelques-uns changeaient parfois de nuances, à bas bruit, mais un homme considérable ne pouvait changer de couleur, sans être universellement blâmé.

Mais aujourd'hui il n'y a plus d'ambitieux, il n'y a que des affamés et des altérés. Il n'y a plus de partis, il n'y a que des joueurs, et si quelqu'un passe pour habile à filer la carte, faire sauter la coupe et retourner le roi, — on s'empresse de parler pour lui. Aussi vous voyez « ponter » ensemble sur la même couleur ou les mêmes numéros, les adversaires les plus acharnés : bonnets de coton et bonnets rouges, perruques et tignasses.

Pour rendre ces évolutions plus faciles, on ne se contente plus des trois couleurs du drapeau un peu interverties, comme autrefois ; aux deux extrémités, le blanc et le rouge, — le bleu au centre. On a imaginé des nuances infinies entre ces trois couleurs, — ce qui permet de passer d'une couleur à une autre par des transitions presque insensibles et « invisibles à Paris » et surtout dans les départements. Il y a là une hypocrisie, un respect humain, qui est presque une pudeur et « un hommage à la décence publique ».

Nous avons aujourd'hui dans les assemblées : le centre droit, la droite modérée, la droite, l'extrême droite, les chevau-légers, les ultras ;

Les bonapartistes avec empereur, idem sans empereur, idem jérômistes, idem rouhéristes, idem épileptiques, selon l'expression de l'un d'entre eux, idem sans bonapartisme ;

Le centre gauche, la république conservatrice, idem modérée, idem sans épithète, idem athénienne, idem démocratique, idem sociale, idem intransigeante, idem communarde.

Quant aux orléanistes, ils sont partout et nulle part.

A propos du sénat, — et après avoir cité l'autre jour La Fontaine, je citerai aujourd'hui Florian qui, par une injustice de parti pris, est loin d'occuper la place qui lui est due comme fabuliste; beaucoup de ses fables valent certainement celles de La Fontaine, et presque toujours il invente les sujets. — La fable que je citerai est celle de l'*Habit d'Arlequin*.

> Un jour de mardi gras. . . . .
> Un petit arlequin. . . . .
> Courait après un masque en habit de bergère;
> Tout près... dans une cage
> Trois oiseaux étrangers de différent plumage :
> Perruche, cardinal, serin...
> . . . .
> La perruche disait : J'aime peu son visage,
> Mais son charmant habit...
> Il est d'un si beau vert. — Vert! dit le cardinal.
> . . . .
> L'habit est rouge. . . . .
> . . . . Mon compère,
> Répondit le serin. . . . .
> . . L'habit est jaune citron.
> Il est vert, il est jaune, il est rouge, morbleu!

Et ce ne sera pas une idée à négliger si on songe à donner un costume aux sénateurs, et encore cela ne suffira-t-il pas pour que toutes les couleurs et tous les drapeaux soient représentés.

Non-seulement le rouge, le bleu, le vert et le blanc, mais toutes les nuances intermédiaires :

Le blanc, le blanc azuré, le blanc rosé, cuisse de nymphe, le blanc d'argent, le blanc de zinc, — le caca-dauphin, le vert dans cinq ou six nuances.

Le lilas formé du bleu et du rose, le rose pâle, le rose vif, le cerise, le nacarat, le rubis, le cramoisi, l'écarlate, et le pourpre. La pourpre de tyr était de deux fois teinte : *bis venenata*; celle-ci l'est trois fois, le rouge du feu, le rouge du sang, le rouge du vin.

Peut-être faudra-t-il leur donner, non plus comme à Peau d'âne, un habit « couleur du temps », couleur de la lune ou couleur du soleil, mais un habit arc-en-ciel, opale, ou bulle de savon.

C'est égal, les douze membres de l'extrême droite qui ont joué avec l'extrême gauche la fameuse scène de l'ours et le pacha, où l'ours blanc et l'ours noir changent de tête, — doivent bien rire entre eux et tout bas de leur honnête homme de Roy — qui, pendant quinze jours, a eu la chance d'être Roi de France. Dieu sait ce que ça aurait duré, mais enfin cette chance a existé, et il a mieux aimé y renoncer que de changer ou modifier son drapeau blanc, — eux qui viennent de coller les fleurs de lys sur le drapeau de la commune et de piquer la cocarde blanche sur le bonnet rouge.

Tout cela est fort laid, — laide aussi l'attitude du *Journal des Débats*, mais au moins celui-là est fidèle à ses antécédents, — comme la girouette est fidèle au vent. — C'est bien le même journal qui a toujours été, de son aveu, « partisan du pouvoir actuel », l'abandonnant chaque fois qu'il cessait d'être actuel pour passer à celui qui le devenait; le journal qui disait à M. Guizot : « Vous n'aurez jamais notre estime, mais vous aurez peut-être notre concours ».

Et qui disait encore ces jours-ci, naïvement ou cyniquement : « Dans le feu de la lutte, personne n'est complétement maître de choisir ses auxiliaires ».

A qui on pourrait répondre : « Personne » est bien absolu, — parlez pour vous ; — Il y a des gens encore clair-semés çà et là, qui sont maîtres ou savent se rendre maîtres de ne marcher qu'avec ceux dont ils approuvent le but et partagent les principes, qui ne donnent leur concours qu'à ceux qui méritent leur estime ; — ça s'appelle ou ça s'appelait les honnêtes gens.

Mais, je le répète, maintenant que le coup du Sénat est joué, — ce touchant accord n'aura pas une longue durée : — les alliés d'hier sont déjà aujourd'hui honteux les uns des autres, demain ils se traiteront comme les « viveurs » et les coureurs de bal masqué traitent le domino qu'ils ont emmené souper, et qui s'est en leur faveur démasqué, de pied en cap, de fond en comble; ils ont mangé, ils ont bu ensemble au cabaret, et dormi ensemble sur ou sous la table, mais c'est tout au plus si, le jour venu, l'amphytrion reconduit à sa porte son convive dans un fiacre, avec les stores rouges soigneusement baissés, et, à coup sûr, le lendemain de cette bonne fortune de carnaval, s'il la rencontre dans la rue, il ne la saluera pas.

Et dire que les Français, ce peuple si intelligent, se font représenter et se laissent mener comme cela.

Décidément je vais me mettre sérieusement à un livre auquel je travaille à « bâtons rompus » depuis plus de trente ans, et pour lequel j'ai rassemblé une montagne de notes.

Voici dès aujourd'hui le titre de cet ouvrage :

DICTIONNAIRE DE LA BÊTISE HUMAINE

CATALOGUE PAR ORDRE ALPHABÉTIQUE

De tout ce que les hommes de tous les temps et de tous les pays, ont cru et croient encore de faux, d'absurde, de bête, de ridicule, d'injuste, de cruel, et de dangereux.

Mensonges, extravagances, erreurs, tromperies, contes, âneries, momeries, sottises, niaiseries, puérilités, préjugés, bévues, prodiges, superstitions, escobarderies, hâbleries, billevesées, naïvetés, impostures, fourberies, fables, charlatanismes, mystifications, « blagues, » etc.

En histoire, en philosophie, en politique, en morale, en religion, en médecine, en astronomie, en his-

toire naturelle, en justice, en législation, en arts;
en sciences, etc., etc., en tout ;

Où il est prouvé que l'homme
n'est jamais arrivé et n'arrive jamais au vrai,
sur aucun sujet,
qu'après avoir épuisé toutes les formes
du faux.

XV

Je regrette que l'astrologie ne soit plus à la mode, et que j'aie négligé de me rendre « adepte »; j'aurais pu pronostiquer les destinées du sénat dont les soixante-quinze premiers membres viennent d'être nommés avec tant de discernement par l'Assemblée.

J'ai lu que le père d'Eudoxie, celle qui épousa Théodose II, était un célèbre astrologue; — sa fille s'appelait alors Athénaïs. Le jour de sa naissance, il constata sa « figure généthliaque ».

« Le soleil était dans le lion à la pointe du milieu du ciel, avec Vénus, maîtresse de la septième maison qui se rapporte au mariage, et le Basilic, étoile royale, tous en « trine » avec Jupiter qui, dans le sagittaire, dominait la seconde maison dont dépendent les biens d'acquisition ; tout le reste des planètes formant des configurations qui ne s'opposaient point à l'excellence de ces promesses. »

L'astrologue déshérita sa fille au bénéfice de ses autres enfants, prévoyant qu'elle n'avait aucun besoin de la part de fortune qu'il aurait pu lui laisser. Cette science si révérée autrefois, ne présente plus aujourd'hui assez de certitude pour que j'ose, imitant le père de l'impératrice Eudoxie, proposer de supprimer le traitement qui donne tant d'attrait à cette fonction de sénateur.

Je ne puis guère prédire le sort de la future assemblée, que par comparaison avec celles qui l'ont précédée, en tenant compte du prestige exceptionnel que doivent donner à celle-ci les circonstances qui ont présidé à son élection.

  Necte tribus nodis ternos, Amarylli, colores.
(VIRGILE.)

Je dois avouer que je n'étais pas sans inquiétude sur la situation particulière de M. le duc d'Audiffret-Pasquier. La plupart de ceux qui ont obtenu des siéges au sénat, se rangeant, par cohortes, sous les ordres de MM. Naquet, Thiers et Gambetta, les avaient payés comptant par leurs votes qui formaient un appoint indispensable. Mais il n'en était pas de même de M. le duc d'Audiffret-Pasquier : il était dans la situation de ces malheureux qui, autrefois, vendaient leur âme au diable, pour obtenir dans cette vie une richesse et une puissance éphémères. Quel jour, à quelle heure, de quelle manière l'esprit du mal exigerait-il le gage et le payement? Et ce payement ne serait pas modéré, si on se rappelle ce que disait le même M. d'Audiffret-Pasquier dans la séance du 14 décembre 1872 :

« Vous êtes radical, vous, mon collègue, parce que lorsque, pour la première fois, vous parliez devant le Corps législatif, dans la séance du 2 avril 1870, *vous mettiez en avant cette fameuse théorie de la souveraineté du nombre.*

» Eh bien, voilà ce qui divise profondément l'école libérale de l'école radicale ; c'est la théorie de la souveraineté du nombre, la plus révolutionnaire qui soit au monde...

» Je vous dis : Vous, radicaux, je vous repousse, non *parce que je suis monarchiste* ; je vous repousse au nom de la liberté, parce que je suis libéral...

» J'ai bien le droit d'invoquer les six mois que M. Gambetta a passés au pouvoir et de lui dire : J'en sais assez pour désirer que jamais le pays ne vous confie ses destinées...

» Si jamais les doctrines que je combattais tout à l'heure venaient à triompher, *je me consolerais d'être leur victime,* MAIS JE NE POURRAIS ME PARDONNER D'AVOIR ÉTÉ LEUR COMPLICE. »

Et voici qu'il vient de se faire non-seulement leur complice, mais aussi leur obligé. Restera-t-il inconsolable? Restera-t-il dans la dépendance de ses bienfaiteurs ?

Mais j'ai été rassuré sur le sort de ce père conscrit lorsque je l'ai vu saisir plus adroitement que décemment la première occasion de s'acquitter; — lorsqu'il a protégé contre M. Buffet l'insolence de maître Gambetta, lorsque surtout je l'ai vu si soucieux de se délivrer de sa dette, que, craignant de ne l'avoir pas encore suffisamment acquittée par cette sortie qui avait cependant scandalisé le public, il l'a encore payée « par surcroît » en n'entendant que le lendemain des paroles prononcées à haute voix par M. Naquet, paroles que tout le monde avait entendues, excepté le président de l'Assemblée, M. le duc d'Audiffret-Pasquier, et qu'il eût été du devoir du président de réprimer avec toutes les sévérités dont il est armé. C'est cher, mais c'est payé.

Si cette fois le diable ne le tient pas quitte, le diable est difficile et peut être, à bon droit, traité d'usurier. M. d'Audiffret-Pasquier peut, je le crois, se considérer comme dûment libéré, et reprendre dans la vie politique la situation qu'il y avait autrefois. Qu'il ne s'inquiète pas du discrédit momentané qu'a pu jeter, sur son caractère, l'évolution qu'on lui a vu exécuter. Dans huit jours, grâce au caractère français, on n'y pensera plus, — dans un mois on l'aura oublié; — dans trois mois, ça n'aura pas eu lieu, et il sera ridicule d'en parler.

Cependant le nouveau père conscrit voudra-t-il renoncer si vite aux avantages de sa nouvelle manière ?

Revenons au vers de Virgile qui sert d'épigraphe à ce chapitre :

> Faites, ô Amaryllis, trois nœuds de trois couleurs.
> *Necte tribus nodis ternos, Amarylli, colores*

Ornez-vous d'opinions panachées de trois fois trois couleurs, et même davantage, si vous en connaissez et s'il s'en présente.

Cette églogue mérite que nous nous arrêtions un moment; il semble qu'elle soit pleine de prédictions et que ces prédictions regardent le nouveau sénat et le nouveau sénateur.

Ce n'est pas la première fois, du reste, que Virgile passe pour prophète, — et on sait que Constantin et beaucoup de chrétiens avec lui voulaient voir, dans l'églogue à Pollion, l'annonce de l'avènement du Christ. Ce ne serait pas non plus la première fois qu'on interrogerait Virgile, en ouvrant son livre au hasard, les « sorts virgiliens ».

« Je dirai les combats des Bergers, Damon et Alphésibée (les gauches et les droites) » :

> Pastorum musam, Damonis et Alphæsibœi.

Pastores, — les pasteurs, les conducteurs, les représentants du peuple.

Damon appuyé sur le bois poli :

> Incumbens tereti Damonis ... olivæ.

N'est-ce pas la tribune ?

« On va voir les griffons s'unir aux cavales, et désormais les daims timides viennent avec les chiens boire à la même jatte » :

> Jungentur jam gryphes equis...
> Cum canibus timidi venient ad pocula damæ.

N'est-ce pas l'alliance des légitimistes, des bonapartistes et des soi-disant républicains?

Mais voyez comme le poëte appuie sur ce sujet :

« Que l'aulne couvre sa cime des fleurs de narcisse, — que les chênes produisent des pommes d'or, — que les bruyères suent l'ambre, — que les hiboux et les cygnes mêlent leurs voix » :

> Aurea duræ
> Mala ferant quercus, Narcisso floreat alnus,
> Pinguia corticibus sudent electra myrycæ
> Cerient et cygnis ululæ.

Cygni — les cygnes : les blancs ; — est-ce assez clair ?

Et l'enchantement :

> ...Fragiles incende bitumine lauros.

« Brûle à la flamme du pétrole tes fragiles lauriers. »

Lauros, — la réputation que tu t'étais faite dans les commencements de l'Assemblée.

« A la flamme du pétrole », — *bitumine;* — est-ce assez limpide?

Et ces *nœuds.*

Trois bandeaux de diverses couleurs :

> Terna... triplici diverso colore.
> Necte tribus nodis ternos... colores.

Toutes les couleurs, toutes les nuances réunies pour un seul vote; ces nœuds (*nodis*) enchaînant ensemble les adversaires d'hier.

Et pour terminer cette image par laquelle M. le duc d'Audiffret-Pasquier est si clairement désigné sous le nom de Mœris :

« J'ai vu Mœris se changer en loup et se cacher dans les forêts avec les loups. »

...Ego... lupum fieri et se condere sylvis
Mœrim.

Et ces traitements de sénateurs partagés.

« J'ai vu les moissons livrées à d'autres qu'au laboureur. »

Atque lætas alio vidi tradere messes.

Etc.

Voici, ont assuré certains sténographes, la phrase textuelle prononcée par M. Naquet, et que M. d'Audiffret-Pasquier n'entendit que le lendemain, en exagérant le phénomène qui fait qu'on n'entend le pas avec eunerre ou du canon qu'un certain temps après où vu l'éclair ou le feu de la lumière :

« Entre les massacreurs de Versailles et les défenseurs des barricades, mon choix est fait. »

Tandis qu'on lisait le lendemain au compte rendu officiel qui, paraît-il, entend mal les choses que le président de l'Assemblée n'entend pas :

« Entre deux qui, exaspérés par quatre jours d'exécutions sommaires, ont agi dans un moment

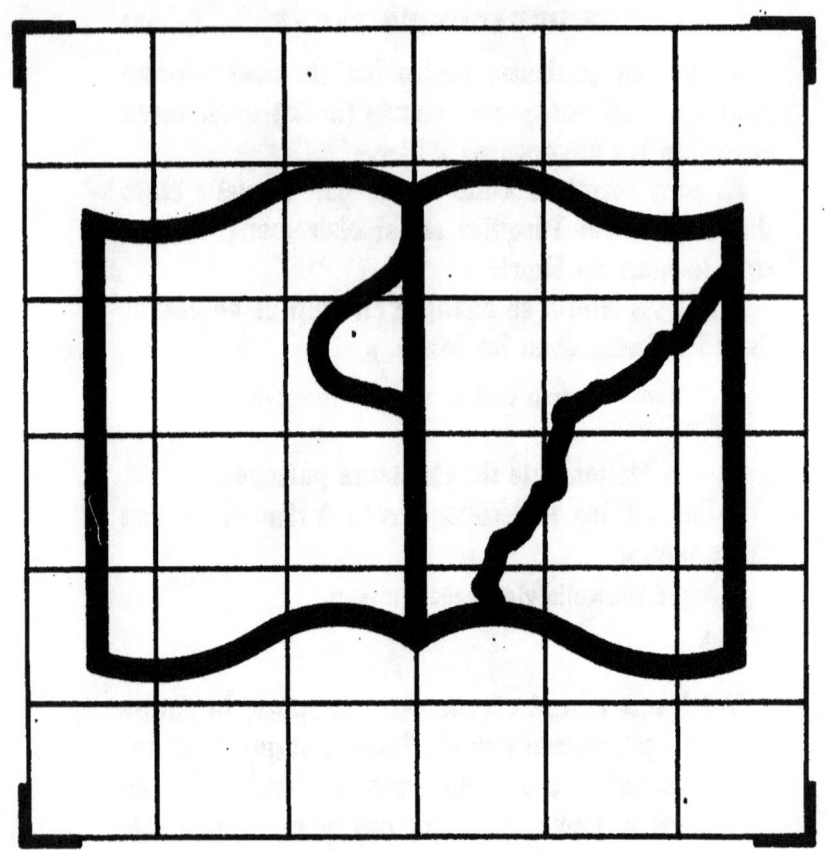

de désespoir, et ceux qui ont fusillé sans jugement plus de 10,000 citoyens, mon choix est fait. »

Malgré ces euphémismes, le sens est le même ; je ferai cependant de nouveau ici une remarque que j'ai faite plus d'une fois depuis trente-sept ans que les *Guêpes* existent :

Il est de l'intérêt, il est du droit des électeurs de savoir exactement les faits, dits et gestes des représentants auxquels ils confient leur fortune, leur honneur et leur vie de nation ; il ne devrait pas être permis ni aux orateurs de corriger leurs discours avant l'impression au *Journal Officiel*, ni au président de l'Assemblée de modifier, de supprimer même certains passages des discours de certains députés, ainsi que je l'ai « relevé » dans plusieurs exemples.

De même, il devrait être imposé aux journaux de ne parler de ce qui se passe aux assemblées qu'en en donnant à leurs lecteurs un compte rendu textuel et non tronqué, arrangé, sophis-

Ce compte rendu devrait être rédigé à faite dan sténographes jurés, sous la surveillance d'un comité formé de sténographes des journaux de toutes nuances, et imprimé dans le local même de l'Assemblée aux frais de l'État, et on le livrerait aux journaux qui l'intercaleraient chaque jour dans leur feuille, au nombre justifié de leur tirage, — on ne leur ferait payer que le papier.

Par ce moyen, l'électeur pourrait suivre, surveiller et juger son représentant, et ni le représentant ni les journaux amis ou hostiles ne pourraient ni arranger ni déguiser ses paroles.

Un seul journal, je crois, *le Moniteur Universel*, s'acquitte envers ses lecteurs de ce devoir de leur donner les séances complètes, mais cela ne comporte pas une garantie suffisante de l'exactitude du texte; autant que le moyen que je propose.

Revenons à la phrase de M. Naquet; que le mot de massacreurs y soit ou n'y soit pas, le sens est le même :

M. Naquet se place hautement de sa volonté, et par son choix, dans les rangs des assassins des otages et des incendiaires de nos monuments, son « choix est fait ».

Mais ne pourrait-on pas lui demander pourquoi alors il a attendu si longtemps? pourquoi il n'était pas avec eux derrière les barricades, au moment du danger où lui et ses amis et complices avaient tant contribué à les jeter? et pourquoi aussi il vote aujourd'hui avec M. Thiers, qui a commandé ce que M. Naquet appelle les « exécutions sommaires » ou les « massacres ».

La réponse est simple :

La cause est celle qui abritait maître Gambetta sous les orangers de Saint-Sébastien, et qui lui faisait refuser l'appui (?) de sa parole à son intime ami Cavelier, dit Pipe-en-Bois, qui appelait à son secours, cette même éloquence (?) qui allait le faire mettre aux galères, me rappelant une romance où la jeune beauté abandonnée regrette :

> Ces paroles qui m'ont perdue
> Et... qu'hélas! je n'entendrai plus.

Cette cause, c'est que ces messieurs, en attendant qu'ils aient... conquis... autre chose qu'ils puissent conserver, se montrent d'ardents et vigilants conservateurs de leur précieuse peau.

Je le répète, je n'aurais absolument rien contre l'amnistie, dans les conditions que voici : Ramener en France les quelques fous, les quelques égarés qui peuvent se trouver à Nouméa, en les faisant remplacer chacun par un des chefs qui les ont non pas conduits, — non, ça brûle, — mais poussés aux actes qui ont amené leur condamnation. M. Naquet qui, avant et plus que les autres, a le courage d'avouer qu'il est de cœur avec eux, que son « choix est fait », ne pourrait se plaindre d'être « choisi » le premier pour aller prendre la place d'un de ces pauvres diables.

Puis ensuite, tous ceux qui, réclamant l'amnistie pour « les frères absents », avouent leur complicité, et qui ne pourront refuser, sans mauvaise grâce, d'aller les relayer, prendre leur place pour au moins quelque temps.

Loin de moi, certes, la pensée de prêcher la vengeance aux exilés, aux déportés, aux parents, aux amis des fusillés; mais je dois leur dire cependant que, si jamais ils en avaient une à exercer, ils ne pourraient le faire avec justice que s'ils l'exerçaient à l'égard de ceux qui, mettant le feu à la patrie pour faire cuire sur la braise la côtelette de leur déjeuner, les poussent, les jettent, depuis bientôt un demi-siècle, dans toutes sortes de troubles, de désastres, de misères, ne plaignant ni les ruines ni les morts, pourvu qu'ils arrivent, eux, à vivre et à bien vivre, à satisfaire leurs appétits exaspérés, sans peine et sans travail.

Sied-il à des... « législateurs » de se montrer contempteurs des lois?

N'en est-il pas une qui punit l'apologie de tout acte qualifié par la loi crime ou délit?

Sied-il au gouvernement et à la justice d'un pays, comme la France, de permettre qu'on encourage et qu'on glorifie publiquement la révolte, l'assassinat et l'incendie?

Et l'amnistie, — sinon dans les conditions que je propose, le remplacement des égarés par leurs guides, — ne dirait-elle pas :

« Ne vous gênez pas, recommencez, suivez ces exemples; vous voyez bien que ce n'est pas dangereux, que la « perpétuité » des peines est une des choses qui durent le moins et n'est qu'une farce; allez toujours, nous sommes là, nous vous ferons revenir? »

XVI

Ce serait une grave et dangereuse erreur de croire que tout est arrangé et terminé par l'adoption du scrutin d'arrondissement; — ç'a été certes un point important à conquérir, — important comme un buisson auquel s'accroche un voyageur en train de rouler dans un précipice sans fond. — Mais le buisson n'est ni un but, ni un séjour possible, — il permet seulement de reprendre haleine, d'attendre des secours et d'en profiter en s'aidant de toutes ses forces.

Avec le scrutin de liste, la société était désarmée; avec le scrutin uninominal, elle n'est pas sauvée, mais elle est armée, — elle a part égale du terrain et du soleil, — il lui reste à combattre avec courage et résolution sans négliger les ressources de l'adresse et de l'escrime.

Il ne faut pas se dissimuler tout ce que cette importante conquête du scrutin d'arrondissement a cependant d'insuffisant ; — pour que le suffrage universel fût... universel, pour qu'il fût réellement l'expression des sentiments et de l'opinion du pays il faudrait qu'il fût à deux degrés. Il faudrait encore que le suffrage fût obligatoire, et enfin qu'une pénalité sévère menaçât ceux qui seraient tentés de commettre des fraudes. Il ne faut pas oublier que M. Cotte, hier encore représentant du Var, et demain candidat au Sénat — car on m'assure qu'il se présente — a été convaincu en pleine assemblée de la Chambre des députés d'avoir glissé de faux bulletins dans l'urne électorale, en faveur de ses amis Gambetta et Laurier, dont l'élection fut solennellement cassée. M. Cotte n'en a pas été autrement puni; on n'a pas compris que c'était là le plus grand crime politique dans une forme de gouvernement où tout repose sur l'élection. Ce n'aurait pas été, ce ne serait pas trop, comme je l'ai dit alors, d'envoyer aux travaux forcés le fonctionnaire coupable d'un pareil méfait.

C'est aux électeurs à combler ces deux lacunes. L'abstention aux prochaines élections serait un crime et contre la patrie et contre soi-même. L'armée de l'anarchie sera au complet ; ses enfants perdus surtout, ses troupes irrégulières voteront plutôt deux fois qu'une ; il n'ont ni affaires, ni travail qui les empêchent de se transporter sur les divers points de l'arrondissement, — de faire des stations dans les cafés, les brasseries, les tavernes et les cabarets, pour y prendre le mot d'ordre.

Après l'abstention, il est à éviter une autre cause de défaite et de ruine pour les conservateurs. Il n'y a en ce moment que deux couleurs en présence, — il ne faut pas s'amuser à jouer sur les nuances; commencez par gagner la couleur, vous discuterez la nuance plus tard. Les chances des candidats bien étudiées dans chaque arrondissement, il faut réunir vos votes sur celui d'un des candidats d'un des partis conservateurs, qui aura le plus de chances déjà acquises. Autrement, il vous arrivera ceci : pour vous opiniâtrer à choisir absolument du bleu clair ou du bleu de roi, au lieu de ne vous occuper que du bleu, vous finiriez par être forcé d'accepter et d'endosser du rouge.

Voyez vos adversaires, ils ne sont pas scrupuleux sur la nuance, — ils ne s'attachent pas — quels que soient leurs goûts et leurs sympathies — au rouge vin, ou au rouge sang, ou au rouge feu : — ils admettent l'écarlate, et le pourpre et le nacarat, et le carmin et le rose, et au besoin ils mettront dans leur pot à couleur, s'il n'est pas plein, et du bleu et du blanc et du vert qui altéreront plus ou moins la couleur, en la rendant plus sombre ou plus claire mais seront absorbés par elle, comme nous l'avons vu pour l'élection des soixante-quinze sénateurs.

En ce naufrage, où nous sommes, il ne faut pas

que chacun se jette à la mer, qui avec un aviron, qui avec un tronçon de mât, qui avec une cage à poules, qui avec d'autres débris, — il faut réunir la cage à poules, le tronçon de mât, l'aviron et tous les autres débris surnageants et en former un radeau, sur lequel tous trouveront place et auront des chances de salut, en confiant la conduite de l'embarcation aux vrais marins et à un vrai pilote.

Il faut s'occuper de consolider et de maintenir le radeau sur lequel nous sommes aujourd'hui : — la république conservatrice avec la présidence de M. de Mac-Mahon, sans penser à autre chose jusqu'à l'époque légalement fixée pour la révision possible de la constitution ; on verra alors si la république a pu s'acclimater et faire des racines, et personne ne le désire plus que moi.

XVII

Je l'ai dit plus d'une fois à mes lecteurs, je suis républicain de conviction, de théories, de sentiments, de raisonnement ; mais je suis aussi jardinier, — je sais que la Providence et la nature sont riches et généreuses, — partout il peut germer, végéter quelque chose, — mais tout ne vient pas partout ; la crête des murs nourrit des giroflées jaunes et parfumées, — le sommet des toits de chaume se pare d'iris violets, — les pins trouvent dans les rochers les plus durs des fissures où leurs racines pénètrent et conquièrent une alimentation suffisante. Il n'est pas jusqu'aux rochers les plus nus en apparence, en partie submergés par la mer, qui ne produisent à leur sommet le perce-pierre au feuillage touffu.

Les eaux aussi ont leur végétation : les nymphœa, les nelumbium, les sagittaires, les aponogetons, les valisnières, et cent autres plantes donnent aux étangs des surfaces fleuries, — la mer elle-même a ses algues et ses varechs.

Mais si vous voulez planter les giroflées dans la mer, le perce-pierre dans l'étang, les nymphœa sur les toits de chaume, les sagittaires sur les rochers, tout mourra.

Il faut donc étudier si, le bouillonnement apaisé, lorsque la surface du pays sera redevenue calme et transparente, notre sol peut accepter et nourrir la forme républicaine, c'est-à-dire le gouvernement le plus équitable, le plus sensé, le plus élevé et, pour tout dire, le seul légitime.

Si oui, il faudra que tout le monde laboure, bêche, sarcle, fume, et emploie tous les efforts pour faire végéter d'une façon luxuriante l'arbre qui doit nous abriter.

Si non, il faudra reconnaître que tel sol ne produirait que de mauvais froment, qui peut donner d'excellent vin, — que tel autre qui serait impropre à la vigne, peut former de riches pâturages, et qu'il faut de toute nécessité approprier la culture au sol.

J'ai, pour ma part, fait une partie de ces études depuis 1830, et je le crains avec chagrin, la nation française si bien douée sous beaucoup de rapports ne me paraît pas jusqu'ici avoir reçu les goûts, les penchants, les aptitudes qui peuvent procurer l'installation définitive de la forme républicaine.

Une forme de gouvernement et la république plus que toute autre, ne peut subsister qu'en se fondant sur les mœurs; eh bien, nos mœurs actuelles sont aussi anti-républicaines qu'il est possible de l'imaginer, et semblent chaque jour s'éloigner de la république. — Je suis républicain, mais j'en cherche en vain un. Voyez avec quelle facilité les soi-disant républicains abandonnent leurs principes les plus fondamentaux pour augmenter ou hâter leurs chances d'arriver au pouvoir et à l'argent; la république, pour eux, n'est pas un but, mais une échelle et les soi-disant républicains sont simplement des joueurs qui « pontent » sur la rouge.

Les preuves de ce que je dis ici se présentent chaque jour par centaines; — j'en citerai une d'hier :

Un tribunal vient de rendre un jugement à propos d'un sieur Nicaise qui avait ajouté à son nom la fameuse particule de... ceci ou de cela, — de l'Orme, ou du Chêne, ou du Balai de Crin, ou du Pot à beurre, ou de l'Oise, ou de n'importe quoi.

« Le tribunal,

» Attendu que Nicaise, sans droit, et en vue de s'attribuer une distinction honorifique, a publiquement modifié son nom,

» Le condamne à mille francs d'amende. »

Je choisis ce fait dans un tas, parce qu'il présente à la fois deux des principaux côtés anti-républicains du caractère français, — il y en a d'autres.

J'ai déjà fait remarquer, dans les *Guêpes*, avec quelle avidité de grenouilles après des loques rouges on se jette sur les plus futiles et les plus mensongères distinctions. — Le commerce des décorations interlopes ou imaginaires est en pleine prospérité; — tous les Dubois, les Delaunays, coupent leurs noms en deux, s'appellent du Bois ou de l'Aulnaie, — et dernièrement la chancellerie voulant essayer de mettre un terme à cet abus qui n'est pas pratiqué seulement par des sots, mais aussi par des coquins, — avait, comme je l'ai raconté, fait envoyer des ordres aux divers magistrats pour poursuivre ce genre d'infraction. Eh bien, il a fallu rapporter ou ajourner cette mesure, parce que non-seulement un grand nombre de députés et de fonctionnaires étaient dans ce cas, mais deux ou trois ministres n'auraient pu établir des droits suffisants aux titres ou aux particules ajoutés à leur nom.

Cela n'est qu'un des côtés de la question, il en est un autre. — Le premier démontre clairement que nous ne demandons l'égalité qu'avec ceux qui sont au-dessus de nous, et cela jusqu'au moment où, ayant atteint à notre tour l'échelon où ils sont juchés, nous pensons à les précipiter ou à leur monter sur la tête pour arriver à l'échelon supérieur; — quant à l'égalité avec nos inférieurs, il n'en est pas même question.

Le second côté de la question est le respect de la loi, — c'est le fondement et l'assurance de la liberté. — Eh bien, non-seulement il n'est aucune des 87,000 lois que nous possédons qui ne soit violée chaque jour, même par ceux qui ont devoir et intérêt à les respecter, mais la répression de ces infractions n'est faite que « au hasard de la fourchette ».

Ainsi Nicaise change, altère, modifie son nom, « sans droit », par vanité, « dans le but de s'attribuer une distinction honorifique », d'usurper une considération mensongère; — la loi considère cet acte comme un délit, et prononce une pénalité contre ceux qui commettent ce délit.

Le ministère public cite Nicaise à la barre, expose son cas, et requiert contre lui.

Le tribunal l'interroge, reconnaît le bien fondé

de l'accusation, le condamne, et lui applique la pénalité prononcée par la loi.

Rien de mieux.

Mais, êtes-vous bien certain que, dans l'auditoire, parmi les avocats présents à la barre, peut-être même parmi les juges, il ne se trouve personne dans le même cas que Nicaise? — Eh bien, je demande ou je prends la permission d'en douter, tant cette ridicule folie est répandue aujourd'hui. — Est-il un de nos lecteurs qui, parmi ses connaissances ne puisse désigner quelqu'un, et presque toujours quelques-uns, qui se soit ainsi, de sa propre volonté, affublé indûment d'un titre, d'un second nom, ou de la bienheureuse particule? — Jetez un regard autour de vous, faites l'appel de vos connaissances et dites-moi la réponse.

Alors, pourquoi Nicaise est-il seul accusé et condamné? pourquoi fait-on payer 1,000 francs d'amende à Nicaise, quand tant d'autres ne payent rien? Nicaise est coupable, je le reconnais, sans que son crime m'inspire une bien profonde horreur, mais le crime de la justice est le plus grand qu'il puisse commettre : l'injustice.

Pour faire une république, il faut des républicains; il faut l'égalité, et surtout l'égalité devant la loi; il faut le respect absolu et le maintien inflexible de la loi. Vous ne pouvez vous dire républicains, vous ne pouvez vous sentir libres qu'à ce prix.

XVIII

Rien de plus naturel, quand on est mal, que de chercher à être bien.

Il est naturel encore mais souvent imprudent, quand on est bien, de s'efforcer d'être mieux ; — le mieux, dit un proverbe, est l'ennemi du bien.

Robinson, sur son île, où il s'est tant bien que mal installé, se construit un canot et va à la découverte ; mais, avant de partir, il étudie la position et l'orientation de l'île qu'il quitte pour être sûr de la retrouver s'il ne trouve pas mieux.

Assez peu nombreux sont aujourd'hui ceux qui peuvent se rappeler les dix-huit années de rare prospérité dont a joui la France sous la royauté de Juillet ; — on s'est ennuyé de son île, on a construit un bateau, et on a abordé successivement plusieurs autres îles :

En 1848, l'île de la République ; on n'y est pas resté longtemps, on s'est rembarqué, et on a abordé à l'Empire ;

Puis à une nouvelle république en 1870 ; la commune nous a fait voir que cette île était hantée par un assez grand nombre de tigres, hyènes, chacals, crocodiles, et autres bêtes féroces, — on essaye d'y rester et de se fortifier contre elles, parce que cette île se recommande par la salubrité de son climat, la fertilité de certaines productions séduisantes, — mais si on ne réussit pas, il ne faut pas perdre l'orientation de l'île que nous avons quittée en 1848.

On se préoccupe beaucoup de la lettre que viennent de publier les deux princes d'Orléans, qui faisaient partie de l'Assemblée défunte, et l'on y cherche des sens variés ; — je n'y vois qu'une chose : ce sont des pilotes, pour le moment sans ouvrage, qui s'asseoient sur leur banc, au bord de la mer, les yeux fixés sur l'horizon.

Si on ne signale pas de navire en danger, ils fument tranquillement leur pipe.

Si un navire en détresse appelle le secours d'un pilote, ils sont là.

XIX

Et moi aussi je veux parler du manifeste de M. de Mac-Mahon ; — voici ce que j'y comprends.

Texte :

1° « *Jusqu'en 1880*, j'ai seul le droit de provoquer la révision des lois constitutionnelles qui viennent d'être votées ; — ces institutions ne doivent être révisées qu'après essai loyal ;

2° » Je ferai prévaloir une politique conservatrice et vraiment libérale ;

3° » Au-dessus des souvenirs, des aspirations et des engagements de parti ;

4° » Une autorité forte — droits, intérêts légitimes;

5° » Il faut désarmer et décourager ceux qui troublent et voudraient troubler cette autorité par les propagations de doctrines anti-sociales et de programmes révolutionnaires;

6° » J'exercerai sans faiblesse le pouvoir dont je suis investi. »

Traduction et glose :

Art. 1ᵉʳ. — N'espérez, ô monsieur Thiers, ô maître Gambetta et autres, ni me décourager, ni m'intimider, ni prendre ma place.

Je ne suis pas du tout certain que la république soit possible et s'acclimate en France, — mais il faut cinq ans de paix, pendant lesquels le pays achèvera sa convalescence : — appelez ça république, si vous voulez, — il faut même l'appeler république ; nous verrons bien si elle marche, — mais pour qu'elle ne fasse pas de chute dangereuse, nous la soutiendrons avec des lisières. — En 1880, on avisera.

Art. 2. — Les places, l'argent, les dignités ne seront plus au pillage, — le nom de la liberté ne sera pas un euphémisme, un petit nom, et le dernier déguisement, le dernier masque du despotisme.

Art. 3. — « Les souvenirs », — c'est-à-dire les légitimistes et les bonapartistes ; — « les aspirations », — c'est-à-dire « l'avénement des nouvelles couches sociales » ; — les faims et les soifs des soi-disant républicains ; — « les engagements de parti », — c'est-à-dire les honteuses et ridicules coalitions qui ont présidé à l'élection des soixante-quinze premiers sénateurs.

Art. 4. — « Une autorité forte », — « droits, intérêts légitimes » ; c'est-à-dire on respectera et on fera respecter les lois ; — on ne promettra plus aux « travailleurs » qu'ils vivront sans travailler, — le fruit du travail passé sera respecté ; — c'est à une autre moisson que les nouveaux moissonneurs demanderont leurs gerbes, ils sèmeront, cultiveront, faucheront eux-mêmes sur terre et non dans les greniers d'autrui.

Art. 5. — « Désarmer », comme les gens dont il s'agit n'ont d'armes que dans la langue, et ne se servent jamais que de celles qui peuvent leur couper les doigts, on s'occupera de leur langue : — « doctrines anti-sociales » ; lisez : les soi-disant socialistes qui rendraient toute société impossible et nous feraient fatalement faire une rechute en sauvagerie.

Art. 6. — J'avais annoncé déjà que les lois seraient inexorablement obéies, — ça ne s'est pas réalisé tout à fait, — mais cette fois c'est pour de bon.

Ainsi traduit, ce programme est excellent.
Mais,
C'est surtout en politique qu'il faut distinguer ce qu'on dit de ce qu'on fait.
Voyons un peu comment ce programme pourrait être suivi; car il ne faut pas que, proclamant la politique de M. Buffet, on suive ensuite celle de MM. Say et Dufaure.

Corollaires.

J'espère, — mais je voudrais en être certain, — qu'ils sont dans l'esprit du Maréchal, président de la République.

1° J'obéirai aux lois, mais je n'obéirai qu'aux lois; mes ministres tireront « le char de l'État », vieux style, — attelés les uns au timon, les autres en volée, mais tenus par les mêmes guides, et marchant ensemble dans le même sens, de la même allure et du même pas. Je n'aurai plus d'attelages tout à l'entour dudit char, qui l'empêcheraient de marcher et le verseraient nécessairement dans la boue; — ceux qui voudront aller individuellement à droite ou à gauche, *à hue* ou *à dia*, et essayeront de « tirer » hors du droit chemin, ceux qui voudront galoper aux descentes, seront dételés et iront seuls où ils voudront.

Je supprime d'un coup le grand attrait de la guerre qu'on fait au pouvoir dans les assemblées ; — je supprime le butin et les dépouilles opimes, — et voici comment :

Quant à ma place de président, « j'y suis, j'y reste » jusqu'en 1880.

Ni M. Thiers, ni aucun autre ne la prendra; non-seulement on ne m'intimidera pas, mais on ne me découragera pas; on pourra m'inspirer du dégoût, mais on ne me dégoûtera pas.

Quant aux portefeuilles, les ministres que j'ai choisis garderont leurs portefeuilles, sauf les cas où ils voudraient ou « porter l'arme à volonté » ou ne plus marcher au pas, ou mettre leur enjeu à cheval sur deux couleurs ou sur quatre numéros; s'il arrive alors que je doive me séparer d'eux ou de quelques-uns d'entre eux, je déclare dès à présent que je prendrai leurs successeurs en dehors de l'Assemblée, et jamais dans les rangs des hommes politiques appartenant à un parti ou à une coterie; il est donc inutile de tuer des gens dont on n'a aucune chance d'hériter.

Le mât de cocagne est là — graissé, huilé, suivé; il est toujours surmonté d'une couronne de lierre, mais il n'y aura plus désormais ni montre, ni timbale, ni cervelas accrochés à la couronne. Ceux qui se contentent de lierre et à qui l'exercice est salutaire, peuvent s'évertuer à grimper pour la gloire; — le mât est là, libre à chacun d'y user ses culottes

— mais l'État ne se chargera plus d'en fournir d'autres.

On n'a donc pendant cinq ans à espérer ni ma place, ni celle d'aucun autre; armez-vous, escrimez-vous, valeureux chevaliers, vos armées même coalisées ne vous mèneront à rien,—elles tourneront en rond comme celles du cirque.

Quant aux doctrines que j'appelle antisociales, ce sont celles des soi-disant républicains, démocrates, socialistes, transigeants, intransigeants, mariannistes, etc., c'est-à-dire de ceux qui empoisonnent toutes les classes de la société en faisant luire à leurs yeux des mirages décevants : en disant au laboureur que ce n'est pas en labourant; au cordonnier que ce n'est pas en faisant des souliers; à l'avocat que ce n'est pas en plaidant; à l'écrivain que ce n'est pas en faisant des livres et des pièces de théâtre; au bûcheron que ce n'est pas en fendant du bois; au médecin que ce n'est pas en soignant des malades; au cocher de fiacre que ce n'est pas en menant sa voiture, qu'ils peuvent vivre dans l'abondance, mais que c'est en s'agitant, en bavardant dans les cabarets, en conspirant, en faisant des émeutes et des révolutions, etc.

J'appelle doctrines antisociales celles qui surexcitent et exaspèrent les besoins, les habitudes, les désirs, les espérances, à un tel point, que, ce qu'il existe de richesses ne suffirait pas pour donner satisfaction à tout le monde, — tellement que, pour que les pauvres soient contents, il faut que les riches deviennent pauvres, — lesquels se mettraient en devoir de dépouiller les vainqueurs à leur tour, ce qui nous assurerait une guerre civile et acharnée à perpétuité.

Ajoutons ceci :

Ces richesses qu'on s'arracherait, qu'on se prendrait et reprendrait, iraient se détériorant et diminuant, car tout le monde serait consommateur, il n'y aurait plus de producteurs des richesses véritables qui sont les produits de la terre et du travail; — à mesure que la production diminuerait, la rareté amènerait l'enchérissement.

Le signe transmissible, c'est-à-dire l'argent, s'avilirait en même temps, et on ne tarderait pas à voir, comme du temps de Law et des assignats, une paire de souliers se payer huit cents francs et soixante francs une botte de petits radis, si bien que, dans un temps donné, les détenteurs de l'argent seraient aussi pauvres que les dépouillés et qu'on arriverait à l'égalité de la misère.

Notez que nous avons déjà conquis l'égalité des dépenses qui y mène en ligne droite.

Il n'y a que Dieu, la nature et la terre qui peuvent donner aux uns sans prendre aux autres; mais dans les doctrines prêchées par les Gambetta, les Louis Blanc, les Naquet, les Pyat, les Vermesh, etc., qui voudrait travailler? qui voudrait labourer? qui voudrait gagner sa vie et celle de sa famille à la sueur de son front? Tout le monde ferait et fait déjà un peu, tous les jours davantage, comme un gamin, neveu de Mazzini, auquel ses camarades de collége demandaient quelle carrière il suivrait, ses études finies.

— Moi, répondit-il, je me ferai conspirateur. Comme il eût dit je me ferai ingénieur ou militaire.

Il y a longtemps déjà que ce n'est plus à Dieu, mais au diable que la plupart des gens demandent leur pain quotidien.

« J'exercerai sans faiblesse les pouvoirs dont je suis investi. »

Il n'y aura plus une loi, plus un arrêté, plus une ordonnance qui ne soit exécutée à la lettre, s'appliquât-elle aux choses en apparence les plus insignifiantes.

On ne pourra ni les enfreindre, ni les éluder, ni leur échapper.

M. de Mac-Mahon, dans son manifeste, semble comprendre qu'il faut imiter le dernier des trois Horaces, — les deux premiers sont tués, — et combattre nos ennemis en les divisant. — Lisons *Tite Live* :

... Les Romains n'ont plus d'espérance, mais

9

cependant encore de l'inquiétude. — Qu'espérer en effet du dernier Horace qui est enveloppé par les trois Curiaces...

Il est trop faible contre ces trois ennemis réunis; pour diviser leur attaque, il s'enfuit, certain qu'ils le suivront à des distances inégales.

Un, en effet, est très-près de lui, il se retourne brusquement et fond sur lui..... Vainqueur, Horace marche au second ennemi[1].

Disons, d'une façon moins littéraire peut-être, mais d'autant plus expressive, — que tout le monde doit s'occuper du péril social ; — il faut mettre en ordre les devoirs comme les besognes et les dangers.

Il serait dangereux et ridicule, en voyant venir un loup, la gueule béante et les dents claquant à vide, de s'occuper à chercher ses puces.

Ce n'est pas arbitrairement que je disais tout à l'heure que par doctrines anti-sociales, le Maréchal entend les doctrines (si doctrines il y a) des prétendus socialistes.

---

1. Jam spes tota, nondum tamen cura deseruerat........ exanimes vice unius quem tres Curiacii circumsteterant. —.. Ut segregaret pugnam eorum, capessit fugam, itâ ratus venturos ut quemquem vulnere affectum corpus sineret... videt magnis intervallis sequentes... unum haud procul ab sese abesse, in eum magno impetu redit... jam Horatius cæso hoste victor, secundam pugnam petebat.

ON DEMANDE UN TYRAN

Nous sommes dans ces moments de trouble où les mots employés comme projectiles et armes de guerre sont jetés et « flanqués » au hazard, et ne conservent pas plus leur sens réel, étymologique et grammatical, que des mottes de terre ou des boules d'argile qu'on se lancerait réciproquement à la tête, — ou même des balles de plomb tirées sur une plaque de fonte, ne gardent leur forme.

« Quand le langage se corrompt, disait Sénèque, quand on se plaît à détourner le sens des mots et à en créer de nouveaux, ne doutez pas que les mœurs ne soient dépravées; la débauche du langage est un indice de l'abaissement des esprits, surtout si elle passe du vulgaire aux classes élevées, etc.[1] »

Pour les soi-disants socialistes, ce mot de socialistes est loin d'avoir le sens que lui assignent les dictionnaires, la grammaire et le bon sens. En effet, une révolution « ne fait pas ses frais », et est une calamité si elle n'est pas sociale, c'est-à-dire si elle n'a pas pour but et surtout pour résultat d'améliorer la condition des pays et des individus, de détruire des abus graves, — car alors elle n'amène

---

1. In oratione fingit, ignotâ et deflectit... ubicumque videris orationem corruptam, ibi mores quoque à recto descivisse non erit dubium, sic orationis licentia ostendit animos quoque procidisse... etc.

que ceci : que M. Thiers succède à M. Guizot, que M. Guizot remplace M. Thiers, — ou bien que M. Dufaure, ministre de Cavaignac, succède à M. Dufaure, ministre de Napoléon III, lequel sera remplacé par M. Dufaure, ministre de M. Thiers, — puis par M. Dufaure, ministre du maréchal de Mac-Mahon. — De même que M. Thiers faisait partie des ministères désignés par Louis Bonaparte à Strasbourg, et par la duchesse de Berry en Vendée. Une révolution qui ne fait que faire changer de mains les fonctions et l'argent et les abus, n'aboutit, comme le disait mon matelot Buquet qui déménageait, qu'à « changer de punaises. »

Il est quelques soi-disant républicains instruits, qui savent au fond ce que veut dire socialisme, mais, soit défaut de bon sens, soit défaut de bonne foi, ils font de la lumière une torche qui met le feu à la maison ; voyez Louis Blanc professant ces deux monstrueuses absurdités : le droit au travail et l'égalité des salaires, etc.

Les autres, joignant l'ignorance proverbiale de la carpe à l'avidité du brochet, disent comme maître Gambetta que « il n'y a pas de question sociale », et comme M. Rochefort, qu'il ne leur faut que « un quart d'heure pour la résoudre. »

Les différents noms et sobriquets dont s'affublent ces pseudo-républicains, ne sont que des degrés et des grades qu'ils s'attribuent.

Je suis républicain, dit l'un, — moi, démocrate, dit l'autre, — et moi, intransigeant, — et moi socialiste, — ça veut dire : je suis plus républicain que toi, et je demande une part plus grosse dans les dépouilles de la société : — *republicanus, republicanior, republicanissimus, republicanissississimus.*

XX

Car il ne faut pas s'y tromper, la prétendue politique de ces farceurs sinistres consiste à persuader au peuple de tirer du feu pour eux des marrons, dont ils ne lui donnent jamais sa part. Dieu sait que de doigts s'y sont brûlés.

Leur doctrine, c'est le brigandage, car le peuple — je parle de la nation entière et non d'une partie, — le peuple détourné de la richesse réelle serait bien vite ruiné, — ce ne serait plus, comme cela est, un fleuve d'or où tous peuvent puiser, mais une tire-lire qu'on casserait. De tout l'argent des riches il n'y aurait à faire qu'une orgie, — comme font des pirates sur un vaisseau surpris, après quoi, le feu mis au vaisseau, il disparaît dans l'abîme.

Ce n'est qu'une paix longue et assurée qui peut permettre de faire du « socialisme », c'est-à-dire de s'occuper d'améliorations réelles, et il serait temps de s'y mettre, car l'état de la société, même en dehors des troubles politiques, n'est pas rassurant.

La révolution-combat a été gagnée dès 1789 ; si on a livré depuis de nouvelles batailles, ça a été dans l'intérêt d'ambitions et d'avidités particulières plus ou moins nombreuses ; — la révolution-problème est encore à résoudre, — quand pourra-t-on commencer à l'étudier sérieusement ?

Jusqu'ici la civilisation, le progrès dans leur marche amènent ceci : les moyens d'augmenter le bien-être général s'accroissent, il est vrai, mais ils s'accroissent dans la proportion que voici : — tandis qu'ils s'accroissent comme un, — les besoins s'accroissent comme trois, et les désirs comme dix.

Comment cela doit-il finir ?

Prouvons les deux termes de cette assertion par deux exemples présents ; — ils seront d'autant plus frappants qu'ils seront pris dans des circonstances quotidiennes :

Dans ma jeunesse, les huîtres coûtaient huit sous la douzaine. Eh bien, ce qu'on appelait les « bourgeois aisés », comme étaient mes parents, n'en mangeaient qu'aux bons jours, et quand ils avaient des amis à déjeuner. Aujourd'hui, les ouvriers mangent des huîtres, qui ne nourrissent pas, mais sont un luxe : la production est dépassée par l'augmentation de la consommation, et les huîtres se vendent deux francs la douzaine.

La concurrence illimitée du commerce amène le résultat que voici : on lutte quelquefois par des améliorations, des perfectionnements, il est vrai, mais on lutte surtout par l'abaissement des prix ; on commence par diminuer les bénéfices, on se « rattrapera » sur « la quantité ». Jusque-là c'est bien, — si ce n'est pourtant que pour arriver à cela, il faut de gros capitaux, fournis par l'association, et que les petits marchands sont, non pas ruinés, mais abolis.

Quand on est arrivé à l'extrême limite de la diminution des bénéfices, il faut, pour continuer la lutte, chercher d'autres moyens. Nous avons alors la sophistication, l'altération, les mélanges, le vin de campêche, le coton mélangé à la laine, les semblants, les apparences, les marchandises masquées.

Comme tout « progrès » en ce genre est immédiatement imité par les concurrents, il n'y a plus que deux pas à faire ; l'un est l'extrême division et conséquemment la rapidité du travail. — C'est-à-dire qu'un homme ne fait que la seizième partie d'une épingle, ne fait jamais, ne sait jamais faire que cela. Il devient un des rouages d'une machine, il n'acquiert, il n'a aucune valeur individuelle, s'il se trouve séparé de la machine, pas plus qu'un clou tombé ou une roue inerte couchée par terre, il faut donc qu'il soit non pas seulement machine, mais fraction de machine, — détriment pour le corps, détriment pour l'âme et pour l'esprit.

Une fois qu'il est réduit à ne plus exister comme individu, il appartient au capital aussi absolument que la machine dont il fait partie. Le capital étant épuisé, et l'abaissement de ses bénéfices sur un objet, en reportant un bénéfice sur un grand nombre, ayant épuisé les différents modes de tromperies sur la quantité et la qualité de la marchandise vendue, n'a plus qu'une ressource : c'est l'abaissement progressif des salaires ; pour le capital, l'homme a un défaut : une infériorité sur les machines. Les machines ne mangent que de la houille et ne boivent que de l'eau, — l'homme veut du pain, un peu de vin ; on ne peut donc l'employer que provisoirement et on le supprime à mesure que l'on fait des « progrès » dans les machines.

Or, comme, séparé de la machine, il n'est plus rien, n'est plus bon à rien, il y reste, quelque dures que soient les conditions qu'on lui fait : d'ailleurs ce qu'il fait, la fraction de besogne qu'on lui confie pour « servir » la machine, n'est pas un art acquis, tout le monde peut le faire demain ou, au plus tard, après-demain ; en même temps, grâce aux chemins de fer, grâce à divers autres « progrès » qu'il serait trop long d'énumérer, en même

temps que les salaires doivent s'abaisser, les besoins
s'accroissent de deux façons : la vie est plus
chère, et on a de nouvelles habitudes, et aussi,
grâce aux billevesées, aux mensonges, que prodi-
guent à la classe laborieuse les orateurs de taverne
et de balcon, les désirs, les espérances s'accroissent bien davantage encore.

Ce sont là de vraies questions sociales, n'en
déplaise à maître Gambetta, — et de grosses questions, — et ceux-là seuls peuvent dire qu'ils les
résoudront « en un quart d'heure », qui, comme
M. Rochefort, n'y ont jamais pensé de leur vie,
fût-ce une minute. Sont-elles solubles, seront-elles
jamais résolues, qui le sait ? mais au moins cela
vaut la peine qu'on y applique son esprit et ses
efforts plus qu'aux « changements de punaises »,
en quoi consiste toute la politique d'aujourd'hui.

XXI

Une vraie, une grosse question sociale, — c'est
la « justice ».

L'individu délègue à la société le droit et le soin
de préserver sa vie et ses gains ; — si la société
ne s'acquitte pas loyalement et efficacement de ce
devoir qu'elle assume, — l'individu est obligé d'en

revenir à défendre lui-même, et sa vie, et sa fortune ; — il reprend l'arc, les flèches, le tomahawk, et c'est alors que commencera franchement la véritable rechute en sauvagerie, dont je parle quelquefois comme d'une chose qui menace la société.

Eh bien, aujourd'hui la justice patauge.

Grâce à des doctrines capiteuses, qui donnent facilement à ceux qui les professent un faux air de force et de générosité, — la répression des crimes est devenue un jeu de hasard, les lois sont bravées ou éludées, les avocats plaident contre la loi quand il ne leur est permis de plaider que contre l'accusation, et les présidents et les juges les laissent faire. — Les jurés apportent au tribunal leurs opinions préconçues et cèdent aux effets de mélodrame de certains « illustres » avocats, et les journaux disent : Le crime était horrible, avéré, mais grâce à l'éloquence de maître un tel, le jury a acquitté l'accusé ou a admis en sa faveur des « circonstances atténuantes », qui ne ressortaient pas du tout de la cause.

Ajoutez que le ministère public, le président des Assises, se sont inclinés devant « l'illustre », s'il vient de Paris, et l'ont un peu aidé dans sa tâche, lui laissant diriger les débats, insulter les témoins, etc.

Mais si un jour maître tel est occupé ailleurs, ou,

si le criminel n'a pas assez d'argent pour mériter qu'il se dérange...,

Qu'on ne me réponde pas ici par des phrases et des boursouflures, parce que je répliquerais par des preuves.

Si le coupable est défendu par un avocat du cru, qui, même à talent égal, produira peu, point et toujours moins d'effet, il subira nécessairement la peine qu'il a encourue.

Si bien que la punition des crimes les plus odieux n'est plus jamais assurée; je vous défie d'en imaginer un quelque horrible, quelque monstrueux qu'il soit, qui rende impossible l'acquittement ou l'indulgence; — les exemples sont là par centaines.

Si bien que plus d'une fois j'ai dit : S'il est vrai qu'il dépende des avocats d'influencer à ce point le jury, il faut nécessairement supprimer ou le jury ou les avocats.

Le résultat d'un procès pourrait se jouer aux dés, et ce procédé ne changerait pas grand'chose.

Autre point : les crimes et délits militaires qui ne sont pas soumis au jury, ont conservé leur pénalité, tristement indispensable peut-être, mais terriblement sévère.

Tandis que, grâce au jury et aux « illustres » avocats,

L'incendie l'empoisonnement, l'assassinat, le parricide... bourgeois, n'entraînent que de loin en loin et par hasard, la peine capitale.

Ainsi, je vais copier dans la *Gazette des Tribunaux*, un très-estimable journal, si honorablement continué par le gendre de Paillard de Villeneuve, deux articles qui se suivent immédiatement.

Cour d'Assises du Doubs. — *Audience du 12 janvier :*

« A l'âge de quatorze ans, Bellisante Brenet vint habiter Blussans, où elle vécut maritalement avec Hippolyte Besançon ; celui-ci l'épousa en 1865, elle avait dix-sept ans.

» Elle ne tarda pas à nouer des relations adultères avec Charles Ravey, dans la maison duquel les époux Besançon avaient pris un logement. Fatiguée de la vie de misère et de travail qu'elle menait avec son mari, Bellisante aspirait à épouser Charles Ravey, qui jouit d'une certaine aisance.

» La femme de Ravey était d'une faible santé. L'accusée poussa son amant à la maltraiter. Elle eût voulu qu'il la fît « mourir à petit feu » : ce sont les expressions d'un témoin. La femme Ronillier déclare même qu'elle l'a entendue dire à Ravey, en parlant de sa femme : « F...-lui en jusqu'à ce qu'elle crève », et elle ajoutait, en parlant de son mari : « Moi, je ferais bien tenir le mien par Ravey, mais vaut mieux faire sa besogne soi-même. »

» Après la mort de la femme Ravey, la femme

Besançon afficha de plus en plus ses relations avec Ravey; elle s'installa en maîtresse chez l'accusé, y porta une partie de ses vêtements et força la jeune fille de son amant à lui donner le nom de mère.

» Restait à réaliser la deuxième partie de son sinistre programme. »

Ravey tua Besançon d'une balle de pistolet dans la tête, et, comme il remuait encore, l'acheva à coups de bâton. — Bellisante aida l'assassin à jeter sa victime dans un canal, puis tous deux, accusés, firent tomber de concert les soupçons de la justice sur un pauvre diable qui fut mis en prison pendant quelque temps.

Le crime est tellement démontré que les deux avocats se contentent de rejeter chacun les faits les plus graves sur le client de l'autre, mais tous deux s'efforcent d'attendrir le jury sur ces « deux malheureux ». Le jury oublie l'assassinat et admet, en faveur des assassins, les « circonstances atténuantes ».

Même page, même colonne :

11ᵐᵉ Conseil de Guerre, séant a Paris. — *Audience du 14 janvier* :

Le sapeur Ferrand a donné un coup de poing au sergent Favel.

Ferrand est condamné à la peine de mort.

XXII

J'ai l'habitude de dire non-seulement ce que je pense, mais aussi de dire ce que je veux dire, rien de plus, mais rien de moins, — même en vers quand je me régale d'en faire pour mon plaisir, car en général les vers sont plus amusants à faire qu'à lire :

> Et je ne permets pas que la rime m'impose,
> Lorsque je pense noir, de dire blanc ou rose.

Ce serait donc étonnant et contraire à ma coutume si, de ce que j'ai écrit récemment sur V. Hugo, il ressortait autre chose que

Une grande et sincère admiration pour son génie, une vieille habitude d'amitié pour sa personne ; un chagrin réel des entraînements qu'il a subis en n'obéissant pas à sa nature et en sortant de sa voie, et de l'amoindrissement qui en est la conséquence.

Ces sentiments sont si vrais, si profonds que, arrivé à un point où, pour ne pas mentir, il me fallait être plus sévère, — j'ai hésité et remis à... plus tard la suite de ce que j'avais à dire.

Mais je me consolerais difficilement de lui avoir jeté sur la tête l'énorme pavé dont vient de l'assaillir un de ses enfants de chœur, qui prétend le défendre dans un journal :

« Le grand poëte, dit-il, ignore les attaques dont il est objet. A certaines hauteurs dans l'atmosphère, on ne distingue plus de la terre que des rubans d'argent qui sont les fleuves, des nappes d'émeraude qui sont l'Océan et des taches d'or qui sont les moissons; — on ne voit plus ni un homme, ni une gerbe, ni une vague, — les détails se perdent... et le globe dont on s'éloigne, astre déjà pour le voyageur, semble débarrassé pour jamais des fourmis qui le déparaient. Ainsi, le poëte, planant au-dessus de la vie, etc., etc. » Plus loin, il l'appelle — « statue de marbre blanc » — « demi-dieu » — et « Pétrarque gigantesque, » etc., etc.

Eh bien, le moment n'était pas précisément bien choisi pour débiter ce pathos, — car ce moment est celui où le demi-dieu de « la hauteur où il plane dans l'atmosphère », et d'où les détails lui échappent », et d'où les hommes semblent « des fourmis qui vont bientôt disparaître », — de cette hauteur où les fleuves sont des rubans d'argent et l'Océan une nappe d'émeraude, le grand poëte voyait aussi — un siége au Sénat — ce détail — et M. Clémenceau — cette fourmi — M. Clémenceau qui le haranguait et lui décernait un « satisfecit » de la part du parti pseudo-républicain, d'où il suit que le demi-dieu ne plane pas tout à fait si haut que le dit le journaliste, — que « les détails » ne sont pas si « perdus » pour lui, et qu'il fait encore quelque cas des « fourmis » qui distribuent les faveurs de la politique, et que si

« le globe dont il s'éloigne devient astre » et bientôt invisible, il distingue encore cependant, sur ce globe presque disparu, un siége au Sénat, et comme dit David de Saül (livre I, ch. 26 — Samuel) : « Le roi d'Israël est sorti pour chercher une puce ».

Ce globe si petit sur lequel de si haut on voit encore M. Clémenceau, ne rappelle-t-il pas ce garçon qui, descendant d'un aérostat, disait : « La terre me semblait grosse comme un grain de moutarde.

— Et les hommes alors ?

— Les hommes à peine gros comme des noisettes. »

Et puisque nous parlons de David, disons que le poëte, semblable à David qui, étant nommé roi, crut devoir entonner une hymne (Samuel, livre II chap. 1),

Le poëte nommé sénateur, a saisi sa lyre et chanté un dithyrambe sur Paris, et ce dithyrambe est un fleuve de métaphores, un feu d'artifice d'antithèses comme on n'en a jamais vu, — une sorte d'Apocalypse où, parmi quelques belles pensées exprimées dans une langue noble et élevée, on ne peut s'empêcher de remarquer quelques expressions imprudentes, quelques paroles peu sensées, quelques assertions pour le moins hasardées et contestables.

Il prend donc sa lyre et chante :

Après avoir dit que,

« En ôtant à Paris son diadème de capitale de la

France, ses ennemis ont mis à nu son cerveau de capitale du monde. »

Après avoir appelé Paris, « ville héroïque », « Sparte » et « Sarragosse », chef-lieu du genre humain, il l'appelle « la commune suprême ». Commune! c'est une des paroles imprudentes dont je parlais tout à l'heure; le mot de commune a le tort, dans un éloge de Paris, de rappeler et ce qu'on y a fait en 1871, et ce qu'on y a laissé faire : — deux hontes.

Continuons le dithyrambe :

« Lorsque de faibles chefs militaires ont fait capituler Paris, Paris a poussé un cri de douleur. »

David oublie que les chefs militaires d'alors étaient MM. Gambetta et Freycinet.

« Paris, si la résistance eût duré un mois de plus, eût changé l'invasion en déroute. »

Cela n'est qu'une puérilité, que le poëte prend sous son képi légendaire. V. Hugo, renfermé dans Paris, où il prenait avec une courageuse résignation sa part d'anxiétés et de privations, ne voyait pas au dehors ce que c'étaient que les prétendues armées formées par MM. Freycinet et Gambetta, avec l'aide du fournisseur Ferrand, aujourd'hui à Mazas : des soldats improvisés sans armes, sans vêtements, sans vivres, — envoyés à la mort par des chefs abrités dans les préfectures, bien nourris, bien logés, et mettant de bonnes petites sommes dans leurs poches.

Continuation d'une résistance impossible qui n'avait pour but que de prolonger le pouvoir de ceux qui s'en étaient emparés — de ceux que M. Thiers, lorsqu'il les fusillait avant de devenir leur complice appelait « fous furieux » en leur reprochant d'avoir « coûté à la France la moitié de ses pertes en hommes, en territoire et en argent. »

Résistance votée par cent sept députés dont on n'a jamais pu m'en nommer sept ayant pris une part personnelle à la guerre.

Résistance commandée par de soi-faisant ministres qui avaient solennellement juré de se faire tuer jusqu'au dernier, et dont pas un seul ne s'est une seule fois exposé au plus petit des dangers.

« Paris a jeté un cri de douleur », oui, et surtout lorsque des Parisiens ont fait ce que n'avaient pas osé faire les armées coalisées de 1814 et de 1815, lorsque des Parisiens, comme l'avait prédit le poëte, en un jour lucide, ont renversé la colonne de la grande armée.

Oui, Paris a jeté un cri de douleur, mais c'est lorsque ceux qui sont aujourd'hui les amis du poëte, couverts de galons ridicules, ont volé, pillé, incendié, assassiné; invasion plus terrible, plus sinistre, plus insolente mille fois que celle des Prussiens qui ont traité Paris avec les égards que l'on a pour le roi des échecs, se contentant de le faire mat sans le prendre.

Les vrais « ennemis de Paris », ce sont ceux qui l'ont incendié, ce sont ceux qui sont aujourd'hui les amis du poëte qui demande pour eux l'amnistie, sans oser affirmer que cette amnistie, ils nous la donneront eux-mêmes.

Et lorsqu'il dit : « Paris, la commune suprême, demande aux autres communes une république désirable, une république sans état de siége, sans bâillon, sans exils, sans bagnes politiques, sans joug militaire, etc. »

On est effrayé de voir à quels sommets d'absurdité peut s'élever un poëte en gésine de dithyrambe.

Mais il était donc déjà à cette hauteur où le voit son ami l'ours, le journaliste dont nous parlions tout à l'heure, où « les détails échappent », où Paris est comme un grain de moutarde et les hommes comme des noisettes? Il n'a donc rien vu dans ce Paris d'où il avait annoncé qu'il « sortirait sans armes et irait au-devant des Prussiens », qu'il renverrait chez eux. Mais pour avoir une république sans état de siége et sans gendarmes, sans bagnes, sans déportations, il faut d'abord établir une république sans voleurs, sans assassins, sans incendiaires.

Je suis fâché d'avoir à le dire, mais ces cascades de paradoxes, ces feux d'artifices d'antithèses ne prouveraient pas, — sauf cinq ou six phrases bien faites — que V. Hugo est un grand poëte, si la chose était à prouver pour celui qui a écrit « Notre-

Dame de Paris », « Les Rayons et les Ombres », « Les Voix intérieures », « Les Feuilles d'automne », etc., mais ils prouvent avec une triste limpidité qu'il n'est ni un « penseur », ni un homme politique et qu'il ne sera qu'un très-médiocre sénateur.

Il a raison, Paris est, en effet, une grande et noble ville, autrefois capitale du monde civilisé, mais qui, si on laissait faire messieurs de la commune, ne tarderait pas à en devenir la Canongate et le Lupanar. Paris appartient au monde : on comprend l'Europe sans Berlin, sans Londres, sans Vienne, sans Madrid, etc., — on ne comprend pas l'Europe sans Paris. Paris était tout cela, surtout encore à l'époque où V. Hugo ne se mêlait pas de politique et la dédaignait.

Aussi, tout en acceptant une partie du dithyrambe du poëte, faut-il dire la vérité sur Paris, pour le refaire et le maintenir.

C'est ce que je faisais en 1848, et ceci servira encore une petite fois de réponse à un bon petit papier rouge qui a allumé mon feu ce matin et qui m'accuse encore bêtement et à tout hasard de palinodie. — Je vais copier ce que les *Guêpes* disaient de Paris en 1848 après la terrible bataille de juin, — et ce que je pense aujourd'hui, *comme alors, comme toujours* :

« Sur Paris :

» Que l'on se persuade bien une chose, c'est que la France ne veut plus permettre que les émeutes de Paris décident de la politique du gouvernement et de tous les intérêts du pays. La France est décidée à secouer le joug du faubourg Saint-Antoine [1].

» Il ne faut pas songer à déplacer le siége du gouvernement [2]. Paris est et doit rester la capitale de la France, — le séjour des arts, du luxe, et le siége du gouvernement, — mais Paris est le salon, il faut le balayer et le tenir propre.

» On a fini par faire de ce beau Paris une sentine, un égout, où arrivent toutes les ordures de la France et du monde entier. Paris est une ville où de tous les points du monde, on vient faire ce qu'on n'oserait et ne laisserait faire nulle part ailleurs; — il ne s'agit pas de toujours comprimer, on ne comprime que pour un temps; la compression au moral, comme au physique, augmente la force de ce qu'on comprime, et finit par une explosion.

» Je ne détaille rien dans les *Guêpes*, — je ne donne que des résumés, — j'ai souvent pensé, en cent pages, ce que je vous écris en trois lignes : « Je laisse à d'autres à dévider les cocons que je file, si jamais on découvre que c'est de la soie. »

1. On dirait aujourd'hui « le joug de Belleville », c'est le seul changement à faire.
2. On parlait déjà de cette sottise.

» Il ne doit y avoir à Paris, non-seulement aucun galérien, mais encore aucun condamné, même libéré, et le permis de séjour de tout citoyen doit être soumis à un examen, autant dans l'intérêt des ouvriers que dans l'intérêt de la paix publique et de la tranquillité de Paris. Tous les ateliers dont l'industrie n'est pas nécessaire, doivent en être éloignés. — Il faut que Paris donne des garanties à la France; il faut que le gouvernement ne puisse être enlevé par un coup de main; il ne faut pas que trente millions d'hommes attendent chaque jour la poste avec anxiété, pour savoir ce que les gamins de Paris ont décidé sur leur sort, et quel gouvernement ils ont constitué sur l'air des lampions.

» Voici, je pense, quelle est la politique possible aujourd'hui : contenir la génération présente, élever et instruire l'autre. »

XXIII

Je ne parlerai pas aujourd'hui du discours de maître Gambetta.

Ce bloc enfariné ne me dit rien qui vaille.

Ils se déclarent conservateurs, — je le crois bien, ils espèrent tout prendre, c'est le vrai moment, et les « autres », les jobards qui les laissent faire, n'auront plus à leur abandonner que ce titre dont ils n'auront que faire, n'ayant plus rien à conserver.

ON DEMANDE UN TYRAN

Autre occasion de répondre au bon petit papier rouge, qui m'accuse de palinodie, en établissant qu'en 1848 (je n'empêche personne de remonter plus haut), je pensais et je parlais exactement comme aujourd'hui, n'ayant jamais été ni leur complice ni leur dupe, — *indè iræ;* — de là leur colère, dont je me fais peu de souci.

Tenez, bon petit papier rouge, voici ce que je disais en 1848, des Gambetta de ce temps-là, qui, — le coup fait, — devenaient conservateurs de ce qu'ils avaient pris.

UN PUR

Ami du peuple, il a longtemps maudit
Ses oppresseurs, et lui-même a pâti;
Mais les choses vont mieux, on lui donne une place,
    Et puis, ma foi! de guerre lasse,
Sur tout le reste il prendra son parti.

ENTRE DEUX PURS

Partageons tout, ami, faute de mieux,
A toi le ministère, à moi la préfecture,
A toi le titre, à moi la sinécure.
Il est une vertu que nous avons tous deux,
    Une vertu... des vertus la plus pure,
Vertu... rare surtout, — on la nomme, mon cher
Désintéressement, — il faut la payer cher.

ENTRE DEUX SCULPTEURS

On vous commande à vous cette statue,
    Citoyen, que je demandais!
Hélas! l'époque est déjà revenue,
    Du népotisme et des trafics secrets.

O honte ! ô mon pays ! France toujours vendue !
Enfin... pour l'obtenir, dites, qu'avez-vous fait ?
— Ce que j'ai fait, Monsieur ? Pendant dix-huit années,
J'ai combattu le marbre, et parfois l'on disait
Que je l'avais vaincu de mes mains obstinées ;
Et trois médailles d'or m'ont été décernées...
Mais vous qui me parlez d'un si bizarre ton,
Quelles preuves, Monsieur, avez-vous donc données ?
Qu'avez-vous fait ? — J'ai fait dix-huit mois de prison.

LES VAINQUEURS

Grands citoyens, vous êtes aux affaires ;
Vous avez le pouvoir, faites régner la loi,
La justice et la paix ; traitez le peuple en frères ;
Appelez le talent, l'esprit, la bonne foi ;
Pratiquez les vertus dont vos âmes sont fières.
— Vrai Dieu ! vous plaisantez ! ces superbes vertus
Que proclamaient nos drapeaux dans la lice,
Désintéressement, simplicité, justice...
Mes chers Messieurs, c'est bon pour des vaincus,
Vous qui n'avez plus rien, ni places ni pécune,
Sans murmurer, subissez vos destins,
Et laissez-nous jouir de la bonne fortune ;
A votre tour d'être républicains.

Et je finissais par ces mots que je redis volontiers aujourd'hui :

Où courez-vous, demandai-je à la foule !
Vous cherchez le bonheur ? Vous me faites pitié !
Le bonheur dites-vous ?— le bonheur c'est la boule
Que cet enfant poursuit tout le temps qu'elle roule,
Et que, dès qu'elle arrête, il repousse du pied.
O triste temps, où, sous l'ombre embaumée
De mes tilleuls où pend le chèvrefeuille en fleur,

Il ne vient à l'esprit, il n'éclot dans le cœur
   Que l'épigramme envenimée.
Vous qui me reprochez mon quelque peu de fiel,
Et qui me rappelez la poésie aimée,
Songez que le bon sens est l'ennemi mortel,
Et que Pallas n'osa sortir que bien armée
   Du cerveau paternel.

Quelle imprudence de se laisser aller aux vers! en voici encore :

   O le soleil! le beau soleil!
Qui fait, dans le jardin tout riant et vermeil!
   Le rouge est la couleur des roses!
   Quand un matin, fraîches écloses,
  Elles rompent leur bouton vert.
Le vert est la couleur de l'épaisse feuillée,
  Où la fauvette et sa famille ailée,
  Mettent leurs amours à couvert.
Le bleu.. c'est la couleur du ciel pur de l'automne,
  De certains yeux pleins d'invincibles traits,
  Ou des bleuets que, pour mettre en couronne,
Les enfants vont chercher dans les jaunes guérets.
  Mais quand sur toute la nature,
Sur le sol, sur les eaux, sur la molle verdure,
Le beau soleil étend ses magnifiques reflets,
La couleur du soleil... c'est celle de la vie,
Que nous avions senti la nuit nous dérober.
C'est un signe, qui dit que la terre est bénie,
C'est un regard d'amour que Dieu laisse tomber.
   O le soleil! le beau soleil!
Qui fait, dans le jardin tout riant et vermeil.

XXIV

M. Marc Dufraisse qui vient de mourir, était, dit-on, très en froid avec son parti. Quelques journaux en donnent plusieurs causes un peu au hasard; le *Figaro*, entre autres, qui vient de faire une publication curieuse, utile, indispensable : le relevé, pendant cinq ans, des votes de tous les membres de la Chambre défunte sur les questions les plus importantes, — s'exprime ainsi, précisément dans le même numéro où il publie le « grand livre de l'Assemblée »; il dit :

« A propos de la mort de M. Marc Dufraisse, député à l'Assemblée nationale, voici un fait assez curieux à rapporter :

» Marc Dufraisse était très-sincère dans ses opinions. Il était républicain, mais non pas embrigadé dans le bataillon sacré des démocrates qui obéissent aveuglément aux ukases venus de n'importe où.

» Or, en 1871, au moment de l'armistice, quoique venant de remplir les fonctions d'administrateur général des Bouches-du-Rhône, puis de commissaire général du Var, de l'Hérault, de la Savoie et de la Haute-Savoie, enfin de préfet des Alpes-Maritimes, il subit un échec comme candidat à la députation de Nice, *parce qu'il s'était prononcé en faveur de la paix.* »

C'est une erreur, — c'est, au contraire, pour se créer quelques chances que M. Marc Dufraisse se proclamait partisan de la paix, et les députés qui furent alors élus avaient pris le même engagement; mais, M. Dufraisse, ayant échoué à Nice, où il avait bizarrement mis ou glissé son nom sur les listes de toutes les couleurs, fut élu... ailleurs, et *vota pour la continuation de la guerre,* ainsi que le *Figaro* peut s'en assurer en consultant lui-même son travail. Quant aux causes qui l'empêchèrent d'être nommé à Nice, on peut les trouver et dans les *Guêpes* de ce temps-là, et dans une publication que vient de faire la maison Lévy : « *Plus ça change...* — *...plus c'est la même chose.* »

M. Marc Dufraisse croyait avoir à se plaindre de ses « compagnons d'armes de la république » qui le laissaient systématiquement de côté avec d'autant plus de persévérance, que c'était un homme d'un certain mérite, qui avait, d'ailleurs, après 1852, accepté et supporté l'exil avec courage et dignité; — or, dans ce parti pseudo-républicain, on ne veut pas de supériorités, et les nouveaux surtout ne supportent pas auprès d'eux les « anciens » de 1830 et de 1848 qui leur étaient ou leur sont très-supérieurs sous tous les aspects, — exemples : Ledru-Rollin, Louis Blanc, Madier de Monjau, Dufraisse, etc.

XXV

Nous avons un sénat. — Paris et Lyon ont trompé quelques espérances, — Paris, que Victor Hugo venait de proclamer la « commune suprême », a fait des choix relativement modérés ; nous en reparlerons tout à l'heure. Lyon, la seconde ville de France, s'est contentée de M. Jules Favre, un des membres de ce gouvernement, qui avaient juré de se faire tuer jusqu'au dernier et dont aucun ne s'est exposé à la plus petite apparence de danger. M. Favre, — je n'établirai pas ici son dossier, — et M. Valentin, — les deux autres, MM. Mangini et Verret, que quelques journaux intitulent républicains sans épithète, sont désignés par d'autres, le *Petit Marseillais* entre autres, le premier, comme bonapartiste, le second, comme conservateur.

Mais, parlez-moi de Marseille ! A la bonne heure, c'est Marseille qui passe « commune suprême » et seconde... que dis-je, première ville de France ; — Paris avait déjà une infériorité reconnue, il n'a pas de Cannebière, mais cette fois ses élections pâles lui portent le dernier coup.

Marseille a nommé M. Challemel-Lacour, l'auteur de cette phrase célèbre : Fusillez-moi tout ça.

Eugène Pelletan, — celui qui a dit imprudemment le mot d'ordre et la vérité sur l'alliance de MM. Thiers et Gambetta : « M. Thiers est un cheval de renfort que nous dételerons en lui fendant l'oreille quand il nous aura aidés à gravir la montagne. »

Et Alphonse Esquiros — le doux poëte élégiaque qui a écrit :

« En histoire, le mal est un bien dont nous ne connaissons pas les rapports.

» Les révolutions sont des remèdes violents aux sociétés malades...

» Ceux qui acceptent avec amour les idées de 89 et qui reculent ensuite devant la conséquence de ces idées, nous semblent des esprits faibles... La révolution française n'est pas seulement un événement, c'est une moisson, il faut une faux. A la Révolution française il faut la Terreur !

» Esquiros. (*Histoire des Montagnards.*) »

A la bonne heure !

Pour se maintenir à la hauteur de Marseille, pour rester « commune suprême » et capitale du monde — il ne suffisait pas de M. Freycinet qui n'a pas toujours été républicain, il s'en faut, — de M. Hérold, républicain modéré et à peine rougeâtre, — et de Victor Hugo..... comment classer celui-ci ? il faudrait trouver une expression qui peignît à la fois le grand poëte et l'homme politique, une nuance particulière désignée par un mot nouveau. Il me semble que la nuance opale serait assez heureusement trouvée — l'opale, cette pierre charmante, réputée heureuse par les anciens — et qui jette de doux et harmonieux rayons de toutes les couleurs du prisme.

Pour regagner son rang, pour rester à la fois capitale du monde et commune suprême, il fallait que Paris nommât MM. Rochefort, Vermesch, Gaillard père et Cluseret.

Essayons cependant de défendre un de ces choix en disant quelques mots de M. Freycinet.

L'avocat maître Gambetta dont les études historiques, philosophiques et morales ont eu pour théâtre les brasseries et les estaminets de Paris, pensant que les combinaisons du billard, des dominos et du bezigue peuvent s'appliquer à la guerre, se crée, de son autorité privée, ministre de la guerre, et s'adjoint... qui ?... quelque officier supérieur expérimenté ? un des noms glorieux sortis des guerres d'Afrique ? un nom dont la notoriété puisse inspirer à la fois de l'orgueil et de la confiance aux soldats ?

Pas si bête, — une supériorité ! et l'égalité donc! la sainte égalité — il fallait un homme moins fort que lui, — il choisit un ingénieur des mines complétement inconnu — et, à eux deux, ils nomment des généraux, les dirigent, leur imposent des plans de campagne et des ordres de bataille, les louent, les blâment, les révoquent, les injurient et tentent de les déshonorer dans des proclamations boursouflées et mensongères.

Aussi burlesques que madame de Pompadour, qui désignait avec des *mouches* sur des cartes des positions et des opérations pour les généraux, — maître Gambetta et M. Freycinet, celui-ci en réalité ministre de la guerre et général en chef; l'autre se réservant la partie des proclamations, trompette retentissante sonnant loin du combat.

Plus tard, ce même M. Freycinet, lorsqu'une commission lui demanda quelques comptes, eut soin de s'effacer — de repousser toute initiative; il avait obéi au ministère, etc.

« Des ordres personnels? je n'en pouvais pas donner; — je n'ai jamais donné d'ordres formels. »

Le général d'Aurelles de Paladine :

« Vous donniez des ordres; j'en ai reçu; je les ai, écrits de votre main. »

M. de Freycinet :

« Ce n'étaient pas des ordres impératifs. »

Hier qu'il s'agissait de sa nomination au sénat, il disait : « J'achèverai mon œuvre »; — qu'est-ce que son œuvre? M. Thiers n'a-t-il pas dit, pièces en main : « La résistance simulée de ces fous furieux nous coûte la moitié de nos pertes en hommes, en territoire et en argent ». — Est-ce cela qu'il faut continuer ?

C'est M. Freycinet qui écrivait au général d'Aurelles, le 3 décembre 1870.

« *Il me semble* que vos divers corps ont agi plutôt séparément que simultanément :

» *Je suis d'avis* que dorénavant vos corps soient le plus concentrés possible.

» *Il me semble* que le 16ᵐᵉ et le 17ᵐᵉ corps sont un peu trop développés sur la gauche..., etc. »

Et le 4 décembre :
« Jusqu'ici vous avez été mal engagé, — opérez comme je vous l'ai mandé. »

Il est vrai que le 24 novembre il lui avait écrit :
« Je suis satisfait de vos mouvements quant à présent. »

Puis un jour que le général d'Aurelles a battu les Prussiens — MM. Gambetta et Freycinet écrivent aux préfets que le général a trahi, — et M. Gent, le préfet de Marseille, affiche sur les murs :

« Une troisième trahison — l'armée de la Loire est honteuse d'avoir fui sur l'ordre d'un chef que nous avons appris à connaître.

» *Le Préfet des Bouches-du-Rhône, muni des pleins pouvoirs administratifs et militaires,*

» GENT. »

Et le lendemain, les mêmes MM. Freycinet et Gambetta écrivaient aux préfets :

On a répandu des bruits de trahison, — l'évacuation d'Orléans est une opération stratégique, notre matériel est augmenté, etc. »

Dans un ouvrage qu'il a dû publier, le général d'Aurelles de Paladines dit d'une publication de M. Freycinet :

« M. de Freycinet, dans un livre qui n'est qu'un long mensonge, où l'omission cache la vérité, où l'hypocrisie la déguise, etc.

» M. Freycinet a commis de graves et nombreuses erreurs dans ses récits, — il a fait de cet ouvrage l'instrument de ses passions haineuses, il n'a rien vu des faits qu'il raconte, etc. »

Comme vous y allez, mon ami, mon brave général d'Aurelles. — Voir? pas si bêtes, il aurait fallu y être — et je l'ai dit :

« Le patriotisme de ces Messieurs, c'est le sang des autres. »

C'est ce même M. Freycinet qui écrivait au brave général Bourbaki, le 10 décembre 1870 :

« *Si j'étais à votre place, je rallierais* mes trois corps, *je châtierais* les bandes prussiennes qui se portent sur Vierzon, *je repousserais* vivement l'ennemi au delà de Salbris, *je dirigerais*, etc. »

Et le 25 janvier :

« Le salut, j'en suis sûr, n'est que dans une des directions que j'ai indiquées : il faut faire une trouée.

» Mon opinion est que vous exagérez le mal, vous voyez la situation autrement qu'elle n'est. »

Le 25 janvier :

« Il faut vous dégager vainqueur, il faut que vous quittiez Besançon avec les corps que j'ai *indiqués* et que vous vous portiez vers la région que j'ai également *indiquée*, cela est nécessaire au point de vue militaire...

« DE FREYCINET. »

Ces gens-là, ces grotesques sinistres, n'ont même pas laissé le sérieux à nos désastres.

Ce qui est sérieux cependant, c'est que le général d'Aurelles se retira, et que Bourbaki se tira un coup de pistolet dans la tête.

Allons! allons! Paris n'a pas tout à fait démérité, il faut être juste, — le choix de M. Freycinet est un joli choix.

Mais Marseille! ah! que les Marseillais doivent être fiers; on n'osera plus parler à un Marseillais!

XXVI

LA QUESTION POLITIQUE

Au premier aspect, l'homme « le roi des animaux » paraît en être, au contraire, le plus abandonné et le plus misérable.

Les autres animaux ont pour table toujours servie, la terre entière, couverte d'herbe pour la brebis, couverte de brebis pour le loup, — les arbres sont chargés de fruits et de baies pour certains oiseaux, l'air est rempli de bourdonnements d'insectes pour certains autres, — les fleurs de toutes couleurs, de tous parfums, attendent l'abeille.

L'herbe, les brebis, les fruits, les fleurs, les insectes, sont tout préparés, il n'y a besoin ni de cuisine ni de cuisinier, — et l'aurore dit, chaque jour, à tous : Vos majestés sont servies.

L'oiseau vole plus vite que l'insecte, — le loup court plus vite que la brebis, — les baies de l'aubépine, du myrte, du sorbier, de l'airelle, etc., se reproduisent tous les ans ; — l'herbe repousse sous les dents qui la broutent.

L'oiseau est vêtu de plumes, la brebis d'une épaisse et chaude toison, le loup de poils rudes et s qui les préservent du froid et sur lesquels ro pluie.

L'homme, je parle surtout de l'homme que nous sommes devenus et que nous devons devenir, naît tout nu; il mourrait de froid s'il ne se couvrait de la peau d'animaux, dont les uns courent plus vite que lui, dont les autres sont plus forts que lui, et mieux armés que lui, et qui ne lui permettent volontiers d'être dans leur peau qu'à condition d'être aussi quelquefois dans leur estomac, en passant par leurs dents.

Il lui faut, pour se nourrir, des productions que la terre ne donne pas d'elle-même, — la terre qu'il lui faut combattre, dompter, arroser de ses sueurs; des poissons qui se cachent dans les abîmes des mers, et des animaux, comme la perdrix, la bécasse, le chevreuil, etc., qui encore volent et courent plus vite que lui; ou comme le sanglier et l'ours, mets récalcitrants et réfractaires, qui, à sa première tentative de les destiner à sa table, rappellent ce passant qui, arrêté la nuit par un voleur qui lui met le pistolet sous la gorge, en lui disant : « La bourse ou la vie », tire un pistolet de son côté et répond : Monsieur, j'allais vous faire la même proposition.

Mais ce qui est bien pis pour l'homme, c'est que la providence, en même temps qu'elle lui a refusé la table et les vêtements gratuits, lui a donné, lui a infligé, avec moins de moyens de satisfaire ses besoins, la fâcheuse faculté d'augmenter et de multiplier sans cesse ces besoins; — il lui faut une nourriture non-seulement variée, mais *uniformément* rare et difficile à obtenir : — des primeurs, des conserves, c'est-à-dire les légumes à mesure qu'il n'y en a plus ou qu'il n'y en a pas encore ; des poissons qui doivent lui venir de loin avec la rapidité de l'oiseau ; du gibier qui se réfugie dans les neiges éternelles des Alpes, etc.; des condiments qu'il faut aller chercher aux Indes, etc. — Il ne se contente pas de se vêtir de la peau des animaux qui lui donneraient les vêtements blancs, bruns ou noirs, il doit réparer l'oubli de la création qui a négligé de donner à la brebis la couleur du rubis, de la rose, du bleuet, etc. ; il veut non-seulement être couvert, mais être paré, et changer souvent de parure.

Donc, l'homme, « le roi des animaux », était un être chétif, nu, misérable, incapable de se nourrir, et dont l'espèce aurait été très-vite anéantie après avoir fourni pendant une saison, tout au plus, quelques repas à ses sujets les lions et les loups.

La providence a eu pitié de lui et lui a donné la connaissance de sa faiblesse, de sa misère individuelle, et en même temps le sentiment et l'instinct de l'association, de la société.

Mais pour vivre en société, il faut établir des règles, des conventions, se faire de mutuelles concessions.

La société est un pique-nique où chacun apporte son plat pour un repas pris en commun.

De là, des lois auxquelles chacun s'astreint pour en être lui-même protégé contre la gloutonnerie des autres.

De là, le besoin, la nécessité d'une « autorité » d'abord librement élue et consentie, et confiée aux meilleurs, aux plus dignes, aux plus intelligents, aux plus forts.

De là « la politique ».

Que devrait être la politique?

« Politique, dit je ne sais plus quel écrivain du xiii° siècle, ce est à dire le gouvernement des citez, la plus noble et haute science et li plus nobles offices qui soient en terre, selonc ce que politique comprent géneranment toutes les arts qui besoignent à la communité des homes. »

Et un autre un peu plus près de nous :

« Et encore est-il convenable à qui veult savoir politique, que il ait connaissance de l'âme. »

La politique a donc eu d'abord pour but et pour résultat de faire de l'homme, ce qu'il n'était pas au commencement, l'égal de ses sujets même les plus humbles, l'égal du loup, de la brebis, du moineau, de la mouche; c'est-à-dire de lui fournir et de lui assurer la nourriture, le vêtement, le logement. — Le chef élu a d'abord été, — tout à tous; — comment en est-on arrivé à ce que graduellement cette relation se soit renversée c'est-à-dire, à ce que, au lieu de voir « un à tous », on ait vu « tous à un ».

La morale politique, qui d'abord a été la même que la morale sociale, a fini par être une autre morale et souvent une morale contraire. En effet, en morale et en raisonnement commun et vulgaire, deux et deux font quatre, — celui qui prend à un autre sans son consentement, est un voleur,— celui qui tue est meurtrier, etc.; — mais en morale politique, celui qui prend est un conquérant, celui qui tue est un héros.—Quant à l'arithmétique, c'est encore bien autre chose, c'est devenu la science la plus embrouillée et la plus fallacieuse qui existe; — les chiffres se livrent à une mascarade des plus étranges.

La politique est aujourd'hui et depuis longtemps, depuis presque toujours :

« L'art de faire servir les autres à ses besoins et à ses plaisirs. »

C'est, dit Voltaire, « l'art de mentir à propos ». Et, avant lui, on avait dit en latin : « La politique n'est pas tant l'art de conduire les hommes que l'art de les tromper ».

Ars non tàm regendi quàm fallendi homines.

La politique, quand elle consiste à tromper, à prendre et à tuer, ne demande pas beaucoup de génie, d'études, de science; — aussi beaucoup et presque tous s'en croient capables et s'en tirent à peu près aussi bien ou aussi mal les uns que les autres.

Toute prétention, pourvu qu'elle soit soutenue assez longtemps, finit par obtenir un certain succès.

« En politique », disait Napoléon, « en politique, il ne faut jamais avouer que l'on s'est trompé, il faut persévérer, ça donne raison. »

Cela n'a pas tardé à paraître doux, — « de faire servir tous les autres aux besoins et aux plaisirs d'un seul », — quand on était « ce seul ».

Et aussi il s'est bien vite trouvé des compétiteurs pour cette fonction,— le lion a dû se faire des alliés de ceux qui pouvaient être ses rivaux, et il a appelé les tigres, les panthères, les léopards, à venir chasser avec lui, en recevant leur part de butin.

Ç'a été l'origine de la royauté despotique et de l'aristocratie.

Mais le lion et les tigres sont devenus vieux, les femelles des lions et des tigres ne font que peu de petits à la fois, — ils vivent isolés.

La race en diminue singulièrement et on ne trouverait pas peut-être aujourd'hui, dans le monde entier, les six cents lions que Pompée fit combattre à la fois dans le cirque à Rome.

Les loups plus féconds, et vivant à l'occasion en société, ont inventé les coalitions ; réunis en grandes troupes, et hordes hurlantes, ils chassent et repoussent les lions et tigres au désert.

Ils disent aux brebis pour les rassurer, qu'ils n'ont qu'un but, les délivrer des lions et des tigres, — qu'ils sont des apôtres de liberté, — et les brebis stupides, plus comestibles qu'animaux, ne cherchent pas à se sauver et parlent au loup avec la douceur et l'humilité de l'agneau de La Fontaine :

> Sire, répond l'agneau, que votre majesté
> Ne se mette pas en colère.....

Et elles restent dans les prés, ne s'occupant qu'à brouter, à s'engraisser et à se mettre bien en point pour être mangées, à préparer aux loups des gigots et des côtelettes.

Aux loups n'ont pas tardé à se joindre les chats sauvages et les chats domestiques, qui viennent prendre leur part des restes des loups. Les brebis n'ont rien gagné à ces changements. Les loups ne sont que la monnaie des grands lions, — la politique est toujours l'art de manger les autres,— seulement il y a plus de mangeurs.

Ce que le parti soi-disant républicain, le parti loup, appelle « la question politique », c'est l'avénement au pouvoir et surtout à l'argent d'une certaine coterie qui devient tous les jours plus nombreuse.

Nous avons vu le préfet Cotte, celui qui fut convaincu en pleine assemblée d'avoir glissé de faux bulletins dans l'urne électorale, et qui eût été mis aux galères si nous avions eu une vraie république et des républicains.

Le préfet Cotte qui représentait à la fois, à l'Assemblée, et le département du Var et la fraude électorale, écrivait à son ami Gambetta :

« Pourquoi des élections puisque nous sommes au pouvoir ? »

Pendant la guerre, un officier des mobiles, en dépôt aux environs de Lyon, est envoyé à lui par ses camarades, pour lui dire : « Nous voulons nous battre et nous bien battre, mais nous demandons des vêtements, des souliers, des vivres, des armes et des munitions, toutes choses qui nous manquent complétement. »

Le préfet Cotte répondit qu'il ne pouvait s'occuper de ces détails, préoccupé qu'il était par « la question politique ».

Nous avons vu par la correspondance télégraphique des préfets de ce temps-là, — MM. Duportal, Dufraisse, et vingt autres, que « la question politique » consistait à faire passer leur prétendue république avant le salut de la France, parce que par le nom honnête de république, ils entendent entre eux la conquête et la conservation des places et de l'argent.

Leur politique consiste à abandonner au besoin ce qu'ils appellent leurs principes, — principes que le plus grand nombre ne comprend pas ou ne connaît pas, — et dont les autres s'affublent comme d'un faux nez, pour entrer sans être reconnus.

Leur politique consiste, quand ils croient approcher du but, à ôter leurs souliers et leurs sabots et à marcher nu-pieds pour ne pas faire de bruit.

XXVIII

Nous venons d'assister, — et le carnaval n'est pas fini, — à un singulier et honteux spectacle :

« Il faut, disait dernièrement M. de Girardin, se faire des concessions mutuelles »; ce conseil a été suivi :

On a vu s'avancer, vers le souper convoité, — des rallonges ayant été mises à la table, sous prétexte de sénat, — pêle-mêle et bras dessus bras dessous fusilleurs et fusillés, guillotineurs et guillotinés, — chacun ayant conservé, il est vrai, quelques losanges de sa couleur, mais ayant en même temps adopté les couleurs des autres, — tous arlequins et chantant leur chant de guerre.

Un grotesque et sauvage charivari, composé d'airs et de paroles mêlés et confondus, hurlés et hurlant de se trouver ensemble :

« *Allons enfants,* — *Vive Henri IV,* — *Dis-moi soldat,* — *Bon voyage,* — *De la patrie,* — *Ce roi* vaillant, — T'en souviens-tu, — C'est Lafayette, — Ce diable à quatre, — En cheveux blancs, — M. Dumollet, — Partant pour la Syrie, — Ah! ça ira, — Où peut-on être mieux, — Le jeune et beau Dunois, — Contre nous de la tyrannie, — Qu'au sein de sa famille, — Les aristocrates à la lanterne, — De boire et de battre, — De bénir ses exploits, etc., etc. »

Comme drapeau : les fleurs de lys clouées sur le drapeau rouge, la hampe surmontée d'une aigle coiffée d'un bonnet rouge, et tenant dans ses serres un goupillon.

Et on se prend à écouter si les gamins vont faire entendre le cri traditionnel, — à la... li li li.

Mais non, les gamins sont dans le cortége, et crient avec les autres : — Allons enfants, — Vive Henri IV, — De la patrie, — Dis-moi soldat, etc. ; les gamins aussi s'occupent de la « question politique ».

Et les « honnêtes gens » se tiennent à l'écart, ferment leurs fenêtres, et laissent passer le carnaval, ahuris, découragés, dégoûtés.

Et c'est ainsi que nous voyons se réaliser la fable que, selon la Bible, Jotham conte aux juifs :

« Au haut de la montagne de Ghérizim. »

« Les arbres voulurent un jour élire un roi, et ils dirent à l'olivier : Régnez sur nous.

Mais l'olivier leur répondit : Me ferait-on quitter mon huile dont Dieu et les hommes sont honorés? Que me servirait d'être au-dessus des autres arbres?

Alors les arbres dirent au figuier : Viens et règne sur nous.

Et le figuier leur répondit : Me ferait-on quitter ma douceur et mon bon fruit ? Que me servirait d'être au-dessus des autres arbres ?

Alors les arbres dirent à la vigne : Viens et règne sur nous.

Et la vigne leur répondit : Me ferait-on quitter mon bon vin qui réjouit les dieux et les hommes ? Que me servirait d'être au-dessus des autres arbres ?

Alors tous les arbres dirent à la ronce : Viens, toi, et règne sur nous.

Et la ronce répondit aux arbres :

Si c'est sincèrement que vous m'oignez pour être roi sur vous, je le veux bien, je n'ai rien à faire, venez et mettez-vous sous mon ombre. »

Juges, IX-7.

J'ai des renseignements sur un assez grand nombre des communes de France.

Eh bien, presque partout règnent l'anarchie, la lutte, les haines, la confusion et l'atonie ; tous les intérêts y sont les uns méconnus ou froissés, les autres, oubliés ou négligés.

Parce que dans les élections communales, on choisit, non pas les pères de famille les plus estimables, les plus intelligents, les plus dévoués, ceux qui, par le succès de leurs travaux ou l'emploi d'une fortune honnêtement acquise, sagement conservée et honorablement dépensée, ont donné des gages de la façon dont ils savent gouverner une famille.

Mais chacun non-seulement vote, mais encore intrigue, fraude, pour l'élection des hommes de son parti, auxquels on ne demande que cela ; — bien plus, s'il est un candidat dont on dise : C'est un malin, c'est un roué, c'est une canaille, mais il a le bras long, il sait corriger la fortune, il retourne le roi, il triche, — c'est une raison de voter, c'est-à-dire de parler pour lui, absolument comme à Paris :

La « commune suprême », comme l'appelle Victor Hugo.

XXIX

C'est une grande chose que de savoir se taire.
Res est magna tacere.

MARTIAL.

Je me demandais l'autre jour à moi-même pourquoi je me sens entraîné plus fortement de jour en jour à la lecture exclusive des anciens que j'ai déjà lus, et relus, en négligeant assidûment ce qui se publie quotidiennement. — Il ne manque pas cependant, ajoutais-je, en ce temps-ci, de gens de talent, d'écrivains habiles et érudits, de parleurs diserts.

J'ai été d'abord un peu embarrassé pour résoudre cette question, j'ai réfléchi un temps, et enfin je me suis répondu :

C'est qu'aujourd'hui la langue et la plume ne s'exercent pas à chercher, à proclamer, à développer le vrai, le beau, le juste et au besoin l'agréable, — mais seulement à plaider telle ou telle cause, à préconiser telle ou telle chance sur laquelle on a mis son enjeu, à vendre telle ou telle marchandise, plus ou moins sophistiquée.

Il ne se fait plus de livres, plus de discours, plus de dissertations, — mais il ne s'écrit, il ne se prononce que des plaidoiries et des boniments ; — il n'y a plus d'écrivains, il n'y a que des avocats, — et des vendeurs de thériaque et d'orviétan.

Ce n'est plus aux Muses que l'on demande l'inspiration, mais au mensonge, à l'hyperbole, à la litote, à tous les déguisements, à toutes les mascarades de la pensée. — Il ne s'agit plus de lumières — mais de feux-follets pour égarer, conduire et perdre le voyageur dans des marécages, et de torches pour mettre le feu partout.

La lecture aujourd'hui ne présente aucun élément nutritif que l'esprit puisse s'assimiler. — Il n'a que deux chances pour lui : rester vide ou s'indigérer.

Un exemple :
Voici Jules Simon, qui est un homme de talent ;

Profession — philosophe ;

Il va parler en public ; — que doit faire un philosophe, un sage médecin des esprits, des âmes ?— Il doit combattre la maladie régnante,—et, en France il y a toujours une maladie régnante. — Quelle est la maladie régnante aujourd'hui ?

Sous le gouvernement de Juillet, M. Guizot disait que la maladie régnante était une sorte de prurit, de « gale » sauf votre respect, qu'il appelait « l'acarus du pouvoir ».

Il avait pu l'étudier sur lui-même, car il était loin d'avoir échappé à l'épidémie, — et lorsqu'il émit cette appréciation à la tribune, on eut tort si quelqu'un ne lui cria pas : « Grattez-vous ». On sait que c'est cette démangeaison, ce prurigo, cet acarus, maladie alors régnante, qui renversa le gouvernement de Juillet.

Aujourd'hui nous n'en sommes plus là ; on n'est plus ambitieux, on est avide, on est besoigneux ;— les besoins se sont accrus, les habitudes, les goûts, les désirs se sont exaspérés — et quelques exemples sont venus animer et justifier de terribles espérances.

On voit tels et tels qui, en jouant hardiment, ont réussi à vivre riches ; — on détourne les yeux de ceux qui sont tombés — car les exemples contraires ne manqueraient pas.

ON DEMANDE UN TYRAN

Beaucoup, en effet, aujourd'hui et hier ont trouvé le pouvoir et la fortune à moitié chemin du bagne; mais beaucoup aussi ont rencontré le bagne à moitié chemin de la fortune et du pouvoir.

Donc la maladie régnante aujourd'hui, c'est le besoin, c'est l'amour de l'argent, l'oïdium pecuniæ, le « phylloxera auri. »

Et comme dit Horace :

.... Scabiem tantam et contagia lucri.

On a vu ce qu'ont fait faire les 15,000 francs du futur sénat.

Victor Hugo a parlé, après Jules Simon :

Un philosophe de profession comme Jules Simon, — un « penseur » comme Hugo se plaît souvent à s'intituler lui-même, — un homme d'un grand talent, un homme de génie, savent à quoi ils sont obligés : soutenir la société du côté où elle penche, porter la barre sous le vent, si la brise fraîchit et fait trop incliner le bateau.

Jules Simon le philosophe, Victor Hugo le penseur, vont employer, l'un ses plus mielleuses périodes, l'autre ses plus fulgurantes antithèses à bien faire comprendre à leurs auditeurs et à leurs lecteurs un certain nombre de vérités contre-poisons.

Que « l'égalité » ne consiste pas à être tous la même chose, tous journalistes d'abord et ensuite tous hommes d'État; qu'un bon menuisier, un jardinier expérimenté sont les égaux, politiquement et socialement parlant, d'un ministre habile, d'un écrivain distingué; mais qu'un mauvais ministre et un écrivain médiocre sont loin d'être les égaux du bon jardinier et du bon menuisier.

Que les préfets, sous-préfets, chefs de division, etc., sont très au-dessous du jardinier et du menuisier, qui, avec la fortune de leurs bras, sont indépendants, n'ont à obéir qu'à la loi et ne sont pas exposés, comme les fonctionnaires, à ce que le télégraphe, ainsi que la sonnette qui retentit à l'antichambre, leur dise :

— Faites ceci.

— Ne faites pas cela.

— Dites cela, qui est un mensonge, et empêchez de dire ceci, qui est la vérité.

Jusqu'à ce que par le fluide électrique qui porte les ordres et aussi la vengeance de Jupiter, ils soient foudroyés un beau soir par ces mots :

— Vous êtes appelés à d'autres fonctions,

C'est-à-dire :

— Vous êtes mis à pied, vous n'existez plus.

Que la liberté n'est pas cette folie qui a mené tant de gens en prison ; qu'elle ne consiste pas à faire ce qu'on veut, mais ce qu'on croit le meilleur, en se conformant aux lois — en n'obéissant qu'à elles, mais en leur obéissant religieusement; — qu'elle ne consiste pas à se dérober à toute autorité et à opprimer, et que la liberté de chacun a pour limites infranchissables la liberté des autres.

Que le socialisme n'est pas cette « blague » de racoleurs qui ne comprennent même pas le mot qu'ils prononcent et qui n'aurait pour résultat que de détruire la société. Que le vrai socialisme est la recherche incessante du plus grand bien-être de tous. Qu'il y a, en ce sens, de difficiles problèmes à résoudre, qui ne peuvent être étudiés que dans les loisirs d'une paix assurée, non-seulement au dehors, mais au dedans.

Qu'après quatre révolutions et trois républiques, — je ne parle pas de celle qui a duré huit jours en 1830 — nous ne sommes pas plus heureux et nous sommes beaucoup plus agités, divisés, inquiets, fiévreux et haineux qu'auparavant.

Que c'est sur leurs actes et non sur leurs paroles qu'il faut choisir les hommes auxquels on confie la fortune et la vie de la famille et de la patrie. Qu'il est permis de se tromper en politique comme en tout, et qu'il est honorable de confesser et de réparer son erreur; mais que, si l'on épouse une nouvelle opinion, on doit l'épouser sans dot, sous peine d'être au moins suspect aux honnêtes gens.

Madame de Sévigné, invitée à danser par Louis XIV, s'écriait : — Ah ! le grand roi !

Il faut se défier, vont sans doute ajouter et le penseur et le philosophe, de ceux dont les opinions ont une base semblable, et qui disent tout haut ou tout bas :

Vive la royauté qui me fait chambellan, — vive l'empire qui me fait ceci et cela, — vive la république qui me fait sénateur avec 45,000 francs, — député avec 9,000 francs, ministre avec 60,000 francs ou président avec... je ne sais pas combien, etc., etc. — Voilà, disais-je, les vérités que le philosophe et le penseur vont orner de tous les trésors de leur éloquence.

Eh bien, non, mon espérance a été déçue et ce n'est pas dans ce sens qu'ont parlé et Jules Simon le philosophe — et Victor Hugo le penseur.

Loin d'éclairer les questions de la lumière limpide du soleil, qui donne ou rend aux objets leur forme et leur couleur réelles, ils ont allumé les pots à feu d'une faconde du Bengale, qui a répandu une lumière fausse, menteuse, rouge, bleue ou verte, — rouge de préférence — sur les objets qu'elle déguise.

Jules Simon a fait comme les administrateurs de feu la loterie.

Aussitôt qu'une malheureuse femme ou une cuisinière avait gagné un pauvre lot — dix fois payé le plus souvent par des années de privations infligées à elle et à sa famille — ou par une danse effrénés du panier, on envoyait une clarinette et un tambour lui donner une bruyante aubade.

Sur les vitres du bureau de la loterie on affichait en gros caractères les numéros gagnants, entourés de cocardes et de rubans des couleurs les plus furieuses, et le lendemain les commères du quartier, alléchées par cette exemple, portaient à la loterie dix fois, cent fois ce qu'elles avaient payé la veille.

Comme font les directeurs des jeux de roulette et trente-et-quarante, qui publient de temps en temps dans les journaux qu'un Américain a fait sauter la banque.

Comme faisaient les racoleurs sur le quai de la Ferraille : qui veut devenir général et cordon bleu ? — comme on dit encore aux conscrits qu'ils ont, sans s'en apercevoir, un bâton de maréchal dans leur giberne.

Suivant cet exemple, voici ce qu'a dit Jules Simon le philosophe :

« Lincoln, le président de la république américaine, *a été fendeur d'échalas*.

» Donc, vous tous, les fendeurs d'échalas, et aussi les scieurs de long, les bûcherons, les menuisiers et les ébénistes, jetez la hache, la scie, le rabot...

» Tamerlan était fils d'un berger, Olivier le Daim était barbier, le cardinal la Balue fils d'un meunier, le cardinal Martinius avait été valet, Amyot avait pour père un corroyeur, le cardinal Thomas Wolsey, un boucher, le cardinal d'Ossat, un maréchal-ferrant, le cardinal Baronius, un paysan, le cardinal Jean de Brognie avait gardé les pourceaux comme Sixte-Quint, Grégoire VII était fils d'un menuisier, Adrien VI, d'un tisserand, Artevelde était brasseur, Euripide était fils d'un marchand d'herbes, Démosthènes, d'un forgeron, et maître Gambetta, d'un épicier de Cahors. J'ai été moi-même commis de la librairie Hachette, et me voici sénateur, académicien, ministre, et qui sait?...

»Donc, paysans et bergers, perruquiers, tailleurs, marchands de vins, épiciers, laquais, meuniers, bouchers, corroyeurs, forgerons, commissionnaires, lâchez-moi les outils et quittez l'atelier et le comptoir, car « *en France, pour grandir, pour arriver, et pour gouverner même, il n'y a qu'une condition : c'est la capacité.* T   extuel.)

» Et qui sera juge de cette capacité? Vous-mêmes épiciers, menuisiers, paysans, avocats, commis, fendeurs de bois, etc.! »

Il y a bien cependant quelques petites conditions à ajouter à cette « seule condition, » la capacité.

Il faut la manière de s'en servir, la souplesse de l'échine, — *omnia serviliter pro dominatione*, — la mobilité des opinions, l'absence de principes et de patriotisme, le mépris de la vérité, l'égoïsme, etc.; mais le philosophe ne vous en parle pas :

... Jetez aux orties, dit-il, et les outils, et le tablier, et la blouse, et les sabots ;— votez pour nous, portez-nous au pouvoir, et vous verrez renaître l'âge d'or :

Surget gens aurea mundo,

comme dit Virgile ; et, quant aux bergers et paysans, bouchers, cuisiniers, teinturiers, voici encore ce qui arrivera aussitôt que nous serons tout à fait les maîtres :

Sponte sua sandyx pascentes vestiet agnos,

Les moutons, épargnant à l'homme un dur travail,
Se feront un plaisir de naître teints en rose,
Et paîtront dans les prés, tout cuits et tout à l'ail.

La terre, justifiant enfin son vieux sobriquet d'*alma parens*, vous donnera sans culture et gratuitement ses productions perfectionnées ; on verra se reproduire cette époque dont parlent les livres chinois :

« Sous le huitième empereur Ho-sou, les hom-
» mes vivaient en paix sans aucun souci ; — ils se
» promenaient gaîment en se frappant doucement
» le ventre toujours plein ; — la bouche également
» toujours pleine, ils goûtaient une joie pure. »

Quant aux épiciers, qu'ils ne se mettent pas en peine ; le sucre et le café se pèseront d'eux-mêmes, et peut-être même à faux poids, « comme des personnes naturelles »; quant aux fendeurs de bois et au bois lui-même.....

Voilà ce que dit Jules Simon, le philosophe.

Voyons maintenant ce que dit Victor Hugo, le penseur.

Victor Hugo, le penseur, pour ne parler, du moins aujourd'hui, que d'un point de ce qu'il dit et de ce qu'il écrit, — Victor Hugo met dans son programme « l'instruction obligatoire et gratuite à tous les degrés. »

C'est-à-dire tous bacheliers, tous poëtes, tous journalistes, tous avocats, tous... gouvernement.

Voilà ce qu'a dit Victor Hugo, le penseur, d'accord en cela avec Jules Simon, le philosophe.

Et, grâce à ces excitations imprudentes et intéressées, du philosophe et du penseur, que de misères encore dans l'avenir, comme dans le présent et le passé, pour ces malheureuses dupes qui sortent de leur voie tracée et commencée pour se ruer, se pousser, se heurter, se coudoyer, se bousculer sur une seule route encombrée et couverte de chausse-trapes où, pour quelques-uns qui arriveront peut-être, meurtris et écloppés, un si grand nombre tomberont épuisés, foulés aux pieds, mourant de faim, de soif, de fatigue, de rage et de désespoir; les uns dans le sang, les autres dans la boue.

Eh bien! messieurs, puisque avec une si belle occasion de dire des vérités, avec le prestige de votre talent et de votre génie, vous n'avez pas voulu les dire.....

O philosophe! ô penseur!

Vous allez en entendre une :

O philosophe! ô penseur! vous n'êtes ni philosophe, ni penseur, — vous êtes des ambitieux, tout au plus, — vous êtes, à coup sûr, des charlatans et des empoisonneurs publics.

XXX

Un soir, dans une ville que je ne désignerai pas, à une date que je laisserai dans le doute, un homme cossument vêtu se fit annoncer chez « un grand avocat ».

C'était un de ces deux ou trois « grands avocats » que les journaux appellent volontiers « les illustres défenseurs des grandes causes criminelles » et dont ils disent :

« Grâce à l'éloquence de maître un tel, cet assassin, cet empoisonneur, cet incendiaire, ce parricide contre lequel étaient réunies les preuves les plus accablantes, a échappé à la peine que lui méritaient ses forfaits. »

Pendant les débats, le président du tribunal, l'organe du ministère public adressent des éloges et des compliments à l'illustre avocat sur la façon admirable dont il ment. — A la fin de l'audience, pendant qu'il essuie son front couvert d'une feinte sueur, provenant d'une émotion factice, ses confrères, même ses rivaux, viennent lui serrer la main, non que son succès leur fasse plaisir, mais pour se montrer publiquement amis du grand homme.

Et le lendemain les journaux disent : « Les preuves étaient nombreuses et accablantes, les moyens de défense bien faibles en apparence, mais grâce à l'éloquence, etc., etc. »

Il s'en suit donc que, si, au lieu d'être défendu par maître... *Lalagète*, l'accusé l'eût été par maître *l'Intimé*, ou tout autre avocat pris dans le tas, le jury l'eût déclaré coupable et il aurait eu le cou coupé, — tandis que, défendu par maître Lalagète, il est conservé à la société.

Il résulte que maître Lalagète est un avocat très-éloquent, très-habile, très-retors, très-charmeur et pipeur d'oreilles de bourgeois, qui change à son gré les assassins en modèles de vertu, du moins en accusés excusables, et leurs crimes en peccadilles, sauf à donner tous les torts à leurs victimes et à établir que « c'est le lapin qui a commencé ».

Il résulte qu'il usurpe et exerce le « droit de grâce », que la constitution avait réservé au chef de l'État, qu'il pétrit, comme une cire molle, le cœur et l'esprit des jurés et des magistrats.

Si on raisonnait rigoureusement, on dirait : Le but, le devoir de l'éloquence de l'avocat doit être de défendre l'innocence, d'éclairer la justice, de faire protéger un accusé, même par cette loi, qui le condamne, c'est-à-dire de veiller à ce que, acquitté, s'il est innocent, il ne soit puni, s'il est coupable, que conformément à la loi tant dans le mode, dans la nature, dans la durée, que dans la gravité de la peine.

Et alors on témoignerait moins d'admiration pour celui dont l'art consiste à égarer la justice, à éluder la loi, à séduire, à « entortiller » les jurés, à déjouer la vindicte publique.

Eh bien, s'il existe, en effet, un homme, et ils sont deux ou trois à qui l'opinion publique accorde à divers degrés cette puissance, — s'il existe un homme qui puisse à sa fantaisie faire acquitter ou laisser condamner des scélérats dont le crime est avéré, — nous arrivons à cette conséquence que la loi n'est faite que contre ceux que maître Lalagète ne défend pas, — qu'il ne s'agit pas, devant le jury, d'avoir ou de n'avoir pas commis un crime épouvantable, mais d'être ou de n'être pas défendu par maître Lalagète.

Que défendu par maître... l'*Intimé*, il est plus dangereux d'avoir tué une puce, que d'avoir tué son père, si on est défendu par maître Lalagète.

Que le seul forfait qui ne mérite et ne trouve aucune indulgence, le seul qui soit certainement puni par la loi, est le forfait de n'être pas défendu par maître Lalagète.

Or, la loi doit être égale pour tous, donc, si cet homme existe, il faut enjoindre à cet ennemi triomphant de la justice, de défendre tous les assassins, tous les incendiaires, tous les scélérats, sans exception, et aussi, tous les menus coquins, sans quoi ceux-ci arriveraient à être punis plus sévèrement que les premiers.

Pour parler, non pas plus sérieusement au fond, mais avec une forme plus sérieuse, si on accorde cette puissance à certains avocats sur les jurés, il faut absolument prendre un parti, et

Supprimer ou le jury ou les avocats.

Faire paraître les prévenus directement devant les juges, — les juges interrogeant, les prévenus répondant, sans ministère public qui accuse tout, sans avocats qui défendent tout.

J'ajouterai, cependant, pour plaider les « circonstances atténuantes » en faveur des avocats accusés, que j'ai voulu deux ou trois fois me rendre personnellement compte de cette « éloquence », si invincible, et que je suis allé écouter, et maître Lalagète et ses... complices, les héros de Cours d'Assises, et que j'en suis revenu convaincu, que les effets de cette éloquence viennent beaucoup plus de... l'innocence, de l'impressionnabilité de certains jurés que du talent de maître Lalagète; que ça consiste surtout en effet de mélodrame, en « ficelles », en « trucs », et que je n'ai pas aperçu les chaînes d'or que l'iconographie antique faisait sortir de la bouche de Mercure, qui était en son temps, comme l'est monsieur Lalagète aujourd'hui, à la fois le dieu de l'éloquence et le dieu des voleurs.

Ajoutons le tort du ministère public et des présidents de permettre à l'avocat, en dépit de la loi, de chercher ses effets dans l'image de la peine encourue en cas de condamnation, c'est-à-dire de plaider contre la loi, quand il ne doit plaider que contre l'accusation.

Revenons à mon récit, dont je me suis laissé écarter :

Un homme cossument vêtu se présenta donc un soir et se fit annoncer chez un de ces « illustres » qu'on appelait autrefois, et qui s'intitulaient eux-mêmes les « défenseurs de la veuve et de l'orphelin », jusqu'au jour où j'ai fait naïvement remarquer que, en face de l'avocat défenseur de la veuve et de l'orphelin, il y a toujours un autre avocat qui les attaque.

Maître Lalagète était fatigué, on hésita quelque peu à recevoir l'étranger, mais il insista, et fut admis. — Nous savons, Monsieur, dit-il, votre désintéressement ; ce n'est pas cependant à cette vertu que nous nous adressons ; nous avons le bonheur de pouvoir récompenser dignement un talent aussi reconnu, — et, en même temps, il mit sur la table un rouleau d'or, — ceci est la moitié des honoraires que nous comptons vous offrir. — Voici l'acte d'accusation : — l'accusé est mon parent, bien plus, mon ami, et à la rigueur on pourrait dire mon complice, quoique je ne sois pas en cause.

Mais, trêve de phrases qui, je le vois sur votre visage, ne produisent sur vous aucune impression ; parlons net, il s'agit d'un fait de contrebande, et d'un de mes hommes qui a été pris par des douaniers.

Pendant ce petit discours qu'il n'écoutait pas, ainsi que l'avait remarqué l'étranger, maître Lalagète avait parcouru le papier timbré, et dit : Il ne s'agit pas seulement de contrebande, il s'agit aussi de résistance armée contre les agents de l'autorité ; — les sept douaniers dont se composait le poste où votre homme a tenté le passage, ont tous reçu des blessures ou des contusions ; — leurs dépositions sont uniformes, et il ne servira à rien de nier, — donc votre homme est condamné d'avance et n'est pas « défendable ».

— Vous en avez, Monsieur, défendu et sauvé de plus coupables.

— Oui, dit l'avocat en se rengorgeant, oui, quant à la nature et aux conditions du crime; non, quant à son évidence.

— Aussi, Monsieur, je ne viens pas vous demander de le faire acquitter; — nous n'y tenons pas, et lui en serait bien fâché, — il sait que, pendant son incarcération, sa famille ni lui ne manqueront de rien, et qu'il recevra et trouvera, en sortant de prison, avec une prime, sa part dans toutes nos opérations, sans avoir à partager nos travaux ni nos dangers; — il ne s'agit donc pas de gagner ce procès, mais simplement de le plaider; — il ne s'agit même pas de plaider, mais de parler.

— Je ne comprends pas.

— Il n'est pas nécessaire que vous compreniez, du moins quant à présent; — l'affaire terminée, si vous êtes curieux, je vous l'expliquerai en vous apportant la seconde moitié de vos honoraires.

— Mais, alors, pourquoi vous êtes-vous adressé à moi?

— Ça, vous allez le comprendre tout de suite, quand je vous aurai dit tout à fait ce que nous demandons : — Il s'agit, l'acte d'accusation lu, le réquisitoire prononcé, les témoins entendus, de prendre la parole et de la garder sans désemparer jusqu'à ce que votre serviteur, — je serai au premier rang du public, le plus en face de vous qu'il sera possible,

— mette ainsi son doigt sur le bout de son nez.

Si l'affaire était plaidée par maître « le premier venu », ou maître « n'importe qui », le président le prierait d'abréger et au besoin le ferait taire, il n'osera même pas le tenter à l'égard de l'illustre Lalagète ; — l'affaire est, comme vous le voyez, pour après-demain, à deux heures ; ainsi, vous me reconnaîtrez bien ?

— Oui.

— Et vous parlerez... vous direz tout ce que vous voudrez, mais vous ne vous arrêterez que lorsque vous me verrez faire ce geste.

— C'est convenu.

— Monsieur l'avocat, je vous présente mes respects ; vous me reverrez le lendemain de l'audience.

Il s'en va.

Maître Lalagète reste un peu stupéfait, mais enfin, c'est une question de poumons, et ça sera sérieusement payé, il n'a pas besoin de conférer avec le prévenu ni d'étudier l'affaire ; il verra bien ce que dira le ministère public.

Le jour de l'audience arrive, maître Lalagète est à côté de son client, et ne tarde pas à reconnaître son visiteur, placé comme il l'a annoncé au premier rang de « l'Assemblée », et à l'angle opposé au sien. Les débats commencent ; — on lit l'acte d'accusation, le ministère public prononce son réquisitoire.

« Le délit » — je dirais plus justement, le crime, — est patent, évident, incontestable, — non-seulement la fraude ne peut se nier, mais on ne peut nier davantage la résistance opiniâtre, désespérée du prévenu, je devrais dire de l'accusé. — Le poste se compose de sept douaniers, ils sont tous cités en témoignage, et tous ici, — il n'en est pas un qui n'ait reçu des blessures ou des contusions, etc.

On procède à l'interrogatoire de l'accusé, — il ne sait ce qu'on veut lui dire, — il n'a jamais fait de fraude de sa vie, et il n'a surtout jamais frappé un douanier; — loin de là, il professe pour cette utile institution le respect le plus profond et la sympathie la plus tendre; il se promenait paisiblement, on s'est jeté sur lui, on l'a arrêté, et il apprend seulement à l'audience de quoi il est accusé, car comme il ne sait pas lire, l'acte d'accusation est pour lui un grimoire ou du papier blanc.

Le défilé des témoins commence : tous reconnaissent l'accusé sans hésiter, tous racontent qu'ils ont reçu, qui des coups de bâton, qui des coups de pied, qui des coups de poing, — ils en sont zébrés; — le contrebandier maintient son système, on l'aura pris pour un autre.

Qui? lui? frapper des douaniers! allons donc. « La parole est au défenseur ».

« Monsieur le président, messieurs les juges, messieurs les jurés, au commencement du monde, à l'époque de la création, époque que je n'aurai pas l'audace de déterminer, car la science n'est pas plus d'accord à ce sujet avec les diverses religions que les diverses religions ne sont d'accord entre elles, — le créateur souverain mit l'homme et la femme dans un jardin.

» C'est une remarque bien saine à faire que toutes les religions ont placé l'homme à sa naissance dans un jardin, et ont mis les séjours des bienheureux dans des jardins.

» C'est dans un jardin que Virgile nous montre les héros morts :

Locos lætos et amœna vireta.

» C'est dans des jardins que Mahomet a placé son paradis :

Jardins coupés de ruisseaux limpides.

» Et cependant dans le premier jardin, dans le paradis, d'où nos premiers parents ont été expulsés,

» Avocat, murmura à demi-voix le président, passez au déluge.

» Où sommes-nous, s'écrie maître Lalagète? Ne sommes-nous plus dans le sanctuaire de la justice? La défense a-t-elle cessé d'être libre? Ne connaît-on pas ici les droits de l'accusé et les priviléges de l'avocat? Ne suis-je pas libre de placer la défense du malheureux qui s'est mis sous mon égide sur le terrain qui me convient le mieux pour faire éclater son innocence?

» Non, je ne passerai pas au déluge, mais je dirai qu'entre les crimes que le déluge a essayé de laver, il n'en était pas de plus grand que la prétention de limiter, d'entraver, de mutiler la défense de l'accusé; —c'est dans l'histoire des tyrans les plus farouches, (ici il fait résonner la barre d'un vigoureux coup de poing), et les plus légitimement haïs, que l'on pourrait seulement trouver des précédents à ce qui se passe ici aujourd'hui.

—J'ai été mal compris, dit le président, mon interjection n'était pas une observation, mais une citation littéraire et facétieuse, et en même temps un témoignage de plaisir que je partage avec l'auditoire en entendant la parole éloquente de l'illustre et savant avocat.

Revenons donc au paradis :

— J'y reviens, continue maître Lalagète pour constater que le système prohibitif et les douanes sont d'institution divine et remontent jusqu'à la création : — Qu'est-ce, en effet, que cette défense de manger des fruits de « l'arbre de la science? » si ce n'est la prohibition. — Qu'est-ce que ces chérubins gardant les portes du paradis, d'où nos premiers parents étaient sortis, ces chérubins avec des épées flamboyantes? si ce ne sont de célestes douaniers ; — mais aussi avouons que la contrebande, la fraude, sont aussi anciennes que le monde, puisque nos premiers parents les ont pratiquées aussitôt leur naissance, — et quels « droits », quelle pénalité, Messieurs ! nous payons encore l'amende et les frais de cette faute commise, il y a six mille ans, selon les chrétiens, et il y a quatre-vingt-seize millions neuf cent soixante et un mille sept cent quarante années, suivant les chinois ; c'est donc au sortir des mains de l'Éternel, encore presque poussière, *pulvis es*,—que l'homme a montré qu'il y a en lui l'instinct de la fraude, et un instinct bien puissant, bien invincible, puisqu'il l'a conduit à désobéir à son Dieu, que, sans blesser personne, je puis placer hiérarchiquement au-dessus de M. le directeur des douanes, et peut-être au-dessus de M. le ministre des finances.

» Ce ne sont donc pas les sévérités de la loi qui triompheront de cet instinct...... »

Et ici maître Lalagète porta les yeux sur son visiteur de l'avant-veille qui restait immobile, — il continua.

Il discuta les dépositions des témoins, — ces dépositions sont nombreuses, — elles sont unanimes ; — là est leur force, selon M. le ministère public, — là est leur faiblesse suivant moi, je vais le prouver.

Ici un murmure d'admiration s'*exhala* de l'auditoire.

« Je ne nierai pas que sept soit un nombre respectable, d'abord il est impair.

Numero deus impare gaudet.

» Les dieux aiment les nombres impairs, ils n'ont jamais dit pourquoi.

» Théodore de Samosate prouve l'excellence du nombre sept, par cela que Jupiter, après sa naissance, regarda le monde et passa à rire aux éclats ses sept premiers jours.

» Le [nombre sept est celui du repos de Dieu et celui du repos des hommes.

» Je n'ai donc rien contre le nombre sept, au contraire; je vous ai dit également mes sentiments sympathiques pour la douane et les douaniers que j'ai comparés aux chérubins qui gardent les portes du paradis, pour nous empêcher d'y rentrer en fraude.

» Mais qu'il me soit permis de dire que ces sept témoins, témoignant tous des mêmes faits et de la même manière, presque dans les mêmes termes, pourraient être soupçonnés de concert et d'entente préalables; — il n'est pas naturel que sept hommes de tempérament différent... »

Ici une théorie des tempéraments d'après Hippocrate,

Après quoi, maître Lalagète reprend : — Les uns, plus vigoureux, les autres moins; — les uns, plus sensibles à l'épiderme, les autres, plus endurcis, — n'ayant pas la même portée ni dans la vue des yeux ni dans celle de l'intelligence, aient fait précisément la même déposition, sans presque aucune différence idiosyncrasique; il semble une leçon apprise.

» Il n'est pas probable que mon client ait pu les battre tous. — D'ailleurs, les uns plus résolus, les autres plus timides, ils ne se sont pas également exposés aux coups; n'ont-ils pas, d'ailleurs, commencé eux-mêmes par quelques brutalités; car, enfin, Messieurs, quelque mérite qu'on reconnaisse aux douaniers, quelque sympathie que l'on puisse, que l'on doive professer pour eux, ils ne sont pas de véritables chérubins, ils appartiennent à l'espèce humaine, et participent, sinon à tous, du moins, à quelques-uns des défauts de cette race dont nous faisons tous partie; — à les entendre, à entendre le récit unanime, et de leur mansuétude, et des coups si nombreux qu'ils auraient reçus, et dont ils seraient ecchymosés, il faudrait les supposer à la fois cléments et bleus comme le ciel. — Je ne pousserai pas plus loin les doutes, je ménagerai la pudeur des témoins, je n'exigerai pas l'exhibition des contusions et ecchymoses, auxquelles le ministère public a, un peu libéralement peut-être, donné le nom de blessures. »

Le procureur impérial, (ou de la République), interrompt :

« Je n'ai pas dit blessure. »

Maître Lalagète s'écrie : — « Non, vous ne l'avez pas dit, mais je suis heureux de vous l'avoir fait confesser; vous n'avez pas prononcé le mot de blessure, mais par d'habiles insinuations vous en avez fait naître l'idée dans l'esprit de MM. les jurés; — si vous aviez prononcé le mot, vous auriez craint de le voir relevé et réfuté par moi.

« Vous avez, avec un art dangereux, je ne veux pas dire perfide, glissé la chose dans l'esprit de MM. les jurés, comme un poison latent.—Vous n'avez pas dit blessure, mais vous avez fait pis que de le dire. »

Maître Lalagète regarde encore son visiteur, et cette fois, avec un peu d'inquiétude ; le visiteur ne bouge pas, — il fait un soupir et continue :

« Il y a sept témoins qui affirment qu'ils ont vu le prévenu, mais si le tribunal le permet, si MM. les jurés l'ordonnent, je me fais fort d'en amener à la barre sept cents, que dis-je, sept mille qui ne l'ont pas vu, et alors que devient ce pauvre, ce mesquin nombre de sept témoins ?

» Nombre que, d'ailleurs, je réduirai à six, car enfin, le prévenu soutient et maintient qu'il ne connait pas les douaniers, et ne les a jamais vus.

» Ce n'est qu'un témoignage, direz-vous ; oui, mais c'en est un.

» Je veux bien que cet unique témoignage n'infirme pas celui des sept douaniers ; mais du moins il doit venir et vient en déduction de ce nombre ; — qui de sept ôte un, reste six, — six contre sept mille. »

Maître Lalagète regarde encore son visiteur, le voit toujours immobile, soupire de nouveau, et continue.

Ici il raconte l'histoire, hélas très-triste, de toutes les erreurs de la justice. — Les jurés voudront-ils ajouter un nom à ce déplorable martyrologe ? Non, ils rendront un fonctionnaire à ses fonctions, un membre utile à la société, un époux à son épouse, un père à ses enfants.

Le ministère public interrompt :

« L'accusé n'est pas marié et n'a pas d'enfants. »

Maître Lalagète frappe violemment la barre et s'écrie : « Grâces vous soient rendues, Monsieur, grâces vous soient mille fois rendues, de venir, par votre interruption et votre observation, donner un appui aussi immense qu'involontaire à la défense.

» En effet, s'il était marié,— son sort n'intéresserait qu'une seule femme, — il est célibataire, ce sort intéresse toutes les filles nubiles dont chacune peut espérer trouver en lui le compagnon et le soutien de sa vie et l'idéal de ses rêves.

» Il n'a pas d'enfants, dites-vous, tant pis pour eux, car il peut en avoir, et si ces innocentes créatures inspirent de la compassion, c'est au point de vue de leur jeunesse, sans défense et sans protection ; et ceux qui naîtront plus tard seront plus abandonnés, plus dénués, que s'ils étaient aujourd'hui dans la vie depuis plusieurs années. »

Maître Lalagète était essoufflé, son mouchoir était trempé de la sueur qu'il essuyait en vain de son front, — et il était encore plus inquiet qu'essoufflé, il ne savait que dire, il était « au bout de son rouleau ».

Allait-il être obligé de recommencer?

Mais, ô bonheur, en levant les yeux il vit son visiteur auquel parlait à l'oreille un inconnu venant de se glisser à travers la foule ; — il vit son visiteur se gratter légèrement le bout du nez.

Sa tâche était remplie, il termina par une brillante et bruyante péroraison, dans laquelle il tutoya le prévenu ; celui-ci fut condamné à l'unanimité et au maximum de la peine.

Maître Lalagète se leva et sortit entouré de ses confrères qui lui adressaient leurs félicitations, et, la tête haute et le sourire triomphant, fendit la foule empressée de contempler ses traits et de toucher sa robe flottante.

Le lendemain, le visiteur se fait annoncer, il dépose sur la table de l'avocat un second rouleau et le remercie avec effusion.

Maître Lalagète réclame l'exécution de la promesse qui lui a été faite de lui révéler le mot de l'énigme.

« C'est juste, répond l'étranger : ainsi que je vous l'ai déjà dit, le prévenu d'avant-hier, le condamné d'hier, est un membre d'une association dont je suis le chef. Désigné par le sort, il s'est fait prendre exprès, en ayant soin de donner des coups à tous les douaniers, et d'en faire des témoins contre lui, décidé à citer, selon son droit, ceux que le ministère public ne citerait pas ; — les douaniers cités au palais, le poste se trouvait donc abandonné, c'est-à-dire laissé à la garde d'un postiche détaché d'un autre poste et qui ne pouvait surveiller qu'un étroit espace.

» Nous avions, dès la veille, fait approcher un immense chargement d'esprit de vin, et pendant que vous teniez l'auditoire et les témoins dans les chalnes de votre éloquence, nous avons introduit notre chargement sans encombre ni difficultés, — et nous avons gagné plus de cent mille francs. »

XXXI

Tous les journaux ont pris un soin un peu puéril de diviser et de classer les sénateurs élus par couleurs et par nuances. Candidats arlequins, candidats masqués, jouant sur la rouge ou sur la noire, non d'après des principes, des convictions, des préférences même, mais d'après les chances que chacun a cru avoir de gagner. — Ce n'est que, le carnaval fini, le mercredi des cendres, c'est-à-dire au premier vote important, que l'on pourra faire cette classification, et encore ne sera-t-elle que provisoire et prête à être modifiée par les intérêts et les influences.

M. E. de Girardin a fait insérer et dans son journal et dans tous ceux avec lesquels il est en relations, sans compter des distributions abondantes, une profession de foi dans laquelle il dit : « Je suis peut-être, en France, le seul député et le seul écrivain à qui la liberté n'ait jamais eu à reprocher un seul jour de défaillance et de désertion. »

Il y a longtemps que j'ai pris, comme lui, le parti, quand j'ai besoin de respirer un peu le parfum des louanges, d'allumer et de brûler moi-même l'encens sous mon propre nez; — les autres ne s'en acquittent jamais aussi bien, et oublient toujours quelque chose.

Ainsi, les plus bienveillants à l'égard de M. de Girardin, ceux qui appellent volontiers le « premier de nos publicistes » le journaliste qui s'est peut-être le plus souvent trompé, n'auraient jamais pensé, parmi certains éloges qu'on peut légitimement faire de lui, de donner place à l'invariabilité des opinions.

J'ai souvent constaté la faculté que possède le Français, en général, d'oublier tout, au bout de six mois; — mais entre les Français eux-mêmes, M. de Girardin tient un rang très-honorable sous ce rapport.

Je voudrais savoir ce que M. de Girardin entend par la liberté; — ne serait-il pas, par hasard, question des « libertés qu'il a prises » et non de celle qu'il aurait honorée d'un culte sans défaillance?

Il a oublié qu'en 1848, la liberté la république qu'il professe aujourd'hui, avait, pour s'établir en France, les chances les plus favorables.

Il y avait alors au pouvoir exécutif un homme qui, avec une honnêteté aussi incontestable et incontestée que celle du duc de Magenta, avait de plus eu la terrible chance, (et que les dieux la détournent du maréchal!) de donner, dans les sinistres journées de juin, de formidables gages à l'ordre et à la vraie liberté. Eh bien, M. de Girardin a complétement oublié qu'il attaqua cet homme par tous les moyens, par la diffamation, par la calomnie même, et qu'il contribua beaucoup à faire nommer à sa place le prince Napoléon Bonaparte, — ce qui eut pour suite l'insurrection du dit prince au deux décembre, — les massacres dans les rues, les emprisonnements, les exils, les déportations,— non pas cette fois des émeutiers et des brigands, mais des citoyens les plus justement considérés, des députés, de Cavaignac, de M. Thiers, de M. de Girardin lui-même.

Si je ne connaissais sa facilité pour l'oubli, je demanderais si M. de Girardin est convaincu de n'avoir pas, en cette circonstance, interrompu quelque peu le culte qu'il proclame si persévérant à la liberté.

Lors de la guerre, M. de Girardin a oublié également que, poussant de toutes ses forces à cette sinistre entreprise par son journal; un soir, en plein Opéra, le corps à moitié hors de sa loge, il s'écria : à Berlin! à Berlin!

Ceux qui se rappellent et cette circonstance et les suites de cette guerre; ceux qui ont eu des parents et des amis morts, prisonniers; ceux qui ont eux-mêmes souffert toutes les tristesses et les privations de la captivité, admettront difficilement que l'homme qui a contribué autant qu'il était en lui à cette funeste guerre, ait rendu à ce moment un culte bien fervent à la liberté.

Mais le hasard m'a présenté hier un spécimen singulier de la faculté d'oublier que possède le rédacteur en chef de *la France* :

Je feuilletais, à Nice, l'album d'une dame étrangère, et je vis sur cet album quelques phrases, signées Émile de Girardin, et de ces phrases, voici la dernière :

« .... Nous étions plus heureux en ce temps-là, d'abord j'avais dix ans de moins, et la France n'avait pas perdu l'Alsace et la Lorraine. »

Il est évident que M. de Girardin n'eût pas écrit cette phrase, s'il eût gardé le souvenir même le plus léger de la part qu'il a prise à la déclaration de guerre; dans le salon où il a écrit ladite phrase, je suis certain qu'aucune personne bien élevée ne se serait avisée, sachant ce qui s'était passé, de faire devant M. de Girardin une allusion à la guerre de Prusse et à ses déplorables résultats dans lesquels il faut compter la Commune. — Il est en effet convenu, selon un proverbe, que « on ne doit pas parler de corde dans la maison d'un pendu »; et on a quelque droit de s'étonner de voir les pendus en parler eux-mêmes.

XXXII

La France tristement résignée, regardant jouer ses destinées avec des cartes biseautées et des dés pipés, ne voulant ou ne pouvant pas regarder au delà du moment présent, — semblable à ces pauvres qui, obligés de livrer une bataille pour conquérir chaque repas, sont trop occupés du dîner d'aujourd'hui, pour pouvoir même songer au souper de ce soir, moins encore au dîner de demain.

Tout le monde s'assoupit, s'engourdit, s'abrutit dans une sorte d'indifférence désespérée et de torpeur; on se dit : la journée d'hier s'est passée assez tranquillement, nous n'avons pas eu de sinistre aujourd'hui, rien n'est annoncé pour demain; — il faut espérer qu'il en sera de même après-demain.

— Et puis... après ?
— Après, on verra.

La bille tourne dans le cylindre de la roulette, nous nous réjouissons mentalement qu'elle ait été lancée vigoureusement par les événements, et qu'elle promette de tourner longtemps avant de s'arrêter dans une des cases; — tant qu'elle tourne, nous n'avons pas gagné, mais nous n'avons pas perdu non plus; nous voyons encore notre enjeu, — si ça pouvait toujours tourner !

Demain la bille s'arrêtera, le diable sait dans quelle case.

Il est probable que la future assemblée ressemblera à celle qui vient de finir, — des groupes réunis sans convictions, sans principes, s'associant, se séparant au gré des quelques-uns qui les mènent.

Mais où cela nous conduit-il? Peut-être est-il encore temps de donner quelques avis, d'abord pour demain, ensuite pour un avenir plus éloigné. L'homme, en général, a coutume de n'adopter le simple et le vrai qu'après avoir épuisé toutes les combinaisons du complexe et du faux ; — il me semble qu'il ne reste guère de sottises à faire, et qu'on pourrait peut-être écouter la raison à moins qu'on ne recommence le cercle des sottises.

Il y avait une apparence de raison à rétribuer les députés ; — sans cette indemnité, il fallait renoncer à des choix utiles et honorables ; les riches seuls pouvaient accepter le mandat législatif, en y ajoutant ceux qui trouvaient moyen de s'enrichir par la corruption.

Lors de la première révolution, un député, favori de la cour, interrompit Mirabeau qui demandait je ne sais quelle mesure, en lui criant : « On comprend l'intérêt que vous portez à cette question, vous avez des dettes.

— Et vous, Monsieur, répondit Mirabeau, vous en aviez. »

Mais là n'était qu'un des côtés de la question, les autres côtés se montrent aujourd'hui, il faut les constater.

De même que les trente sous payés aux soldats de l'émeute, ont, sous la Commune, entraîné et mené loin de pauvres diables qui expient aujourd'hui les crimes de ceux qui les ont poussés, — les huit ou neuf mille francs de l'indemnité donnée aux députés, ont fait de la députation un métier facile et lucratif, pour les fruits secs du barreau, de la plume, de l'industrie, etc., c'est une carrière. De même que le neveu de Mazzini, encore au collège, au milieu de camarades qui causaient de leurs chances d'avenir et qui disaient :

Moi je suis riche, moi je serai soldat, — moi magistrat, — moi ingénieur, etc., — moi, dit l'enfant, je serai conspirateur.

Un tas de mauvais avocats sans cause, se disent : Je n'ai pas de talent, ça m'ennuie de travailler, — mon crédit à la brasserie est découragé et épuisé, — visons à la présidence de la république, — et si le coup baisse soyons toujours député, — cela rapporte bien plus que je ne puis gagner, en exerçant un métier honnête.

En effet, même parmi les avocats un peu occupés dans beaucoup de villes de province, « l'éloquence » locale est loin de rapporter neuf mille francs, — car, remarquez bien que ce ne sont pas les premiers, les forts, les habiles qui se jettent là-dedans, sauf quelques exceptions dont je parlerai tout à l'heure, à un autre point de vue.

La « législature » finie, voyez-les se cramponner, avec le courage du désespoir, à un siége douteux à la future Assemblée, — comme Cynegire, de fabuleuse mémoire.

Si vous leur coupez la main droite, ils empoigneront le siége de la main gauche; — coupez celle-ci, ils le saisiront avec les dents; — les promesses, les boniments de l'élection précédente ne suffisent plus.

Au moment où la foire aux députés s'ouvre, écoutez les grosses caisses, les clarinettes, les cymbales, les trompettes; déguisé en pitre, en paillasse, le candidat monte sur des planches à la porte des baraques :

« C'est ici que l'on voit le vrai républicain, le véritable ami du peuple; — venez voir ce phénomène, entrrrez, prrrenez vos billets, vous serez riches, il n'y aura plus d'impôts, ou, s'il y en a, il les payera de sa poche; vous serez tous décorés, le soleil mûrira régulièrement les moissons que la pluie aura gonflées.

— Peuh, murmure l'auditoire, de la pluie, du soleil, y a pas besoin de lui pour ça, il faudra encore labourer, bêcher, herser, sarcler... »

Il s'aperçoit de la froideur, il reprend; « mais pourquoi est-ce que je parle de moissons ! — il tombera de la manne et des cailles comme jadis au désert ; les ruisseaux rouleront du lait.

— Peuh !

— Mais les rivières du vin et de l'absinthe.

— A la bonne heure.

— Entrrrez, prrrenez vos billets.

On entre, il a dépouillé la casaque à carreaux rouges ou bleus, on le trouve dans la baraque, vêtu d'un vieil habit noir ; là il continue :

« Vous voulez être riches, avoir des places, des honneurs, de l'argent à gogo, — il n'y a qu'à me nommer : si vous ne me nommez pas, vous verrez reparaître tous les droits féodaux, le servage, la glèbe, la dîme, le droit de jambage, les bûchers de l'inquisition, etc. »

On le nomme, — et il n'est plus jamais question de lui ni à l'Assemblée ni ailleurs ; — j'ai déjà comparé le candidat de cette espèce, à une goutte d'eau dans un nuage, et qui dit : Ah ! si je réussis à tomber dans la mer ! Quelle tempête, mes enfants, je la fais déborder et submerger la terre ; — elle s'agite, elle tombe, et c'est fini.

Mais c'est une affaire convenue et faite jusqu'à nouvel ordre ; on paie les députés ; comptons seulement de combien de fruits secs, d'orateurs de brasserie, de légistes de balcon — nous serons débarrassés le jour où il aura fallu revenir sur cette erreur.

En attendant, il est une mesure qu'il est encore temps de prendre, mais qui la prendra? L'Assemblée elle-même réglant la discipline intérieure? Il est dangereux de faire voter les lois par ceux qu'elles doivent frapper; nous venons de voir combien il a été difficile de renvoyer la dernière Assemblée qui devait décider elle-même l'époque de son départ, et les plus acharnés à voter, les plus attrapés aussi ont été ceux qui réclamaient bruyamment la dissolution depuis quatre ans, en faisant des vœux tout bas pour ne pas l'obtenir; cependant, parlons-en :

L'abandon de Paris, la Chambre à Versailles, rendent l'assiduité plus difficile, les absences plus fréquentes et plus excusées, les retards et la perte de temps quotidiens.

J'en suis encore à comprendre comment un gouvernement assez fort, à la tête duquel est un brave soldat comme le maréchal Mac-Mahon, se résigne à avoir l'air d'avoir peur; — je ne comprends pas davantage comment la représentation nationale est plus à l'abri d'un coup de main à Versailles qu'à Paris, — quand je me charge de prouver le contraire. À Paris sont réunis tous les ministères; tou' les fonctionnaires, au besoin, correspondent e' eux pour la défense commune;—à Paris, par' les voies ferrées, on peut faire arriver, en heures, des troupes de tous l

Ajoutons qu'il serait bien

un à un aux gares, à l'arrivée et au départ des députés, qui presque tous mangent, dorment et s'amusent à Paris, que de les attaquer ensemble au palais Bourbon, défendus par une armée qui peut être, demain, de 500,000 hommes. En effet, vous avez vu M***, j'ai oublié son nom, lorsqu'il a eu envie de souffleter maître Gambetta; il n'a eu qu'à l'attendre à la gare, où il lui fallait nécessairement se mettre à pied, tandis que le fils de l'épicier de Cahors eût pu arriver au palais Bourbon par divers chemins et ne descendre de son coupé qu'à la grille, entre les factionnaires.

Mais, — c'est encore une chose faite, — on a dépensé de grosses sommes pour édifier non-seulement la Chambre des députés, mais encore celle des sénateurs à Versailles; — la Chambre des sénateurs à Versailles est une idée encore plus... chocnosophe, eût dit Théophile Gautier; en effet, parmi les sénateurs, seniores, il y aura beaucoup plus de vieillards, de valétudinaires qu'à l'autre Assemblée; que de raisons, que de prétextes pour ne pas aller à Versailles ! Je le répète, c'est fait, voyons à diminuer des inconvénients qu'on ne peut plus éviter.

Sauf les jours où « la question politique » est en jeu, c'est-à-dire, où on se dispute les places et surtout les traitements, la Chambre n'est jamais en nombre; les vraies questions, le budget, etc., ça se passe entre quelques membres qui votent sans écouter ; — d'ailleurs, qui a intérêt à chicaner, à diminuer un budget dont on aura sa part?

Entre les avocats, ceux de quelque valeur vont plaider à droite, à gauche, dans les départements, sans penser que le traitement donné aux députés est une indemnité, le rachat de leurs occupations qu'ils abandonnent ; — l'indemnité des députés est par eux consacrée à payer les chemins de fer qui les portent loin de l'Assemblée ; les autres viennent quand ils ont le temps ou n'ont rien de plus amusant à faire ; — viennent après qu'ils ont déjeuné à leur heure et sans se presser, et quittent les séances trop longues pour ne pas manquer le convoi qui les mène dîner à Paris.

On a imaginé, s'il se présente un cas grave, de voter pour les absents ; c'est si bête qu'on en a ri, sans penser à ce que ça a d'insolemment illégal et de dangereux.

Puisque on paye les députés, il faut exiger qu'ils gagnent leur argent, — et voici ce que le bon sens indiquerait :

1° Aucun député ne peut s'absenter plus d'un jour sans un congé motivé, demandé et obtenu ;

2° On divisera l'indemnité par jour, — on la payera en jetons de présence qu'on cessera de délivrer après le premier quart d'heure écoulé.

Voilà tout ce que je dirai aujourd'hui sur ce sujet; j'ai à parler du suffrage dit universel, et à prouver que son moindre tort est de n'être pas du tout universel.

XXXIII

Je doute fort que le spectacle des réunions politiques qui ont précédé les élections, et les élections elles-mêmes, soient propres à relever la France dans l'opinion du monde. Eh quoi, se dira-t-on, c'est là ce grand peuple, voilà donc aujourd'hui l'élite de la France : Barodet, Naquet, Cotte, Gambetta, Freycinet ! etc.

C'est là tout ce qu'un peuple intelligent, jugeant dans sa souveraineté, a pu trouver dans son sein pour lui confier ses destinées !

Il n'y a pas mieux dans les sciences, dans les lettres, dans la politique, dans l'industrie, dans la finance ; c'est là le dessus du panier; quelle étrange dégénérescence ! il n'est pas aujourd'hui un peuple en Europe — disons dans le monde, — qui ne puisse trouver mieux chez lui.

Et ce peuple, dans l'exercice de sa souveraineté, à quel point il manque, non-seulement de majesté, mais de tenue, de décence, de bon sens, de justice, de dignité, de discernement; comme il se laisse mener par des farceurs et des charlatans de bas étage!

Il y a quelques mois, en parlant des moyens de rendre le suffrage universel — universel ; — c'est-à-dire de faire que chaque français exprime réellement, par son vote, ses sentiments, ses opinions, sa pensée, — je disais qu'il fallait d'abord, pour arriver à ce but, que le suffrage fût à deux degrés, c'est-à-dire que chaque commune choisît dans son sein des représentants, des mandataires, dont elle pût connaître et la famille, et la vie publique et privée, et les antécédents, et la situation, — lesquels mandataires voteraient pour elle et nommeraient les députés.

Je disais encore, et les turpitudes qui viennent de se passer sous nos yeux me donnent tristement raison, — qu'il faudrait, au moment des élections, faire...

— Précisément le contraire de ce qui se fait ;

Ce qui se fait, c'est d'autoriser exceptionnellement les réunions, les assemblées, les clubs, etc. ;

Ce qu'il faudrait faire... ce serait de défendre et supprimer toute réunion, tout club, dont le résultat ne produit que le triomphe des bavards, des énergumènes, des fous qui égarent un auditoire crédule, — et font, du suffrage dit universel, la propriété d'un petit nombre d'intrigants ; — il faudrait non-seulement proscrire ces réunions, mais aussi pendant les trois jours qui précèdent l'élection, fermer les cabarets, les cafés, les brasseries, les tavernes, les chambrées, tous ces endroits où on vend la folie, la bêtise, l'abrutissement, au litre, à la bouteille et aux petits verres et où on se prépare à la seconde ivresse, au second empoisonnement des réunions. — Je voulais aussi et je veux encore et plus que jamais, que pendant les huit jours qui précèdent les élections, les journaux fussent astreints à amuser leurs lecteurs par des articles purement de littérature et d'imagination, sans s'occuper aucunement de politique.

Ces trois causes d'ivresse supprimées, le peuple souverain serait alors convenablement préparé à mettre, dans ses choix du recueillement, du sérieux et du bon sens; c'est alors que ledit peuple souverain se montrerait maître de lui-même, véritablement indépendant et digne de se conduire.

Je lisais hier dans *le Figaro*, qui ne se rappelle pas qu'il a reproduit les vœux que j'exprimais à ce sujet, que déjà en Amérique, les cabarets, cafés, etc., sont rigoureusement fermés en temps d'élection.

Un journal, l'autre jour, à propos de maître Gambetta, qui prétend conserver sa queue, rappelait l'opinion de M. Littré, que l'homme n'est qu'un singe perfectionné. — Maître Gambetta descend alors de cette espèce que les naturalistes appellent « à queue prenante » et qui se servent de cet appendice pour grimper et se tenir en l'air; on connaît la manie qu'ont les singes en captivité de grignoter et de manger leur queue. — Maître Gambetta est destiné à nous montrer un phénomène nouveau : c'est sa queue qui le mangera.

XXXIV

Un coup d'œil sur ce qui se passe.

M. Clémenceau demande l'amnistie complète, pleine et entière.

Un autre candidat monte à la tribune et dit :

Nous avons tous des amis à Nouméa, donnons nos voix à ceux qui promettront l'amnistie complète.

Victor Hugo l'annonce et l'exige.

Et moi aussi je demande l'amnistie, mais à certaines conditions;

Et ces conditions les voici :

1° Qu'elle s'étende sur les dupes, sur les repentants, et que chacun de ceux qui seront délivrés, soit remplacé là-bas par un de ceux qui les ont enivrés, trompés, égarés, ceux-ci fissent-ils partie des Assemblées, occupassent-ils des positions plus ou moins élevées, — on les prendrait où ils sont.

2° Que ceux qui demandent l'amnistie commencent par protester hautement de leur horreur, de leur détestation pour les vols, les assassinats, les incendies, qui ont eu lieu pendant la commune ; — ensuite,

Qu'ils nous garantissent que ceux auxquels on accordera l'amnistie, nous l'accorderont de leur côté ;

Qu'ils nous garantissent que cette demande n'a pas pour but simplement de remplir les cadres de l'émeute, et d'appeler, au service actif de la révolution, la classe de 1876, et années suivantes.

A ces conditions je demande l'amnistie, et je fais mieux,

Je demande qu'on se préoccupe de la position et du sort des amnistiés, — qu'on ne les livre pas de nouveau aux excitations de la misère, du cabaret, des doctrines empoisonnées ;

Qu'on les fasse passer par une sorte de purgatoire, que, en Algérie, c'est-à-dire en France, on les réunisse à leur famille en leur donnant de l'ouvrage, soit à la terre, soit à des travaux d'utilité publique.

Un M. Accolas, dans une réunion, a exposé l'autre jour ses idées ; il renouvelle un programme que j'avais résumé déjà en 1848, et qui a été répété en 1870 comme nouveau.

Article 1er, il n y a plus rien.

En effet, le citoyen Accolas demande la suppression de la religion, de l'armée, de la magistrature ; la suppression de la propriété, sous le nom de loi agraire et de liquidation sociale, etc. ; — mais au milieu de ces insanités, brille un éclair de bon sens, — il demande la suppression des « maisons d'aliénés. »

N'est-ce pas, en effet, une injustice choquante de voir, détenus et prisonniers, dans ces maisons, un certain nombre de pauvres diables pour la plupart inoffensifs, tandis qu'on laisse vaguer et pérorer en liberté la foule innombrable de fous furieux, enragés, dangereux, qui viennent de donner, dans les réunions publiques, un spectacle triste et grotesque, et un déplorable spécimen de l'état des intelligences et des esprits dans notre pays?...

Passons à un autre sujet : J'entends de toutes parts des plaintes sur « les partis politiques » qui déchirent la France.

Je regarde où sont et quels sont les partis politiques, et je découvre une grande et incontestable vérité :

Il n'y a pas de partis politiques.

Il y a des appétits, des faims, des soifs, des vanités, — mais il n'y a pas de partis politiques.

On appelait autrefois, en bon français, « parti politique », un groupe plus ou moins nombreux, poursuivant par des moyens quelquefois honnêtes, quelquefois moins honnêtes, quelquefois pas du tout honnêtes, l'application de certaines théories, de certaines opinions, de certaines affections, la réalisation de certains rêves, et cela sans défaillance, sans hésitations, sans tergiversations.

Mais la France aujourd'hui n'est plus un pays où il se fasse de la politique; la France est un grand tapis vert, autour duquel se pressent les joueurs, les pontes, les grecs animés par la vue des piles de pièces de cent sous et des rouleaux de louis, jouant sur telle ou telle couleur, sur tel ou tel numéro; et la preuve qu'il n'y a plus de partis, c'est que vous voyez tous les joueurs, quitter pour une autre, la couleur qui tarde trop à sortir, et beaucoup, mettre leur enjeu à cheval sur deux ou quatre numéros, etc.

N'avons-nous pas vu maître Laurier, il y a deux ans, républicain radical et jouant sur la couleur rouge, mettre un jour son enjeu sur la couleur blanche et se faire légitimiste?

On ne me fera pas accepter comme des hommes de parti :

M. Raoul Duval qui a si longtemps hésité avant de mettre son enjeu sur le bonapartisme. Victor Hugo qui a mis le sien successivement sur la Restauration, sur le gouvernement de Juillet, sur Napoléon III, sur la république modérée, et aujourd'hui sur la république radicale, socialiste, intransigeante.

N'avons-nous pas vu les bonapartistes voter avec les pseudo-républicains, et avec les légitimistes? Ceux-ci rendant aux uns et aux autres la même politesse?

Ne voyons-nous pas maître Gambetta abandonner tous les principes sur lesquels s'appuie l'idée républicaine, et varier ses « tartines » selon son auditoire? — Ne le voyons-nous pas s'enfariner et prononcer des discours paternes à des niais placés en face de lui qui l'écoutent et le prennent au sérieux, tandis que de temps en temps il se détourne, et à ses amis et complices qui ne comprennent pas et murmurent derrière lui, explique que c'est « une frime » en tirant la langue, ou en faisant tourner sa main ouverte sur le bout de son nez?

Non, non, je le répète, il n'y a pas de « partis politiques », il y a des joueurs plus ou moins tricheurs, biseauteurs de cartes, pipeurs de dés, retourneurs de rois.

Il y a des affamés, des altérés, des vaniteux.

La France ne peut même pas se flatter d'être déchirée par des lions.

Elle est honteusement mordue, grignotée, sucée, déchiquetée par des hyènes, des vautours, des corbeaux, des belettes, des fouines, des putois, des rats, et toute la horde des « bêtes puantes ».

De ces réunions publiques, de cette descente de la Courtille, où le grotesque semble dominer, on peut et il faut cependant tirer quelques enseignements.

Maître Gambetta, parlant d'une voix doucereuse et hypocrite, joue le rôle d'un chef de bande qui cause avec le portier, pour distraire son attention, tandis que ses hommes se glissent dans la maison qu'ils vont piller et brûler.

D'ailleurs, fût-il de bonne foi, il serait bien vite débordé, et déjà il inspire de la défiance à ses complices.

Les farceurs, les fous et les coquins, dans les réunions publiques, grisés par le petit bleu et par leurs propres bavardages, trahissent le mot d'ordre et le mot de passe. Écoutez-les et vous saurez ce qu'ils entendent par liberté, égalité et fraternité, ce qu'ils comptent prendre et ce qu'ils comptent vous laisser.

Ceux qui s'intitulent conservateurs, se querellent sur les nuances, se poussent du coude, se séparent sur des vétilles, au lieu de se réunir contre l'ennemi commun.

Chacun espère se sauver, qui sur un morceau de mât, qui sur un aviron, qui sur une cage à poules, au lieu de former, de ces débris réunis, un radeau capable de les porter tous.

Ils me font l'effet, dans leurs querelles, de gens, je l'ai déjà dit, qui, en présence d'un loup qui vient sur eux, les yeux sanglants et la gueule béante, s'amuseraient à chercher et à tuer leurs puces.

Je m'irrite quand je vois des gens assez bêtes pour prendre au sérieux les boniments du fils de l'épicier de Cahors. Rassurez-vous, dit-il aux bourgeois, nous vous laisserons vos pantalons, nous nous contenterons de votre habit et de votre gilet ; — nous prendrons vos bottes, c'est vrai, mais nous ne prendrons pas vos chaussettes. — Mais qu'est-ce qu'on disait donc, qu'il était si méchant ? il est très-doux, au contraire ; il est même généreux, voyez.... il nous laisse nos pantalons et nos chaussettes, c'est comme s'il nous les donnait. Merci, votons pour Gambetta.

Il me rappelle ce qu'on m'a raconté des arabes qui, se disposant à couper de leur *yatahgan* la tête d'un blessé, lui disent un mot qui signifie : Ne bouge pas, n'aie pas peur.

Ce carnaval hideux et ridicule auquel nous assistons, c'est le bal masqué de Gustave; un brindisi avec le « ça ira ». — Les arlequins, les pierrots, les sauvages, les polichinelles, sont armés; il ne s'agit plus de battes, de massues de carton, de longues manches, et de queues de lapin au chapeau.

Il y a sous leurs déguisements, des poignards, des fusils à vent, des torches, du pétrole.

Je vous connais, vilains masques ; — celui-ci ce n'est pas Pierrot, c'est Marat ; cet arlequin, c'est Collot d'Herbois ; cette « bergère », c'est Vermesh ; ce polichinelle, c'est Naquet ; ce jocrisse....

Ce jocrisse, c'est vous, qui les regardez sans les reconnaître, et croyez que c'est tout simplement Pierrot, Arlequin, Polichinelle et Colombine.

Dieu veuille que ce carnaval ne se termine pas par un terrible mercredi des cendres.

Je ne dirai pas au nom du ciel, mais au nom de votre salut, laissez donc de côté, ô électeurs, les nuances qui vous séparent, ne vous occupez pas de vos puces et défendez-vous contre le loup.

Puisque vous ne pouvez vous entendre et tomber d'accord sur une monarchie,

Acceptez la république.

Acceptez-la, mais exigez-la.

Condamnez ces farceurs sinistres à la vraie république, c'est la plus juste, la plus dure punition qu'il soit possible de leur infliger.

La république, en effet, la vraie république serait le gouvernement le plus juste, le plus fort, le plus honnête, le plus noble de tous.

Et dans cette république-là, il n'y a guère de

place pour passablement d'entre eux, si ce n'est à Charenton, à Mazas et au bagne ; — l'élection étant faite par le docteur Blanche, la sixième Chambre et la Cour d'assises.

En vraie république, Curtius se jette dans un gouffre pour le salut de sa patrie ; Winkelried prend une brassée de piques, se les enfonce dans la poitrine, et ouvre ainsi à ses compatriotes un chemin dans une phalange autrichienne.

Un roi de Perse dit à un Spartiate : « Mes archers sont si nombreux que leurs flèches cachent le soleil.
— Eh bien, répond le Spartiate, on se battra à l'ombre ».

Les pseudo-républicains se tenaient, eux aussi, à l'ombre dans les préfectures où ils touchaient les gros appointements tant reprochés aux préfets de l'empire.

Maître Gambetta qui envoyait tant de gens se faire tuer inutilement, ayant annoncé son arrivée à Orléans, rebroussa chemin sur la nouvelle qu'on disait qu'on avait vu trois uhlans dans les environs ; de tous les membres de ce gouvernement qui avaient juré publiquement de se faire tuer jusqu'au dernier, pas un ne s'exposa au moindre danger. M. Freycinet dérangeait toutes les combinaisons des généraux pour faire couvrir Tours où il résidait.

En vraie république, le respect de la loi est inflexible, — Brutus fait trancher la tête à ses fils. Un héros, Agésilas, est condamné à l'amende pour avoir fait un acte défendu.

Dracon se perce lui-même de son épée, pour avoir manqué à une loi.

M. Cotte est convaincu d'avoir glissé de faux bulletins dans l'urne électorale ; l'Assemblée casse les élections frauduleuses de maîtres Gambetta et Laurier. — M. Cotte se présente à de nouvelles élections ; ceux-ci se nomment dictateurs.

En vraie république, Caton, toute sa vie, vêtu comme les laboureurs ou les simples soldats, n'avait qu'un petit cheval qui portait ses légumes au marché. — Miltiade, Aristide, Curius, Fabricius, meurent si pauvres qu'on doit les enterrer aux frais de l'État.

Les préfets pseudo-républicains touchent intégralement de gros appointements. Maître Gambetta est accusé en plein tribunal anglais d'avoir reçu des pots de vin, et ne demande pas la preuve de cette accusation ; — tel auquel on ne connaît aucune fortune, qui a abandonné son état, — cependant vit avec luxe, fait de nombreux voyages, etc.; les fonctionnaires de la Commune mettent de grandes bottes de maroquin rouges, vertes, bleues, — des écharpes de soie et des galons innombrables.

En vraie république, on va chercher Cincinnatus à la charrue, il bat les Volsques et revient achever le sillon interrompu.

Aujourd'hui, si on a besoin d'un fonctionnaire pseudo-républicain, on demande où est « son café » ; c'est dans les estaminets et les brasseries que nos hommes d'État font leurs études et occupent leurs loisirs.

En vraie république, le Sénat se compose des illustrations du pays, — les traitements des fonctionnaires les laissent pauvres, — les places sont occupées par ceux dont les places ont besoin, c'est-à-dire par les plus capables.

En vraie république, on voit régner le désintéressement, la frugalité, le dévouement, la probité, le respect des lois.

Vous voyez comme ils seront attrapés si, comme je le demande,

On accepte, mais on exige la République.

Il se présente deux candidats dans le Var :

M. Émile Ollivier, l'homme qui commença la guerre de Prusse avec « un cœur léger », comme il le dit lui-même,

Et M. Cotte, le fabricant de poteries, celui qui fit traîner en prison, par les rues, trois vieux magistrats que Crémieux, averti par moi, eut tant de peine à faire mettre en liberté ; — celui qui fut convaincu d'avoir glissé de faux bulletins dans l'urne électorale, — celui qui écrivait à maître Gambetta: « Pourquoi faire des élections, puisque *nous* sommes au pouvoir? »

M. Cotte peut seul donner des chances à maître Ollivier.

Maître Ollivier peut seul donner des chances à M. Cotte.

N. B. — M. Cotte est élu. En effet, il faut une représentation complète, et personne n'eût aussi bien représenté à l'Assemblée le mépris des lois et la fraude électorale.

XXXV

Un jour, à propos d'insultes faites aux soldats, le journal de maître Gambetta, prêtant au préfet de police des paroles que ce magistrat a démenties, attribuait ces insultes à « des gens sans aveu et des rôdeurs de barrière ».

Ces gens sans aveu, ces rôdeurs de barrière, toute la canaille, toute la crapule de Paris, ne sont pas moins des électeurs, et voteront à la première occasion, comme ils ont déjà voté, c'est-à-dire font partie des électeurs de maître Gambetta, de maître

Ferry, etc., — c'est cette queue que personne à l'Assemblée n'a eu l'intelligence et l'énergie de forcer maître Gambetta de se couper à lui-même, comme font, dit-on, les castors et très-certainement les lézards pris.

Il suffisait de proposer un ordre du jour par lequel l'Assemblée entière des représentants de la France déclarait considérer comme des coquins, des scélérats, des incendiaires, des voleurs et des assassins, — tous ceux qui avaient prêté leur concours au sinistre carnaval de la Commune.

Ou maître Gambetta aurait pris part à ce vote, et il se serait ainsi aliéné cette armée de réserve, cet appoint d'électeurs qui fait son importance;

Ou il eût voté contre l'ordre du jour, ce qui est hardi, et par conséquent peu probable, mais plutôt, se fut absenté ou abstenu, et alors il était facile de le mettre au pied du mur et de traduire cette abstention par un aveu de ses accointances et de ses liens avec cette partie de ses électeurs — et alors il se fût aliéné les quelques hommes honnêtes et véritablement républicains, mais aveugles, qui le reconnaissent encore comme chef de file; — dans l'un comme dans l'autre cas, le carré était enfoncé, — les lignes rompues.

Mais il fallait en même temps que ceux des républicains qui demandent à la république le triomphe de la justice, de l'égalité, de la liberté, — pussent se rallier à un drapeau sous lequel ils pussent marcher à la conquête des progrès politiques et sociaux.

M. Thiers, en se cramponnant opiniâtrement à ses préjugés, à ses quelques vieilles rengaines politiques et économiques, ne pouvait tenir ce drapeau et je crains qu'il ne s'aperçoive pas assez que l'appui que semble lui prêter la gauche est, comme je l'en ai déjà averti, une sorte de ballet de Gustave, où il est entouré de masques conjurés.

Avoir avec lui une fraction du parti républicain, c'est-à-dire ceux qui de bonne foi veulent la république dans l'intérêt de tous, c'était un grand succès, — avoir avec lui tout le parti c'est un piége et un péril.

Il faut rendre justice à ce parti, — il a su se discipliner, — il est tristement curieux de voir avec quelle rapidité le mot d'ordre donné par les chefs arrive en un instant du centre à toutes les extrémités de la France, et est scrupuleusement et aveuglément obéi.

Sur un signe, — tous les journaux du parti, confondant leurs nuances, avec une précision de soldats et de choristes exercés, — font le même mouvement, entonnent la même note — sans être arrêtés par la pudeur que pourrait inspirer la contradiction du langage d'aujourd'hui avec le langage d'hier.

Ceux qui, — hier prodiguaient l'insulte à M. Thiers, — ceux qui semblaient ne jamais devoir lui pardonner et la défaite de la Commune et la responsabilité qu'il avait publiquement fait retomber sur eux de la moitié de notre ruine et de la moitié de nos désastres et de nos humiliations, — tous sans exception, depuis le plus important carré de papier jusqu'à la plus obscure et la moins lue des feuilles de choux, — de la capitale à Fouilly-les-Oies, — tous au signal du chef d'orchestre : — une, deux, trois, — entonnent avec un ensemble irréprochable l'éloge du « vénérable vieillard », de « l'éminent homme d'État », du « grand citoyen ».

Ceux qui avaient prêché une guerre à outrance à laquelle, comme Moïse, ils assistaient sans danger du haut de la montagne, ceux qui hier encore accusaient les signataires de la paix d'avoir déshonoré la France, ceux-là se prennent tout à coup d'un vif amour de la paix et d'admiration sympathique pour le traité qui constate et confirme et les cruelles exigences d'un ennemi vainqueur et les humiliations que la nécessité nous contraint de subir ; — ce traité qu'ils ont si solennellement maudit, ils le louent aujourd'hui, félicitent le chef du pouvoir qui l'a obtenu, et sont prêts à dire :

« Ces bons Prussiens ».

En même temps le mot d'ordre est de se montrer non-seulement bienveillants, doux, pacifiques, religieux même, — et à l'exposition de Lyon le maire Barodet presse avec effusion les gants violets de l'évêque, — mais encore « conservateurs ».

Les conservateurs n'ont pas su nous enlever le drapeau de la république, — dérobons-leur, arrachons-leur le guidon du parti conservateur, — et disons comme ce prédicateur italien dont parle Racine.

« Il voyait le peuple, jusque-là attentif à ses paroles, l'abandonner pour aller grossir le cercle d'un charlatan qui annonçait les *lazzi del signor Pulcinella*.

Où allez-vous, s'écria le prédicateur, élevant au-dessus de sa tête pour le mieux mettre en vue, le crucifix qu'il tenait en main. — Où allez-vous? Arrêtez..., voilà le vrai polichinelle, — *ecco il vero pulcinella* ».

Et tous les journaux les plus « avancés » se déguisent en conservateurs en se rasant de près, comme se déguisent en nonnes les soudarts compagnons du comte Ory, — comme ils ont la voix douce! comme ils tiennent les yeux baissés! que leur maintien est donc décent et modeste, et plein de componction!

Et la plupart des feuilles libérales-conservatrices célèbrent la modération du langage de leurs ennemis déguisés, — et félicitent maître Gambetta.

Et si quelqu'un s'avise de dire : « Mais voici d'étranges nonnes, je vois des bottes et des éperons sous leurs robes et ces demoiselles ont le menton bien bleu ! »

Cette voix est étouffée par le concert d'éloges, — de félicitations, — entrez, sœur Colette; venez avec moi, sœur Vermeschine; partagez ma cellule, sœur Cluserette.

Et quand la barbe des nouvelles nonnes piquera leurs hôtesses, — lorsque l'abbesse Adolphine criera :

> A moi mes nonnes,
> Venez me secourir;
> Car, je suis prise
> Par ce maudit comte Ory.

Il ne sera plus temps, Adolphine y passera comme les autres.

Les conservateurs font une piteuse mine, en voyant les violents, les agressifs d'hier, les ennemis de la propriété (ennemis comme le loup est l'ennemi du mouton), se déclarer, tout à coup, conservateurs comme eux, plus qu'eux, meilleurs qu'eux.

Il semble voir l'épicier qui, se levant le matin pour ouvrir sa boutique, s'arrête étonné, écarquille démesurément ses yeux — les frotte pour dissiper le mirage qui les frappe... Eh quoi! sur la boutique en face, — boutique occupée hier soir encore par un apothicaire vendeur de drogues et de poisons, — dont il a vu en se couchant briller encore les bocaux verts et rouges, — sur cette boutique il voit une enseigne exactement pareille à la sienne

« Épicier. »

Et comme lui, il étale et le pruneau émollient, — et la douce cassonnade, — et la réglisse triomphante des rhumes et amie des gendarmes.

Cela me rappelle l'histoire d'une femme qui, pendant une des guerres du premier empire, s'était, au camp, établie sous une tente pour vendre de la bière.

« A deux sous le verre ma bonne bière double, — ma bonne bière de mars »

Criait-elle.

Et elle en avait déjà vendu quelques verres, — lorsqu'elle entendit, non loin de là, une voix qui se mit à crier :

« A six liards le verre ma bonne bière double, ma bonne bière de mars. »

Et naturellement *la pratique* alla à ce concurrent inattendu et personne n'entra plus sous sa tente.

Elle restait déjà depuis quelque temps triste, solitaire et pensive, lorsqu'elle fut rappelée à son commerce par une voix qui disait :

« Eh! la mère, — donnez-moi un verre de bière ».

Joyeuse, elle rince un verre, le place sous le robinet de son tonneau, le tourne, mais il ne vient rien, — elle tourne de nouveau, rien ; — elle frappe sur le tonneau, il est vide.

C'était sa propre bière qu'un soldat, qui avait percé le tonneau à l'autre extrémité, avait toute vendue à six liards le verre.

Cependant malgré l'exacte discipline, il y a eu quelques enfants perdus, quelques enfants terribles, — qui ont un peu trahi le plan.

Un M. Rouvier, député, qui commence à pratiquer assez gentiment le discours hors de la Chambre, — a dit dans une assemblée :

« Agissons avec prudence et nous serons bientôt *les maîtres* de la situation. »

Puisque M. Thiers est en ce moment si admiré, si loué, si prôné par maître Gambetta et ses amis, — ils ne peuvent refuser de reconnaître que l'objet de leur admiration, de leur estime, de leur enthousiasme, n'est ni un imbécile, ni un menteur, ni un calomniateur, et qu'il faut le croire quand il disait en séance publique de l'Assemblée nationale :

« Cette politique de fou furieux nous coûte la moitié de nos désastres et la moitié de notre ruine.

» Ceux qui ont commencé la guerre nous ont condamnés à la dépense de quatre milliards, eux qui l'ont prolongée ont doublé les désastres et la dépense. Quant à l'indemnité de guerre, la folie de ces derniers l'a fait monter à cinq milliards au lieu de deux milliards et demi que nous aurait coûté la folie des premiers. »

Un navire suspect paraît à l'horizon ; ses sabords, qu'on cherche à dissimuler n'échappent pas à l'œil exercé des matelots du vaisseau de l'État qui croise dans ces parages. On le somme, par un coup de canon, de hisser son pavillon, le navire obéit, et montre le pavillon tricolore. Mais quelque vieux matelot continue ses observations ; le gréement du navire, les allures de l'équipage, lui donnent des doutes, il communique ses soupçons au capitaine, — qui le renvoie brusquement au gaillard d'avant.

Rassuré par le drapeau tricolore, — le capitaine laisse approcher l'inconnu, — on est à portée du canon, — le vieux matelot revient sur le gaillard d'arrière.

— Au moins, capitaine, envoyez les canonniers à leurs pièces.

— Veux-tu te taire et t'en aller, oiseau de mauvais augure !

Le navire approche, prend l'avantage du vent, — tire une bordée, — approche encore, jette les grapins.

Alors le drapeau tricolore est amené, — et le forban hisse franchement le drapeau rouge.

Ça s'est vu plus d'une fois à la mer.

XXXVI

Revenons-en à notre mauvaise et dangereuse éducation du collége

Supposons le Sénat romain à la place de l'Assemblée nationale;

Cicéron, consul à la place de M. Thiers, président; Catilina à la place de l'avocat génois, et tout devient cent fois plus grand que nature et nous fait concevoir des espérances qui ne doivent pas se réaliser :

« Jusques à quand, s'écrie Cicéron, Catilina, abuseras-tu de notre patience [1] ? »

« Le Sénat te comprend, — le consul te voit [2]. »

« Ce n'est pas assez que ta politique de fou furieux, ait coûté à la patrie la moitié de ses désastres [3], — tu veux encore semer le trouble et l'agitation dans ce pays qui a tant besoin de repos.

» Vois comme, à ton entrée, tous les siéges des sénateurs sont abandonnés autour de toi [4]; » — et, en effet, les sénateurs s'étaient écartés de Catilina.

» Tu professes aujourd'hui le respect de la légalité, — tu prétends ne vouloir revenir à un pouvoir où tu nous as coûté si cher, que par les voies permises.

---

1. Quousque tandem abutere, Catilina, patientia nostra ?
(Première *Catilinaire.*)
2. Senatus hæc intelligit, consul videt.
(Première *Catilinaire.*)
3. M. Thiers à l'Assemblée nationale.
4. Adventu tuo ista subsellia vacuefacta sunt et nuda.
(Deuxième *Catilinaire.*)

» Je veux te croire, ou du moins, je veux faire semblant de te croire.

» Mais je vais te mettre à même de donner une preuve évidente de ton retour à la raison, au respect de la loi :

» Personne ne peut le nier, le parti conservateur possède à sa tête des hommes de science réelle, d'expérience, de haute intelligence ; — mais il traîne à sa suite une armée de mendiants, de pleutres, de lâches, de valets et de cuistres.

» Le parti de l'opposition montre avec un juste orgueil un certain nombre d'hommes instruits, progressifs, des gens de résolution et même de dévouement, d'une probité sévère, de convictions inébranlables ; mais sa queue se forme de tout ce qu'il y a de fainéants coureurs d'estaminets, de tapageurs, de braillards, de vauriens, de culotteurs de pipes [1]. »

Remplaçons ce dernier mot pour Cicéron qui, pour cause, n'a jamais parlé des culotteurs de pipes, — par « les gens perdus de dettes au

---

1. C'est ainsi que s'exprimaient les *Guêpes* en 1839, — mais il y a eu depuis deux révolutions et il faut ajouter aujourd'hui, à la queue de l'opposition, les voleurs, les brigands, les assassins et les incendiaires, — et à la queue des conservateurs, les mêmes citoyens quand ils ont eu la chance de disparaître à temps, d'abandonner leurs complices et de marcher contre eux à la suite des vainqueurs.

cabaret [1], » « ceux qui ont brûlé et ensanglanté la ville [2]. »

Il y a une différence entre les deux queues, — la première, celle des conservateurs, se tient résolûment et toujours à l'arrière-garde ; — tandis que celle des insurrectionnistes, grâce aux phrases rouges et au vin bleu, combat à l'avant-garde, quand elle combat, — les chefs se réservant traditionnellement l'arrière-garde.

« Eh bien, cette queue, — dans laquelle se trouvent, ô Catilina, un si grand nombre de tes électeurs et de tes auditeurs enthousiastes sous les balcons et dans l'arrière-boutique des cabarets;

» C'est-à-dire les vauriens, les voleurs, les brigands, les incendiaires, — ceux qui sont aux bagnes et sur les pontons, et ceux qui y ont échappé;

» Tous ces gens-là te disent et te proclament leur chef et leur général [3].

» Défends-toi de cette insulte, — monte à cette tribune et dis hautement : Mon drapeau est le drapeau tricolore.

---

1. Æs alienum in popin contractum,
(Première (?) *Catilinaire.*)
2. In cinere urbis et sanguine civium.
(Première *Catilinaire.*)
3. Eorum imperatorem ducemque.
(Première (?) *Catilinaire.*)

» Parce que le drapeau tricolore,—c'est le drapeau du pays, le drapeau de tout le monde, — parce qu'il représente toutes les idées, tous les sentiments, avec des droits égaux et une justice égale et une pour tous, parce qu'un gouvernement monarchique dans un pays où il y a des républicains doit en tenir compte et se modifier en conséquence, — de même qu'un gouvernement républicain dans un pays où il y a des monarchistes,— parce qu'un drapeau d'une seule couleur semblerait consacrer une partie du pays maîtresse des autres, et les autres esclaves.

» Je répudie le drapeau rouge.

» Je répudie surtout,— et je répudie avec horreur les membres de la Commune et leurs adhérents, — les voleurs, les assassins, les incendiaires, et tous ceux que la patrie, la mère commune hait et craint comme des parricides [1]; je leur défends de m'appeler leur chef, — je refuse désormais leurs suffrages — et, s'ils me voient jamais sur le terrain, qu'ils sachent que je serai contre eux. »

Alors, si Catilina s'exprimait ainsi, mais alors seulement, on pourrait croire à son amendement, à sa conversion; — qu'il brûle publiquement le

---

[1] Patria, quæ communis est nostrum parens, odit ac metuit et jam dici nihil judicat, nisi de parricidio suo cogitare.
(Première *Catilinaire*.)

drapeau rouge qu'il a dans sa poche, — pour qu'on soit sûr qu'il ne le hissera pas par surprise au jour du combat.

Et on lui dira : Venez avec nous, et mettez-vous au service de la vraie république, — de celle qui donne à tous, et non à un parti, la liberté et l'égalité, — non pas de la fausse république qui n'est qu'un dernier masque du despotisme qui a usé tous les autres. Mais étudiez, — vous savez combien vous êtes ignorant, peu laborieux, présomptueux, flâneur, — mûrissez votre jugement, — amendez-vous.

Mais si Catilina refuse de se prononcer ainsi, c'est-à-dire s'il veut rester le chef des imbéciles criminels qu'il sait si bien abandonner aux jours du danger; s'il s'absente au lieu de parler ainsi dans l'intérêt de sa popularité de mauvais aloi [1], alors Cicéron dirait:

« Le chef et le général de cette armée ennemie prête à nous faire la guerre est dans nos murs, bien plus il est dans le sénat, il délibère avec nous, tramant notre perte [2].

---

1. Video qui se populares haberi volunt, abesse,
(Quatrième *Catilinaire*.)
2. Castra contra rempublicam collocata..... eorum autem imperatorem et ducem intra mœnia, atque adeo in senatu fit publici consilii particeps, aliquam intestinam quotidie perniciem reipublicæ molientem.
(Première *Catilinaire*.)

» Notre vie, nos biens, nos femmes, nos enfants — tout court les mêmes périls [1].

» Il ne faut pas permettre que les mêmes hommes mettent encore une fois la patrie en danger [2].

» Rappelons-nous ce temps où les grands Romains avaient plus de haine et de rigueurs contre un citoyen pernicieux que contre l'ennemi du dehors le plus acharné [3]. »

Et alors Catilina ou brûlera son drapeau, ou le hissera résolûment, — je ne parle pas du cas si fréquent pour lui où il s'abstiendrait, — ce cas est prévu et serait sa condamnation.

Très-probablement le Génois céderait, parce que ce n'est ni un homme convaincu ni un fanatique, parce que ce n'est pas Catilina, un homme chargé de crimes lui-même, parce que ce n'est pas un scélérat hardi, — mais un hanneton présomptueux, — une phalène ambitieuse qui allumera ses ailes à la flamme de la lampe et propagera ensuite l'incendie.

Mais rendons-en grâce à Dieu, il ne faut pas de

---

1. Rempublicam, quirites, vitam, liberos, conjuges, bona, — fides.
(Troisième *Catilinaire*.)
2. Sœpius periclitanda respublica.
3. Ut viri fortes acrioribus suppliciis civem perniciosum quam acerbissimum hostem coercerent.
(Première *Catilinaire*.)

vrais Catilinas à l'époque où l'on manque de vrais Cicérons.

M. Thiers est un homme supérieur, très-sagace, très-habile, très-disert, très-intelligent, mais je l'ai déjà dit : d'une intelligence qui s'étend plus en largeur qu'en hauteur ; — il a rendu de si grands services au pays, que l'on est tenté d'oublier la part qu'il a eue dans l'origine de nos périls, — il rend, il peut rendre encore de très-grands services pendant quelque temps, — mais il ne faut pas attendre de celui qu'on a appelé Mirabeau-Mouche au temps de ses plus grands succès de tribune, ce qu'on attendrait de Cicéron.

D'ailleurs, au moment où il s'agit de fonder une nouvelle forme de gouvernement, c'est peut être une très-bonne chance de manquer de ces hommes astres ou comètes, qui dépassent de beaucoup la stature humaine, et nous devons remercier la Providence de sa parcimonie à cet égard.

La France produit d'ordinaire trop de grands hommes pour sa consommation, — ils la consomment.

Il faut établir une constitution tellement précise, tellement complète, tellement exacte, — que, comme une mécanique bien faite, le moindre agent la mette en mouvement, — comme un de ces anciens tournebroches qui pouvaient marcher également bien, quel que fût l'animal qui s'agitât dans la cage, dogue, chien de chasse, caniche ou lévrier, — et en même temps si solidement bâtie à ciment et à sable, — que « les grands hommes », dont Dieu préserve la France, ne puissent la faire craquer, quelque gêne qu'ils y éprouvent personnellement.

Les trop grands s'occuperont à autre chose, — ils chercheront et développeront les vérités, les idées, — ils s'appliqueront aux sciences, aux arts, à la philosophie, à la littérature, à la politique spéculative, — ils seront pionniers, — chercheurs d'Amériques, — mais le gouvernement des sociétés ne doit pas aller par secousses.

« Les grands hommes » élargissent et avachissent les trônes, — où vacillent ensuite leurs successeurs. Voyez dans quelle situation ont laissé leur patrie, Alexandre, Louis XIV, Charles XII, Napoléon et tant d'autres.

Et puis peut-être faudrait-il s'expliquer une bonne fois sur les grands hommes, et être un peu plus chiches des titres de « célèbres », « d'illustres » — que nous sommes arrivés à prodiguer, comme les mendiants italiens qui vont en montant toujours dans les titres qu'ils vous donnent, jusqu'à ce qu'ils aient obtenu le sou ou la *palanque*, objet de leurs vœux :

— Eccellenza.
— Monsieur le baron.

— Monsieur le duc.
— Mon prince.

Je me souviens d'un qui, à Gênes, montra de l'esprit et fut complétement vainqueur dans la bataille qu'il avait engagée contre moi pour m'extorquer un sou.

Je ne sais comment il me connaissait, ce qui ne l'avait pas empêché de m'appliquer sa kyrielle, mais à bout de titres, — il me dit : « Allons, monsieur Alphonse, assez causé ; je n'ai pas mangé, j'ai faim, donnez-moi deux sous. »

Je suis un peu honteux de me rappeler que, me reconnaissant vaincu, je ne lui ai donné, je crois, qu'une pièce de vingt sous, — je ne veux pas avouer que je n'étais guère riche moi-même, — j'aime mieux laisser croire que je suis un peu avare, ça nuira moins à ma considération, — au contraire.

XXXVII

Je l'ai déjà dit, la France est un pays d'engouement et d'ostracisme perpétuel — et naturellement, l'angle de dénigrement est égal à l'angle d'engouement ; — il faut donc que l'homme, quel qu'il soit, écrivain, artiste, politique, profite de sa veine, pour jouer *son tout*; — l'homme momentanément à la mode — par une action grande ou brillante, ou étrange, par un hasard, par un ridicule peut-être, — cet homme peut tout oser, tout risquer, tout prendre; — on lui offre, on lui donne tout ; mais aussitôt que la veine s'arrête,— qu'il mette son gain dans sa poche et s'enfuie loin de la table du jeu;— au jeu de la mode, on ne se rattrape pas.

Combien avons-nous vu, combien verrons-nous encore d'exemples de cette folie humaine, mais dont les spécimens les plus frappants appartiennent à la France!

M. Leverrier découvre une planète; je ne puis apprécier ce qu'il y a de mérite à découvrir une planète, ni de quelle utilité cette découverte peut être pour l'humanité : je sais seulement que beaucoup d'astronomes de province en ont découvert et que, sur la fin de sa vie, François Arago les faisait découvrir par ses secrétaires.

Toujours est-il que M. Leverrier ayant découvert une planète fut un moment à la mode; — il eut tous les talents, — toutes les vertus, — toutes les capacités; — on lui offrit toutes les places, toutes les décorations, tous les bureaux de tabac, et on le nomma député.

Liszt était un pianiste, auquel je ne conteste aucune des qualités du pianiste, — la force, l'agilité, l'égalité des doigts ; — Liszt est à la mode, les Hongrois lui offrent un sabre, qu'il jure de ne tirer que pour la liberté, — les grandes dames se le disputent, quittent pour lui leurs maris et leurs enfants.

Le général Trochu — a essayé de rendre deux immenses services à la France ; — le premier est la fameuse brochure en 1867, — dans laquelle il disait, avec preuves à l'appui, la vérité sur la situation d'infériorité de l'armée française, — ça n'était pas mûr, on lut à peine la brochure, et le général tomba en disgrâce.

On se le rappela après la première défaite de l'armée française ; — cependant ça n'était pas encore le moment ; — il émit alors une idée logique dont le bon sens est établi par les traditions militaires de tous les siècles.

« Toute ville assiégée sera prise dans un temps donné, si elle n'est pas secourue par une armée libre au dehors. »

Cette vérité — est surtout un axiome avec les tristes progrès de l'artillerie moderne.

Le général Trochu demande alors que l'armée du maréchal Mac-Mahon — retourne sur Paris, — on ne l'écoute pas ; — son heure allait venir, mais elle n'était pas venue.

Elle vient ; — le général Trochu est à la mode, l'empereur, l'impératrice, la république, — tout l'acclame et se met sous sa protection ; lui seul peut et doit sauver tout le monde; — il sauvera tout le monde; — il est gouverneur de Paris, chef du gouvernement de la Défense nationale, — héros, — demi-Dieu, — Dieu, — Dieu et demi; — on espère, on attend, on exige tout de lui.

Il n'y a plus besoin d'armée de secours, — allons donc! pourquoi faire? le général Trochu n'est-il pas là, — ça suffit, — il sortira avec des troupes mal armées, indisciplinées, ça ne fait rien : il peut, il doit détruire l'armée prussienne.

Mais — entre l'ennemi du dehors et l'ennemi plus cruel et plus dangereux du dedans, — entre les Prussiens et l'émeute, il hésite, il temporise, — poussé par les clameurs publiques et par ses collègues du gouvernement, il sort, remporte un petit avantage sans résultats, mais très-meurtrier; — les grands stratéges MM. Gambetta, Freycinet, de Serres — annihilent les armées des départements,—éparpillent les forces;—on ne vient pas au secours de Paris;—il arrive ce que tout le monde sait d'avance : — Paris est affamé, Paris doit se rendre.

Les fameuses fortifications de M. Thiers — ont fait ce qu'elles pouvaient faire, — prolongé un peu les misères et les douleurs d'un siége sans en modifier le résultat, si ce n'est en augmentant les exigences du vainqueur — et en donnant le temps à l'émeute de s'organiser, à la Commune de s'installer et de s'emparer des forts.

Je suis de ceux qui, en 1840, étaient vivement opposés aux fortifications de Paris [1].

Il faut dire que généralement alors, — en voyant d'accord pour élever ces fortifications et le roi Louis-Philippe, et M. Thiers, et l'opposition la plus avancée, — il était permis de penser que la crainte d'une invasion étrangère, que rien ne faisait prévoir, n'était qu'un prétexte, — que c'était non pour protéger, mais pour contenir Paris, — qu'un gouvernement, et surtout un ministère de résistance, voulaient ces fortifications, — dont l'opposition espérait bien s'emparer quand elles seraient construites.

J'étais de ceux qui se refusaient à croire que la France, avec trente-huit millions d'hommes et surtout de Français, ne pourrait pas toujours élever sur ses frontières une de ces haies vives de poitrines et de bras, une de ces invincibles murailles vivantes que la mitraille peut trouer et abattre, mais qui se réparent et se relèvent d'elles-mêmes au son du tambour.

D'ailleurs, en 1840, il faut se rappeler quelle était la situation de la France : une longue et heureuse paix l'avait enrichie en hommes et en argent et avait donné à l'Europe des gages certains qu'il

---

1. *Guêpes*, 1840, — édition Lévy.

n'y avait plus à craindre d'elle l'esprit d'aventures, de conquêtes et de batailles qui lui avait fait troubler le monde pendant si longtemps ; — d'autre part, l'Afrique et sa guerre perpétuelle avaient été à la fois une école, un gymnase et une pépinière où s'était formée une brillante phalange d'officiers braves, énergiques, expérimentés :

Bugeaud, Cavaignac, Lamoricière, Bedeau, etc., etc., — et une armée toujours entraînée, toujours en haleine.

Il est vrai que M. Thiers était alors fort belliqueux, il avait beaucoup contribué à envoyer une armée à Anvers en 1832 ; — il avait voulu intervenir en Espagne (nous savons aujourd'hui ce que nous coûte d'avoir voulu intervenir dans les affaires de l'Espagne), et il parlait d'attaquer l'Autriche en Italie (nous savons ce que, plus tard, ça nous a rapporté).

D'autre part, la nombreuse famille de Louis-Philippe, dont tous les membres avaient pris part avec bravoure et distinction aux dangers et aux succès de l'armée d'Afrique, et dont plusieurs étaient très-populaires, promettait une durée indéfinie à cette situation. — En effet, sans une opiniâtreté aveugle, celle que Jupiter inspire aux rois quand il a décidé leur chûte, *quos vult perdere Jupiter dementat*, au moyen de l'élargissement successif et gradué de la base électorale, la France avait devant elle un long avenir de paix et de progrès; — on n'eût pas enfoncé une porte entre-bâillée par laquelle quelques-uns des plus pressés pouvaient entrer et les autres espérer de les suivre.

Il fallait, — pour en arriver à voir l'ennemi en France et surtout devant Paris, ce que M. Thiers seul semblait prévoir, — il fallait un concours et une suite de circonstances que M. Thiers pouvait en effet prévoir, ce dont je doute cependant, parce qu'il contribuait énormément pour sa part à les faire naître.

En effet, il est quelques hommes qu'on appelle très-singulièrement aujourd'hui orléanistes, — tels que M. Guizot, M. Thiers, M. Barrot, etc., orléanistes à la façon des trois Scipions, qui furent appelés l'Africain, l'Asiatique et le Numantin pour avoir abattu Carthage, renversé Antiochus et détruit Numance.

Pour arriver ou revenir au pouvoir, ces hommes d'État attaquaient, harcelaient, diminuaient, excavaient « le trône de Juillet ».

Une fois au pouvoir, ils dépopularisent le gouvernement par une résistance acharnée aux idées mêmes qu'ils avaient préconisées, et aux complices qui les suivaient et les avaient aidés à enfoncer une porte qu'ils n'avaient rien de plus pressé que de leur jeter sur le nez.

Ce sont eux qui, en ce temps-là, pour cueillir les fruits de l'arbre, ont tellement courbé et abaissé ses branches, qu'ils les ont rompues.

Ce sont eux qui, de relais en relais, d'étapes en étapes, ont amené la république de 1848.

Ce sont eux qui, ensuite, ont voté pour le prince Louis et ont amené l'empire; — ce sont eux, — M. Thiers surtout, — qui avaient entretenu, développé et embelli la légende napoléonienne.

Il fallait tout cela, il fallait l'empire également amené par eux, pour que nous eussions une guerre avec l'Allemagne.

M. Thiers, depuis la chute de l'empire, a rendu au pays de grands services et peut lui en rendre encore, — mais ne lui laissons pas oublier la part qu'il a eue dans nos malheurs, pour augmenter son désir de l'expier, — et qu'il comprenne bien qu'un des services qu'il a à rendre, cé sera de se retirer à temps du pouvoir.

Revenons au général Trochu.

Peut-être ce qu'on attendait, ce qu'on ne tarda pas à exiger du général Trochu était au-dessus de ses forces, — peut-être eût-ce été au-dessus de la puissance humaine, — je ne suis pas en position de porter sur ce sujet un jugement définitif, — mais on a fait de lui, — ce que le roi de Schiller fait du beau page plongeur « *der taucher* ». Il jette la coupe d'or dans un gouffre, le page plonge et la rapporte demi-mort. — Le roi lui donne la coupe, et lui dit : « Je vais la jeter encore une fois et tu auras ma fille si tu reviens. »—Il jette la coupe, le page plonge et ne revient plus.

La veine du général Trochu était épuisée, — il n'est plus héros, ni demi-Dieu, — il est lâche, il est traître, — il a trahi l'empereur et l'impératrice pour la république; — puis, il a trahi la république... pour qui? on ne le dit pas, on ne le sait pas, — mais il n'y a pas besoin de le dire ni de le savoir.

L'angle de réflexion (dénigrement) est égal à l'angle d'incidence (engouement).

MM. Rouher, Palikao, Chevreau, Pietri, etc, — bonapartistes avoués, avérés, attachés à l'empire ou par la complicité, ou par la reconnaissance, ayant amené, déclaré et commencé la guerre, — sont venus reprocher amèrement à M. Trochu, bonapartiste tout au plus d'occasion, de ne pas s'être fait tuer pour l'empire, sans penser que, pour faire ce reproche, ils n'étaient pas eux-mêmes aussi morts qu'il eût été décent de l'être.

Mais c'est comme cela, et ça sera toujours comme cela.

Le général qui avait accepté l'engouement s'est

montré moins résigné au dénigrement ; — il a fait un procès.

Il ne peut se dissimuler que ce procès, malgré la condamnation de ses agresseurs, il l'a perdu devant le tribunal; — je ne crois pas qu'il l'ait également perdu devant l'opinion publique.

Je ne dirai à ce sujet qu'un seul mot, — s'il est un genre de procès qui ne doive, qui ne puisse pas être jugé par le jury, — c'est un procès politique.

Le jury sera toujours entraîné par le mouvement capricieux et le courant vertigineux de l'opinion publique.

Et je dirai aussi : —Puisse l'exemple des ennuis qui assaillent les gens en place quand ils descendent l'autre versant du pouvoir, effrayer suffisamment et décourager le plus grand nombre possible d'ambitieux !

Et guérir chez la majorité des citoyens ce que M. Guizot appelait, en se grattant : « l'acarus du pouvoir! »

XXXVIII

Depuis la révolution de 89, — deux circonstances condamnent la France à l'agitation.— A côté de gens que toute une vie de vertus et de travail conduit péniblement à une modeste aisance et graduellement à certaines positions et à certains honneurs hiérarchiquement atteints, et à une considération renfermée dans une certaine sphère, on a vu des soldats, des avocats, des journalistes, sorte d'avocats à plumes, des financiers etc., atteindre tout d'un seul coup, ou même d'un seul saut, non pas seulement les premiers grades et les premiers honneurs de leur profession, mais aussi les sommets du pouvoir et de la fortune.

Et ce ne sont jamais ou presque jamais les premiers en réalité parmi les soldats, les avocats, les journalistes, les financiers qui gagnent ces parties hasardeuses; non, ce sont ceux qui, par leur médiocrité de talent et de fortune, par le peu de considération qu'ils ont obtenu, par une vie gaspillée, par une jeunesse débraillée, ont perdu l'espoir d'arriver par les chemins frayés et les grandes routes honnêtes; — ce sont les fruits secs, les soldats indisciplinés, les avocats d'estaminet, les journalistes de coulisses, les financiers de pile ou face, qui osent risquer ces aventures, parce qu'ils apportent au jeu cet avantage qu'ils risquent rien du tout contre tout.

Le second point, et qui est la conséquence et le corollaire du premier, c'est que, vu les exemples fréquents qui montrent la loterie à côté du travail et de l'honnêteté, — toutes les professions dites libérales se sont trouvées encombrées ; — on veut être avocat ou journaliste pour être ministre, ou pour le moins ambassadeur. Il y a longtemps qu'on a dit : La littérature mène à tout, à condition d'en sortir. — Les soldats, eux-mêmes, étudient pour devenir orateurs, écrivains, journalistes. Une fois là, pas si bêtes que de s'occuper de leur métier, on avance bien plus vite à la Chambre que sur les champs de bataille, et surtout que dans la pratique assidue des études spéciales et des devoirs obscurs, — et puis on vit plus « longuement ».

Il n'est donc pas mauvais qu'il pousse, dans les régions du pouvoir, quelques orties et quelques genêts, et, comme disent les trompes de chasse dans la fanfare du *Renard*, je crois :

<blockquote>Les ronces et les épines,
Démêlent nos cheveux.</blockquote>

Il y a longtemps que je demande que la puissance politique ne donne pas d'argent, qu'il n'y ait pas en France ni ailleurs, de fonctions rapportant plus de douze mille francs par an ; on se débarrasserait de ceux qui ne cherchent, dans les révolutions et les désastres de la patrie, que la satisfaction des appétits vulgaires, et des complices qui les servent et les aident pour avoir les miettes.

Et qu'on sache bien que, pour le fonctionnaire, le roi, l'empereur, le ministre, le préfet, le député, etc., etc., il n'y a plus de vie privée. Quoi ! vous voulez que je vous confie mes affaires, et vous espérez que je ne voudrais pas savoir comment vous conduisez les vôtres ?

Majesté, excellence, plus de vie privée pour vous, mon bonhomme ; je veux vous mettre dans la maison de verre du Romain, de verre grossissant même, pour ne pas perdre les détails ; je veux vous voir tourner dans un bocal comme un poisson rouge ; je ne veux pas vous perdre de vue ; je veux voir ce que vous mangez, ce que vous aimez ; je veux savoir ce que vous faites la nuit et ce que vous ne faites pas le jour ; je veux savoir si vous digérez bien.

Et alors les nations ne passeraient plus misérablement leur vie de nations à payer des cabotins qui se battent, sur leur tête, à qui jouera mal les premiers rôles et touchera les gros appointements.

Vous souriez, vous appelez ça un paradoxe ?

Eh bien, je vous le dis, en vérité, ce serait le salut, mais ça ne se fera pas.

M. Thiers est un révolutionnaire, mais non un libéral, faisant bon marché de ses opinions et de ses idées, quand il est dans l'opposition ; il se cramponne, une fois au pouvoir, à un certain nombre d'idées rétrogrades et illibérales jusqu'à la puérilité, qui le rendent opiniâtrement hostile à beaucoup de progrès et de réformes, et même aux libertés qu'il proclame si nécessaires, quand il n'est pas au pouvoir, ce qui réunirait dans un temps donné et assez court contre lui les fractions, pour le moment, un peu coupées, des nuances dites libérales, depuis les esprits honnêtes et progressifs, et les libéraux conservateurs; — jusqu'aux esprits absolus, turbulents et insensés, prêts à tout, et jusqu'aux plus déterminés coquins, au bénéfice de coquins moins déterminés, mais habiles à faire tirer par d'autres les marrons du feu, — et accomplirait ce désir, exprimé ces jours derniers par maître Gambetta, de voir « le drapeau républicain réunir dans ses plis, toutes les nuances », c'est-à-dire jusqu'au rouge du vin, au rouge du sang, et au rouge de l'incendie.

Il est donc nécessaire de voir M. Thiers précisément tel qu'il est. — C'est le seul moyen, du reste, peu employé en France, pays d'ostracisme perpétuel, pour ne pas passer sans transition pour lui, comme pour tant d'autres, de l'engouement au dénigrement.

M. Thiers n'a jamais été au pouvoir ou à l'assaut du pouvoir, au gouvernement ou contre le gouvernement.

Jamais il ne s'est résigné à aider de ses talents et de son influence un gouvernement, non-seulement dont il ne faisait pas partie, mais où il n'était pas le maître. — Quand il n'est pas général en chef, ce qu'il appelle « être sur le pavé [1], » il ne se résigne pas à servir comme général de division ou de brigade; comme caporal ou soldat; il passe immédiatement à l'ennemi.

C'est-à-dire dans l'opposition ; — et là, ne croyez pas que ce soit un homme qui, devant à son génie, à ses études, à son expérience des idées et des convictions, les veuille passionnément appliquer, les croyant utiles, nécessaires même à la prospérité du pays. — Non, il veut le pouvoir, non pour y trouver la force de faire triompher ses idées, mais simplement pour le pouvoir lui-même. — Une preuve incontestable de ce que j'avance est donnée par toute la vie politique de M. Thiers ; c'est que, chaque fois qu'il a traversé le pouvoir, il a toujours combattu les idées qu'il préconise quand il est dans l'opposition.

Dans une conversation rapportée par tous les journaux, et qui n'a pas été démentie, M. Thiers a dit : « Je ne veux pas faire comme Louis-Philippe, qui est tombé pour ne s'être appuyé que sur une partie de la nation. »

Louis-Philippe est tombé surtout sous les coups réitérés de MM. Molé, Guizot et Thiers, — qui, poussés

---

[1]. Mémoires du docteur Véron.

par cette terrible démangeaison qu'un d'eux, M. Guizot dit l'austère, a appelée l'*acarus* du pouvoir, — ont, chaque fois qu'ils ont été renversés, donné de nouvelles forces à l'opposition systématique, et ont chaque fois laissé ce pouvoir diminué et par leur opiniâtreté et par leurs palinodies.

Mais nous n'avons à parler aujourd'hui que de M. Thiers : c'est sans contredit M. Guizot (l'austère) qui a précipité la ruine de Louis-Philippe et lui a porté les derniers coups. — Mais, il y a été puissamment aidé par M. Thiers, qui, dans la coulisse, dirigeait l'opposition et l'excitait au point de ne plus pouvoir l'arrêter ensuite, pompier impuissant contre l'incendie qu'il avait allumé.

C'est à M. Thiers surtout que Louis-Philippe attribuait sa ruine.

Peu de temps avant sa mort, il dit à Halévy, l'auteur de *la Juive*, qui était allé lui présenter ses respects à Claremont :

« Avec cette doctrine : *Le roi règne et ne gouverne pas*, on m'avait rendu impossible; je n'étais plus aux yeux de la France qu'un vieil avare plaçant des millions à l'étranger et faisant des coupes sombres dans les forêts de l'État. »

Et M. Thiers, il y a quelques jours, se vantait d'être l'auteur de cette maxime constitutionnelle, que, — dans les anciennes *Guêpes* ou 1839, — je traduisais ainsi : « Le roi règne comme une corniche autour d'un plafond [1] ».

N'est-ce pas aussi M. Thiers, — le grand inventeur des formules d'opposition, — qui, pour enchérir sur M. Guizot, qui avait inventé « l'amoindrissement de la France », — imagina « l'aplatissement » de la même. — N'est-ce pas lui qui faisait supprimer devant le nom du roi les deux lettres S. M. — tout le temps qu'il était dans l'opposition, et les faisait rétablir le jour même où le roi le faisait appeler ?

N'est-ce pas chez lui, dans les cercles présidés par sa belle-mère, madame Dosne, — femme d'État à laquelle me semble un peu succéder mademoiselle Félicie, — qu'on appelait le roi *papa d'Oliban* ?

N'est-ce pas M. Thiers qui, en 1837, organisa la *coalition*, cette conspiration immorale, déshonnête, qui forme une seule armée sauvage de tous les partis et de tous les hommes qui ne sont pas au pouvoir, contre celui et ceux qui occupent le pouvoir, — manœuvre criminelle et insensée qui rend à jamais tout pouvoir impossible et menace la France d'une ruine complète;

---

1. Le fou du roi Jacques s'assit un jour sur le trône de son maître. « Que fais-tu là? » lui demanda un courtisan. Il répondit : « Je règne ».

Cette coalition qui a placé la monarchie de Juillet sur une pente qui la conduisait inévitablement à sa perte et nous entraîna avec elle ?

Une fois au pouvoir, M. Thiers, qui a joué ses alliés de l'opposition, essaie encore quelque temps des prodiges d'équilibre ; — il continue, malgré leur defiance, à promettre à droite, à gauche ou au centre, — jusqu'au cinquième acte où Acaste et Clitandre, qui se sont expliqués, viennent dire à la Célimène en lunettes :

ALCESTE :
Cette lettre par vous est écrite à Clitandre.

CLITANDRE :
Vous avez pour Acaste écrit ce billet tendre...

ACASTE A ORONTE ET A ALCESTE :
..... Je ne doute pas que sa civilité
A connaître sa main n'ait trop su vous instruire.

CLITANDRE :
D'un fort beau caractère on voit là le modèle,
..... Et vous savez comment cela s'appelle.
Il suffit — nous allons l'un et l'autre, etc.

ALCESTE :
..... Je vous refuse, et ce sensible outrage
De vos indignes fers pour jamais me dégage.

C'est-à-dire que le ministère Thiers est renversé, — et que M. Thiers retourne à l'opposition, fourbit ses vieilles armes, réclame les libertés nécessaires et remonte à l'assaut du pouvoir.

C'est ce que M. Thiers appelle s'appuyer sur le pays entier et l'Assemblée entière.

« L'esprit révolutionnaire, a dit M. Thiers, se compose de passion pour le but et de haine pour ce qui fait obstacle. »

Louis-Philippe renversé, M. Thiers a énormément contribué à l'avénement de Louis-Napoléon Bonaparte.

N'est-ce pas lui qui a imposé au *Constitutionnel*, et à quelques autres journaux la candidature du prince Louis-Napoléon ? N'a-t-il pas voulu lire, avant l'impression, les articles qui recommandaient cette candidature ? n'a-t-il pas ajouté de nouveaux arguments à ces articles ?

On pourrait dire encore qu'en 1849, — dans sa maison de la place Saint-Georges et avec le général Changarnier et le comte de Morny, M. Thiers a tenu un conciliabule où il fut question de dissoudre l'Assemblée par la force. — Il l'a nié, — et un de ses familiers qui avait raconté la chose, n'ayant pas accepté le démenti, a fait appel aux souvenirs de M. de Morny, qui a affirmé par écrit que cette entrevue avait eu lieu. — Je donne les deux versions.

Donc, tandis qu'on peut encore discuter M. Thiers — disons : il faut maintenir à M. Thiers la présidence de la république pour un temps déterminé, mais court, — avec une définition exacte et inexorable de l'étendue de ses pouvoirs.

XXXIX

Il faut proclamer la république — et mettre un terme à cette plaisanterie dangereuse qui a trop longtemps duré d'avoir un président d'une république qui n'existe pas, — comme qui dirait un roi de la lune ou un empereur de la Grande Ourse.

Et quand on voit le gouvernement et l'Assemblée ne pas oser entrer à Paris, on pense à certains évêques créés par le pape; — je dois cependant constater une différence, c'est que chacun des membres de cette Assemblée qui ne veut pas rentrer à Paris y dîne, y soupe, y couche et s'y amuse;

Tandis que des évêques *in partibus infidelium*, — au pouvoir des infidèles, — plusieurs, s'ils mettaient le pied dans leurs évêchés, y seraient inévitablement rôtis et mangés par leurs ouailles.

Le gouvernement de Paris *in partibus* doit finir.

Il faut nommer un vice-président de l'Assemblée. Il faut renouveler l'Assemblée par fractions et faire cesser cette autre facétie périlleuse, d'une Assemblée qui doit durer autant que M. Thiers, tandis que M. Thiers doit durer autant que l'Assemblée, — ce qui contient deux dangers :

D'abord la perpétuité de ce qui est, — ce qui veut dire sa chute prochaine;

Ensuite une phase d'anarchie, où nous verrons la France jouée aux dés lorsque ces deux pouvoirs expireront ensemble; — on pipe déjà les dés.

Cela fait, — on aura à s'occuper de modifier et de régulariser le suffrage :

De faire de sérieuses économies dont les fonctionnaires donneront l'exemple — par une grande réduction de leur traitement et la suppression de la piaffe du pouvoir ;

D'examiner sérieusement si l'impôt sur le revenu, — c'est-à-dire un nombre égal de journées de travail de gain ou de revenu, —

N'est pas le seul vrai, le seul juste, le seul égal, le seul honnête, — le seul qui ne soit pas absorbé en grande partie par les frais de perception.

16.

Puis, en dehors des intérêts de quelques privilégiés, on aura à examiner le système de protection qui, s'il n'est pas limité quant à sa durée, ne protége pas une industrie, mais certains industriels, et protége en même temps la misère, la faim et la soif du plus grand nombre.

XL

M. Thiers s'est opposé de toutes ses forces à la nomination d'un vice-président.

Il y avait un moyen, cependant, que cette précaution exigée par la plus vulgaire prudence, loin de le diminuer, grandît son caractère en augmentant sa part légitime d'influence.

Supposons M. Thiers commençant par se soumettre à la loi et aux ordres de l'Assemblée, en avertissant le président, par un message, qu'il désire faire personnellement une proposition à l'Assemblée.

Il monte à la tribune et dit :

« Messieurs les représentants, j'ai soixante-quatorze ans, et les deux années qui viennent de s'écouler, peuvent compter doubles comme on compte doubles aux soldats, les années de campagne. Je remercie la Providence et pour moi et pour le pays, de m'avoir accordé, pendant ces deux années, une vigueur et une santé que peu de gens peuvent espérer à mon âge, où l'homme n'a plus droit qu'à des sursis (marques de sympathie).

» Je puis mourir, messieurs, et celui qu'on a appelé quelquefois Mirabeau-Mouche espère mourir comme on l'a dit du grand auteur, en « odeur de patriotisme (applaudissements.)

» Je puis être malade, je puis aussi me trouver, sur une question quelconque, en désaccord complet avec vous, et, comme je ne suis que votre délégué, et qu'à ce titre je ne puis que vous obéir ou me retirer, je puis croire ma dignité obligée à ce dernier parti. (Agitation! Non! non! restez!)

» Il est encore possible que, dans cette situation de doute et d'incertitude dont tout le monde semble fatigué, quelque coquin hardi tente un mauvais coup comme en brumaire ou en décembre (mouvements en sens divers, murmures d'indignation).

» On a prétendu quelquefois que j'aimais à jouer au soldat, mais les facultés militaires, que je me sens moi-même, et c'était peut-être ma vocation véritable, n'ont pas eu assez d'occasions suffisantes de se manifester, pour que j'aie acquis, en ce genre, une suffisante notoriété ; — la nature, d'autre part, semble m'avoir refusé l'aspect qui convient, pour inspirer à la fois et la confiance au soldat et la terreur au crime (rires, — ça, c'est vrai, — Ah! qui sait? — rumeur prolongée).

» Je viens donc vous proposer de nommer, dès aujourd'hui, un vice-président (oui, non, — agitation), qui soit toujours prêt à me remplacer immédiatement dans le cas de mort, de démission ou de maladie, et à monter à cheval, le cas échéant, pour se mettre à la tête de cette brave armée, qui nous a déjà sauvés une fois (bravo), sans nous dissimuler, messieurs, que, de toutes ces chances, cette dernière est celle dont nous devons le plus demander à la Providence qu'elle nous préserve, — car de tous les dangers que peut courir une nation libre, celui « dont elle doit le plus se défier, c'est d'être sauvée par quelqu'un. — J'ai dit » (bravo — rumeurs en sens divers).

M. Thiers descend de la tribune et est entouré de toutes les fractions de la Chambre qui lui serrent les mains et le félicitent. Après que le silence s'est péniblement rétabli, M. le président Grévy dit à l'Assemblée :

« Messieurs,

» Après les paroles si pleines de raison et de patriotisme que nous venons d'entendre (bravo), le devoir de votre président est d'être votre organe pour remercier le grand citoyen qui vient de donner un noble exemple, et en faisant des vœux pour qu'aucune des mauvaises chances que son amour pour la patrie et sa haute raison lui ont fait énumérer — ne nous prive d'ici à longtemps de sa haute intelligence. »

XLI

Bien peu d'hommes sont d'une couleur franche, unie, pure, vraie, sans mélange; presque tous sont rayés, quadrillés, mélangés, chinés, bariolés, panachés, jaspés, etc., le plus grand nombre sont nuancés, moirés et couleur gorge de pigeon, c'est-à-dire variant, changeant de ton et de couleur selon le jour auquel ils se trouvent exposés.

Il n'y a pas que les rois que Jupiter rend bêtes quand il a décidé leur ruine :

Quos vult perdere Jupiter dementat.

Il est des époques où les nations sont frappées de la même manière : c'est à ce qu'on appelle « esprit » à ces époques qu'on peut mesurer leur bêtise ou leur sottise, tels que certains assemblages d'idées ou de mots, à la mode pendant quelque temps, et ensuite ridicules... jusqu'à ce que... la même mode revienne.

Un philosophe, est-ce un philosophe ou un poëte? prétend que lorsque la Providence abêtit ainsi un peuple et lui ôte la moitié de son intelligence, c'est l'effet d'une bienveillance *anesthésique*, pour lui enlever le sentiment de l'asservissement et de l'avilissement, comme de fumer l'opium pour les Turcs.

C'est un moyen qu'elle emploie pour cacher et rendre moins cruelles, ou une opération douloureuse, l'extraction d'une dent, ou de la liberté ; ou les approches de la mort, comme avec la morphine ou le chloroforme.

C'est un spectacle étrange et bien digne des temps absurdes où nous vivons, de voir s'obstiner « à rester » à Versailles une Assemblée dont presque tous les membres sont à Paris.

Qui empêcherait les Parisiens, s'ils méditaient quelques violences, de s'emparer individuellement de plus des deux tiers des députés qui, tous les jours, viennent dîner et coucher dans l'ex-capitale?

Comment expliquer qu'un danger qui menace sept ou huit cents hommes réunis et protégés par des troupes disciplinées et tous les bons citoyens, n'existe pas contre chacun isolé et sans défense?

Je suppose que les Parisiennes sont affligées et attristées de voir ainsi Paris déchu de son ancienne grandeur ; Paris, autrefois la capitale du monde ; n'être plus même celle de la France ; Paris triste, sans plaisir, sans mouvement.

Ah! si elles s'entendaient pour faire cesser cette déplorable situation !

Il ne faudrait que suivre l'exemple que donnèrent

les femmes romaines deux cents ans avant l'ère chrétienne.

On demande sans cesse des droits nouveaux pour les femmes, on réclame l'égalité, dit-on ; nous examinerons quelque jour ce que cette égalité reconnue leur coûterait. Qu'elles commencent donc par user de leur légitime et invincible pouvoir.

Il serait difficile de dire si les dames romaines dont je parlais tout à l'heure avaient lu Aristophane, ou si elles ne firent qu'obéir à leurs instincts naturels et à la conscience de leur pouvoir, lorsque, raconte Plutarque, pour forcer les sénateurs et le peuple romain à abolir la loi Oppia, qui posait des bornes à leur luxe, elles résolurent de se mettre en grève, ce qu'elles traduisirent par ce synonyme convenable : « Nous ne donnerons plus d'enfants à la république, jusqu'à ce que le Sénat ait abrogé la loi Oppia. »
Et la loi Oppia fut abrogée.

Certes, que les objets des empressements légitimes et, si j'ose m'exprimer ainsi, — *ut ità dicam*, — de l'admiration ultra-légale de tous nos représentants, se mettent résolûment en grève, qu'il ne soit plus permis aux députés ni de baiser la main, ni de rien murmurer à l'oreille d'aucune femme, qu'un anathème soit lancé contre eux, qu'ils soient *interdits*, — *interdicti*, — de l'amour et du foyer, — *foco et thalamo*, — jusqu'à ce qu'ils aient, par un vote unanime, décidé le retour à Paris, — ça ne serait pas long.

Faisons ce que je suppose que firent les dames romaines avant de prendre cette terrible et triomphante résolution; parcourons un peu la *Lysistrata* d'Aristophane.

C'était au temps de la longue et terrible guerre du Péloponèse. Les Athéniennes, entraînées par l'une d'entre elles, Lysistrata (*qui termine la guerre*), ont résolu de mettre fin à ces calamités.

« Ce sont, dit Lysistrata, les petites robes jaunes, les parfums, le fard, les jolies chaussures, et les tuniques transparentes, qui doivent nous sauver.

» Restons chez nous, sur les terrasses (ἀπὸ τῶν τεγῶν), rehaussons nos charmes par tous les artifices de la parure, et résistons impitoyablement aux prières des hommes, jusqu'à ce qu'ils aient fait la paix avec le Péloponèse. »

Des émissaires fidèles ont fait faire aux Lacédémoniennes, de leur côté, le serment que les Athéniennes font à Vénus *Colliade*.

Le poëte nous fait assister aux chagrins, aux sollicitations, aux colères des hommes : « Ni le feu, ni la panthère, disent-ils, d'après Euripide, ne sont aussi à craindre que la femme » ; — mais les femmes sont inflexibles.

« Ah! les hommes croient, dit Lampito la Spartiate, que nous ne sommes bonnes qu'à une chose,

Et les hommes sont obligés de céder, et, pour faire cesser la grève des femmes, les envoyés des deux nations se réunissent dans un banquet où, dit le chœur, — « le vin rend sages les hommes qui, à jeun, ne font que radoter. »

Si vous, négociant, marchand ou bourgeois, ayant des commis et des secrétaires, appreniez que l'un ou plusieurs d'entre eux ont établi leur logis à l'extrémité opposée du quartier où vous demeurez, vous leur diriez :

— Vous arriverez nécessairement trop tard au bureau, vous arriverez fatigué, vous essaierez de vous en aller trop tôt; le mauvais temps vous empêchera quelquefois de venir; une foule de ces petits accidents ou incidents qui se multiplient en proportion de la longueur du chemin, vous arrêteront et vous retarderont.

Logez-vous dans mon quartier.

Les députés veulent rester siéger à Versailles. Eh bien! alors, qu'ils demeurent à Versailles.

Qu'on établisse des logements, des baraques comme pour les soldats. Qu'on leur applique avec de nouvelles raisons très-puissantes, ce que j'ai déjà proposé, que la rétribution soit payée en jetons de présence, ou mieux en une carte donnée en entrant, contrôlée en sortant, qu'un certain nombre d'absences, dans le mois, entraîne une assez forte amende, et qu'un nombre d'absences plus grand et fixé d'avance, soit l'équivalent d'une démission.

En effet, presque tous les députés demeurent à Paris. Je lis dans un journal que le président de la Chambre lui-même y a son domicile et que madame et mademoiselle Grévy ne viennent à Versailles que pour les réceptions officielles.

Voyez que de raisons, de prétextes, assiègent les représentants, pour ne pas venir, pour venir tard, pour partir avant la fin des séances; que de temps perdu sur les chemins, temps qui pourrait être employé à travailler, à étudier les questions, — à entretenir une correspondance avec les électeurs.

Je le répète, il n'y a pas à tergiverser, si les députés veulent rester à Versailles, qu'ils y restent, mais qu'ils y demeurent, et que l'on mette fin à cette mauvaise plaisanterie d'une assemblée qui *reste* et *siége* dans une ville quand tous ceux qui la composent demeurent dans une autre.

XLII

On en est encore à discuter les questions d'incompatibilité.

Je ne sais quel est l'homme célèbre qui expliquait le nombre prodigieux des travaux accomplis par lui en disant : Je ne faisais jamais qu'une chose à la fois.

Ce qui vaut la peine d'être fait, vaut la peine d'être bien fait, — pour qu'une chose soit bien faite, il faut que celui qui en est chargé y apporte toutes ses forces, toute son intelligence, toute sa volonté.

Ce n'est que dans les contes de fées que l'on voit un chasseur s'attacher les jambes pour ne pas dépasser les lièvres à la course et pouvoir en attraper quelques-uns.

Quel est l'homme qui a trop de connaissances, d'intelligence, de capacité et de temps pour remplir honnêtement les fonctions de représentant ?

Quel est l'homme qui a trop de tout cela pour remplir les fonctions d'ambassadeur ?

Comment se trouve-t-il un homme assez présomptueux, assez effronté, assez impudent pour vouloir remplir ces deux fonctions ?

Comment se trouve-t-il un gouvernement assez bête pour confier à un seul homme deux tâches dont chacune demande tout le temps et toutes les facultés de l'homme le plus capable et le plus laborieux ?

Chaque homme ne doit assumer que la somme de devoirs qu'il peut accomplir.

Chacun ne doit remplir qu'une fonction.

Les incompatibilités doivent être absolues, on ne peut être magistrat à Perpignan, ambassadeur à Bruxelles et en même temps député à Versailles.

Comment ces questions peuvent-elles être un instant douteuses et par quelle aberration arrive-t-on à les discuter et à trouver à leur sujet deux opinions différentes?

La vérité se sauve, dit Publius Syrus, en un vers ïambique, au bruit de la dispute.

Nimium altercando veritas amittitur.

XLIII

Voici un souvenir dont il ne serait peut-être pas impossible de tirer parti, dans un pays où la vanité a autant de puissance que chez nous.

En 1696, — le contrôleur général Pontchartrain mit en vente des titres de noblesse de trois mille écus, ce qui ne représente pas loin de dix-huit mille francs d'aujourd'hui. — Cinq cents bourgeois seulement en achetèrent. — La spéculation ne serait très-bonne que si on pouvait faire le marché secrètement. On obligea ensuite tous les nobles anciens et nouveaux à faire enregistrer leurs armes, et on leur vendit le droit de se servir de ces armes pour cacheter leurs lettres.

En tenant compte de l'amour des décorations si ridiculement propagé en France, je ne m'étonnerais pas beaucoup de voir créer deux ou trois ordres avec des rubans de couleurs *voyantes* et les vendre à beaux deniers comptants, il se trouverait à coup sûr des gens pour en acheter, à condition surtout d'en créer plusieurs à la fois parce que chacune des couleurs se moquerait des autres, et se croirait la seule bonne et honorée.

Aucun prince ne se trouva peut-être autant aux expédients que Louis XIV, qui laissa en mourant des dettes que Voltaire, qui professe pour lui une étrange admiration, évalue à quatre milliards et demi de la monnaie de son temps,— ce qui ferait pour lui seul aujourd'hui au moins autant que ce que nous coûtent Napoléon III, les prouesses de maître Gambetta et la Commune réunis.

C'est sous Louis XIV, qu'on créa ces charges si singulières qui « font rire aujourd'hui, mais qui faisaient pleurer alors », dit un contemporain :

Conseiller du roi, inspecteur des boissons ;
Conseiller du roi, inspecteur des cochons ;
Conseiller du roi, déchargeur de bois neuf ;
Conseiller du roi, empileur de bois ;
Conseiller du roi, inspecteur des veaux ;
Conseiller du roi, jaugeur de tonneaux ;
Conseiller du roi, essayeur de bière ;
Conseiller du roi, visiteur et essayeur de beurre frais ;
Conseiller du roi, visiteur et essayeur de beurre salé ;
Conseiller du roi, inspecteur des perruques, etc.

Quel est donc le ministre (n'est-ce pas ce même contrôleur général Pontchartrain?) qui répondit à un des rares scrupules du roi :

« Sire, la Providence veille sur ce royaume : à peine le roi a-t-il créé une charge nouvelle, que Dieu, de son côté, crée un imbécile pour l'acheter. »

XLIV

Les puissances européennes qui ont assisté avec indifférence, et quelques-unes avec une secrète joie, à nos désastres, commencent à voir qu'elles ont perdu quelque chose.

Pour ne parler que de Paris, qui appartient peut-être plus qu'il ne faudrait au monde entier, Paris manquerait aujourd'hui aux Russes, aux Anglais, aux Américains et même aux Allemands.

C'est en vain que l'Europe, que le monde, voudraient se désintéresser des destinées de la France, — la France joue un rôle nécessaire dans lequel aucune autre nation ne peut la doubler et la suppléer, — la France est le grand essayeur et le grand échanson des idées.

On se représente l'Europe sans la Prusse, sans l'Angleterre, sans l'Italie, sans l'Autriche, sans la

Russie ; on ne se représente pas l'Europe sans la France ; ce serait une maison dont les vitres ternies ne laisseraient plus entrer le joyeux soleil du matin, ce serait une maison dont les enfants seraient morts et auraient emporté avec eux la jeunesse, la gaieté, le bruit, l'espérance.

« Les Prussiens n'ont pas même pensé à détruire Paris ; — quelque guerre sauvage qui eût lieu, Paris serait comme le roi des échecs — on le fait *mat* ; on ne le prend pas. »
J'en excepte les sauvages de la Commune qui ont essayé de le brûler.

Tous les maux des individus, dit Pascal, viennent de ce qu'on ne sait pas garder sa chambre. On peut dire de même : Tous les malheurs des nations viennent de ce que les peuples ne savent pas dire « *non*. »

Delescluse, celui qui a été tué sur les barricades, disait un jour :
— Ce n'est pas la victoire qui nous donne du souci, elle ne peut nous échapper ; — mais, ce qui nous préoccupe, c'est ce que nous ferons le lendemain de la victoire.

Je répondis : — La maison qui nous abrite assez mal, j'en conviens, est vieille, lézardée, croulante, à peine soutenue par des étais. Vous voulez la démolir ; rien de mieux ; mais je pense que vous avez bâti une autre maison en face — où nous pourrons coucher le soir, une maison solide, commode, etc.

— Nullement, nous n'avons même aucun plan dessiné pour cette nouvelle maison et nous ignorons encore où nous la bâtirons.

— Mais alors, si nous vous aidons à démolir, ou si seulement nous vous laissons démolir la maison....

— Dites : la baraque.

— La baraque, je le veux bien.

— Dites : le taudis.

— Disons taudis — j'y consens, si nous vous laissons....

— Dites : bouge.

— Si nous vous aidons à démolir, ou si seulement nous vous laissons démolir la maison, la baraque, le taudis, le bouge qui nous abrite tant bien que mal...

— Dites : très-mal.

— Volontiers... qui nous abrite très-mal, nous coucherons en plein air, au froid et à la pluie, et alors il faudra refaire des huttes avec les débris, les décombres, les plâtras, les matériaux avariés de la maison abattue, comme on a fait jusqu'ici après chaque révolution.

— Vous trouvez que le navire est mal gouverné, qu'il se trompe de route, ou n'avance pas : — apprenez la science du pilote, étudiez les cartes, faites votre *point*, mettez-vous en mesure de gouverner mieux et plus sûrement, et de suivre la vraie route après cependant avoir décidé où nous allons — et ensuite vous prendrez *la barre*.

— Non, nous voulons jeter tout de suite le pilote et le capitaine par-dessus bord.

— Et après?

— Après?... nous serons débarrassés d'eux.

— Et après?

— Après? nous ferons un tour à la cantine.

— Très-bien, mais quand vous aurez vogué pendant quelques jours au gré des vents, sans direction, tanguant, roulant, dérivant au hasard; — quand vous aurez mangé et bu en les gaspillant, les vivres, l'eau-de-vie et l'eau, vous aurez peur, et vous vous livrerez au premier gredin qui saura un peu ou vous fera croire qu'il sait « gouverner ». Voulez-vous des exemples?

— Non.

— Des preuves?

— Qu'est-ce que ça prouve?

On prête ce mot à M. Thiers : C'est étonnant; je ne vois que moi qui aie toujours raison.

Beaucoup de ces candidats errants qui vont à la façon des dentistes ambulants, promener leur cabriolet peint en rouge et leur musique de turcs, dans les départements les plus éloignés de ceux où ils peuvent être appréciés, — me rappellent ce homme qui dit à un passant : Monsieur, prêtez-moi vingt francs.

— Mais, monsieur.... je ne vous connais pas.

— C'est précisément pour cela que je m'adresse à vous; si vous me connaissiez vous ne me prêteriez pas.

Sous le règne de Louis-Philippe, dans un moment où il était déjà question de l'impôt sur le revenu, feu le marquis d'Aligre disait :

« On nous en veut toujours, à nous autres pauvres riches. »

On vient d'exécuter trois condamnés, — et il est probable que cette triste nécessité se renouvellera pour quelques autres.

Les trois condamnés ont été fusillés.

Je répète ici, que ce mode d'exécution doit être abandonné,

1° Parce qu'il est féroce : deux des condamnés, ce qui arrive souvent, ne sont pas morts sur le coup et on a dû les achever, en leur tirant, à bout portant, un coup de fusil dans l'oreille ; — la souffrance est donc inutilement et cruellement prolongée, — beaucoup de soldats ne visent pas, ou visent à côté, ce qui se comprend facilement.

2° De quel droit impose-t-on à des soldats innocents le supplice d'être bourreaux ?

3° Quelle est l'utilité d'habituer les soldats à tuer des Français, en dehors de la nécessité si déplorable et si horrible de la guerre civile ?

XLV

M. Thiers avait donné la croix d'honneur à M. d'Ossuna ; voici qu'aujourd'hui, le *Journal Officiel* publie une longue liste de ministres, ambassadeurs, secrétaires d'ambassade, tous Espagnols auxquels ce présent a été fait, depuis les grand'croix, les croix de commandeur et d'officier, jusqu'aux croix de chevalier ; on ajoute plusieurs *seigneurs* espagnols non fonctionnaires.

En retour, l'Espagne a envoyé diverses décorations à tout le personnel de la présidence et des ministères ; de sorte qu'aujourd'hui, il demeure établi, que pour avoir quelque chance d'être grand'croix, dans l'ordre national de la Légion d'honneur, il faut consacrer sa vie entière soit dans les armes, soit dans la politique, soit dans les arts ou les lettres, à des travaux non-seulement incessants et utiles au pays, mais encore à des travaux heureux, après avoir passé par tous les grades de l'ordre, — ou bien être ministre en Espagne, ce qui est plus sûr et dispense de passer par les grades simplement inférieurs. De même, pour être chevalier, quelques-uns, surtout après une grande guerre, — doivent avoir exposé leur vie d'une manière brillante, avoir été blessés grièvement ou avoir perdu quelque membre, ou bien encore être secrétaire d'ambassade en Espagne et ce dernier moyen présente des chances beaucoup plus certaines.

L'abbé de Mably, le frère de Condillac, après avoir longuement et laborieusement compulsé l'histoire des sociétés humaines, résumait ses études par ce calcul : Que la raison n'avait été accordée qu'à à peu près un millier d'hommes depuis la création du monde.

Ainsi, n'adopte-t-on sur toutes les questions le simple et le vrai, qu'après avoir épuisé toutes les combinaisons possibles du composé et du faux.

Il semble vraiment que nous soyons sous l'influence d'un songe pénible, d'un cauchemar, — tant ce que nous voyons est à la fois invraisemblable, triste et grotesque.

Rien n'est logique, rien n'est vrai, tout est absurde, insensé, monstrueux, énorme, effrayant, — et, comme dans les rêves, cela semble tout simple et tout naturel, et personne n'a l'air de s'en étonner.

Un philosophe disait : Dans les grandes villes on bâtit quelques maisons sur lesquelles on écrit : *Hospice des Fous*; la Salpêtrière, Charenton, Bedlam, etc., pour rassurer la société et lui faire croire que puisque les fous sont dans ces maisons, tous ceux qui n'y sont pas renfermés ne sont pas fous.

Il en est de même en France, aujourd'hui, pour la répression des forfaits dont nous avons été témoins : quelques criminels sont jugés et condamnés, mais les plus coupables se sont mis facilement à l'abri de la vindicte publique; quelques-uns d'entre eux ont été aidés dans leur fuite par leurs vainqueurs, presque leurs juges d'aujourd'hui, qui étaient leurs ennemis d'hier, et leurs complices d'avant-hier.

Il semble que le sort a marqué ses victimes, comme autrefois, après une révolte armée, on rangeait au hasard les soldats sur une ligne; puis on faisait sortir des rangs chaque dixième, et on le fusillait.

Tels sont tranquillement à Londres ou à New-York, ou à Genève;

Disons plus : tels se promènent librement à Paris et à Versailles; tels prononcent publiquement des discours, tels sont fonctionnaires rétribués qui, au su de tout le monde, sont plus criminels que la plupart de ceux qui ont été tués, déportés, mis aux galères.

Le pape Innocent IX, auquel on reprochait, aux temps agités où Henri IV assiégeait Paris, de conserver en France, en qualité de légat, — le fougueux et brouillon Sega, évêque de Plaisance, — répondit :

— Je n'aime pas à changer; les nouveaux ministres estropient les affaires pendant longtemps avant de les comprendre. »

C'est une vérité que nous pouvons apprécier en France, et surtout en ce moment; — tout nouvel arrivant veut faire quelque chose, veut faire autrement que son prédécesseur, sans penser que ce qu'il met à la place de ce qui existe, a été souvent déjà remplacé, après épreuve, par ce qui est.

Mettez aussi en compte — les nouveaux intérêts personnels, et intérêts de famille, de nouvelles avidités, de nouvelles convenances à satisfaire.

Pourquoi est-il donc nécessaire que le changement de ministère, par exemple, amène des révolutions jusqu'au bas de l'échelle, et fasse remplacer des employés expérimentés et qui se soumettraient au gouvernement nouveau avec l'apathie qui les soumettait au précédent — par des employés inexpérimentés? pourquoi tous ces déménagements, parfois dangereux, toujours coûteux ?

XLVI

La vanité de remplacer cette aristocratie qu'on a renversée et d'hériter d'elle, amène des effets singuliers.

Mais le résultat le plus étrange est quand le mari et la femme ont des prétentions et des ambitions différentes, — ainsi, la femme veut avoir des airs de marquise, — l'homme, plus positif, veut arriver aux choses réelles, vivantes, contemporaines.

Ainsi je sais un ménage dont je vais remplacer le nom par celui de *Dubois*.

Eh bien : le mari sur ses cartes et quand il signe, écrit simplement Dubois ; — la femme au contraire signe et écrit Madame Du Bois.

Les journaux parlaient ces jours-ci de je ne sais quel préfet qui signe ses arrêtés, etc., simplement de son nom, comme il convient à un préfet de la république qui veut avoir l'air républicain, tandis que la femme qui se met à la tête de confréries, de sociétés de bienfaisance, etc., se fait appeler Madame la Baronne.

J'en sais un autre encore : un marchand celui-là, — qui voudrait à la fois, et frayer avec la noblesse, et garder une place parmi les « esprits indépendants. » — Il partage les rôles avec sa femme et ses filles ; — il les conduit le dimanche à la messe — à la grand'messe, — elles ont leurs chaises et prie-Dieu avec appui de velours — à côté de Madame la Comtesse *** et de Madame la Duchesse***, elles entrent en étudiant et en imitant la démarche, les attitudes, la façon de s'agenouiller et les effets de nuque et de croupe de leurs voisines, tandis que lui se montre sur la place de l'église fumant un cigare — et les attendant.

Il me semble qu'en ce moment les femmes des fonctionnaires ont un peu trop d'ardeur pour *paraître*, — je crois devoir en avertir Madame Thiers ; — elle ne doit pas perdre de vue que ses moindres actions et ses plus indifférentes démarches vont être imitées et exagérées.

On a mis, ces jours-ci, son nom, à la fois sur toutes les affiches, dans toutes les villes de province qui ont un théâtre, — en annonçant des représentations sous son patronage — ça va être une mode suivie et dépassée par toutes les susdites femmes des fonctionnaires.

Les journaux de modes annoncent que Madame Thiers veut proscrire, en sa qualité d'impératrice de la république, les chignons si hautement protégés par l'impératrice précédente.

On ne dit pas encore, quel est le ridicule qui remplacera le ridicule menacé.

Sérieusement, — les femmes devraient comprendre qu'elles perdent beaucoup de charme à prendre un rôle dans la politique, et à monter sur un théâtre où elles ne sont pas éclairées à leur avantage ; — disons aussi, que lorsque Camille s'avisa de venir aider Turnus contre les Troyens, elle fut tuée par Aruns, — et que personne ne songea à blâmer Aruns, que tout le monde de son temps, et que toute la postérité auraient sévèrement vitupéré s'il se fût avisé de ne pas se montrer complètement respectueux et galant à l'égard de cette même Camille, qu'il eût rencontrée dans son rôle de fille et dans la maison paternelle.

Les femmes s'exposent à recevoir des éclaboussures et quelquefois même des horions quand elles se jettent dans la mêlée. Qu'elles se contentent de nous regarder faire, pour elles, un petit nombre de belles actions et de beaux ouvrages en même temps que beaucoup de crimes, de folies et de sottises.

Et qu'elles s'occupent d'un très-beau rôle qu'elles ont à remplir : reconstituer « la maison » le *at home*, le chez soi des Anglais, et la famille ; car c'est peut-être parce qu'il n'y a plus de maison et de famille qu'il n'y a plus guère de patrie.

En effet, la femme est sortie — comme Madame Benoîton, — et derrière elle, comme dans le conte de Gracieuse et Percinet, la maison s'est écroulée.

Peut-être, faudrait-il beaucoup chercher dans les annales de nos succès militaires, — et peut-être ne trouverait-on pas une victoire après laquelle il aurait été distribué autant de croix d'honneur qu'on en a flanqué à l'occasion de nos récentes défaites.

Il est fâcheux que les divers gouvernements qui se succèdent, semblent avoir pris à tâche de déconsidérer en les prodiguant ou en faisant des choix indignes, les récompenses honorifiques qui payaient seules certains mérites et certains actes que l'argent ne peut atteindre sans les tuer, comme la balle d'argent du *Frey-Schütz*.

Le petit dossier de M. Thiers, que je vais exposer, est fait à un point de vue simplement philosophique ; c'est pour montrer un exemple de plus de cette grande vérité que l'*homme s'agite et Dieu le mène*.

« Les dieux jouent avec les hommes comme avec des balles de paume », dit Plaute [1].

(1) Enimvero di nos, quasi pilas homines habent.

M. Thiers n'a jamais désiré changer la forme du gouvernement, ses vœux et ses efforts ne vont pas au delà d'un gouvernement constitutionnel, dont il serait le ministre avec un roi un p.u effacé. — Nous saurons bientôt s'il est possible d'en établir un autre en France — il n'a jamais rêvé d'être ni Cromwell, ni Bonaparte, ni même ce qu'il est aujourd'hui, qu'il ne se contente pas de la part qu'il voulait faire au roi Louis-Philippe. Il a pu penser à Richelieu, à Mazarin, à Fleury.

Il n'attaquait pas le roi ni « le char de l'État » pour les renverser, ni pour changer leur route, mais seulement pour les obliger à le laisser monter sur le siége.

Les idées libérales n'étaient pas pour lui un but, mais des moyens, des projectiles; — une fois la porte du pouvoir forcée, se ruant de l'autre côté, il jetait cette porte sur le nez de ceux qui l'avaient aidé à l'enfoncer, et aidait à son tour, à la barricader contre la continuation de leurs efforts, ceux qu'il venait d'assiéger et de prendre d'assaut.

En 1840, il inventa un de ces synonymes avec lesquels on a si longtemps gouverné la France (je ne dis pas que ce soit fini). — M. Thiers avait fait beaucoup de ces promesses qui doivent se tenir tout bas comme elles ont été faites.

Il fallait obtenir les fonds secrets, mais les amis de M. Thiers avaient épuisé contre le ministère précédent, toutes les épithètes violentes à l'endroit de

ces mêmes fonds secrets; — cependant il les fallait.
— Alors ils s'écrièrent à la Chambre : « Des fonds secrets! qui est-ce qui parle de fonds secrets? nous n'en voulons pas, le gouvernement honnête que nous sommes n'a que faire des fonds secrets, qu'il n'en soit donc pas question; et, si nous vous demandons un mauvais million, c'est pour obtenir de vous, non pas de l'argent, fi donc! mais une « marque de confiance ».

La veille du 1er mars, M. Thiers disait à M. Véron, un de ses confidents — pour les secrets de polichinelle.

— Je tente une chose hardie, — je fais un cabinet de jeunes gens. Ça n'ira pas tout seul à la Chambre. Je vais retrouver contre moi cet esprit d'opposition qui ne désarme jamais.

C'était cette opposition qui venait de le pousser au ministère, et qu'il s'apprêtait déjà à combattre, — la veille du jour où il devait prendre le portefeuille.

Si, député en 1830, — M. Thiers voulait passer le Rhin et les Alpes, sauver la Pologne, et délivrer l'Italie et la Belgique, etc.,

Réélu en 1831, il prêchait la paix, — il parlait pour l'hérédité de la pairie.

Ministre pour la première fois en 1832, il replaçait la statue de l'empereur Napoléon sur la colonne.

En 1834, M. Thiers soutenait la loi contre les associations.

En 1835, M. Thiers défendait les lois de septembre.

En 1836, il voulait intervenir en Espagne.

En 1837, il organisait la coalition qui commença à ébranler sérieusement la royauté de Juillet.

En 1840, il maintenait les lois de septembre et repoussait la réforme électorale.

Il construisait les fortifications de Paris contre lesquelles maître Dufaure, son allié d'aujourd'hui, faisait un discours.

Il ramenait les « cendres ».

Revenu à l'opposition, M. Thiers se montrait partisan de la réforme, mais cette fois il dépassa le but.

Ce nouveau drapeau devait renverser Louis-Philippe dont M. Thiers fut encore le dernier ministre pendant quelques heures.

Plus tard, il votait pour la présidence du prince Napoléon et entraînait dans son parti le *Constitutionnel* et la réunion de la rue de Poitiers.

Je ne parle pas d'une expression qui lui échappa à la tribune, parce que je crois qu'on en a dénaturé le sens ; il avait dit, en parlant du peuple, « la vile multitude ».

L'opposition en fit autant de bruit que du mot de *sujet*, employé par M. de Montalivet, en 1832.

A propos de ce dernier et de cette circonstance, un contemporain raconte que M. de Montalivet, refusant de retirer son expression, un tumulte terrible s'en suivit, quelques députés s'approchèrent de la tribune, menaçant l'orateur du poing.

Casimir Périer, le père du ministre actuel, alors président du conseil, et placé au banc des ministres, cria à son collègue : « Tenez bon, et à ceux qui vous menacent, f.... leur votre verre d'eau à la figure ».

Toujours est-il qu'il ressort, je ne dirai pas du rôle, mais des rôles joués par M. Thiers, pendant toute sa carrière, qu'il s'est toujours montré non-seulement ennemi des idées libérales, partisan du système protectionniste, des armées permanentes, du pouvoir temporel des papes, etc., etc., opposé à l'entreprise des grandes lignes de chemins de fer par l'État, etc., etc., mais aussi, constamment hostile aux progrès du parti républicain. — Retombé dans l'opposition, révolutionnaire involontaire, sans être libéral, il n'attaquait le pouvoir que comme une ville assiégée, pour le conquérir.

Il est pour beaucoup dans l'élection du prince Louis, qui eut pour résultat le coup d'État, l'Empire et toutes ses conséquences.

Personne plus que lui, à la vérité, n'a contribué, peut-être à la chute du trône de Juillet, — mais il ne l'a pas fait exprès.

Ce serait cependant son seul titre apparent à la présidence de la république.

Il y en avait un autre ;

J'expliquerai suffisamment cet autre titre, en rapportant ce que je disais un jour à Lamartine en 1848 :

— Remarquez, mon ami, que depuis que nous sommes en république, chaque fois que les électeurs ou l'assemblée ont eu à choisir entre deux hommes, ils ont toujours préféré celui que, à tort ou à raison, ils croyaient le plus éloigné de la république. — C'est ce sentiment qui menace votre popularité, — aussitôt que les partis auront acquis la conviction que vous n'êtes pas un traître, ils vous mépriseront: »

Je le répète, — M. Thiers, à aucune époque de sa vie, n'a pu se croire en route pour la présidence de la république; il a rendu et rend encore un grand service au pays, — et on doit lui en savoir gré, — mais, je le répète aussi, c'est à la condition de ne faire, comme il a toujours fait, qu'un court passage au pouvoir, — parce que ne pouvant, par ses idées et ses sentiments, donner satisfaction aux aspirations et aux légitimes exigences des esprits vraiment libéraux, il rejetterait ceux-ci dans l'opposition, et, en quoi ils auraient tort, dans une nouvelle alliance avec les ultras de leur parti — et Dieu sait jusqu'où ça va.

XLIV

Je dis tout net : le suffrage universel direct tel qu'il est appliqué, est la plus immense bêtise et la plus certaine ruine qui se puisse inventer. — Ne vous mettez pas encore en colère, attendez que j'aie fini. — Ce procédé au moyen duquel vous voulez gouverner une nation de trente millions d'hommes, pas un de vous n'oserait l'appliquer au gouvernement de ses bottes et de son chapeau.

Appliquez-le à l'armée, — ce règne du nombre, — ce sont les soldats qui commanderont aux officiers.

Appliquez-le à un navire, — ce sont les matelots les plus ignorants qui dirigeront le bâtiment.

Appliquez-le à une famille, — ce seront les enfants, pourvu qu'ils soient trois, qui conduiront le père et la mère.

Appliquez-le à une voiture, — ce sont les chevaux qui mèneront le cocher.

Et encore si le vote était en réalité universel, si chacun votait, le plus grand nombre avec son ignorance, mais enfin avec ce qu'il aurait de bon sens et ce qu'il aurait de conscience, — ce serait encore un immense danger, — mais ça supporterait la discussion pendant quelques instants. Mais comment votez-vous ? Une coterie a entrepris l'élection d'un candidat, les forts ont fait leur marché d'avance : Si vous êtes député, vous me donnerez ou vous m'obtiendrez ou une place, ou de l'avancement, ou un ruban. — Quelques autres s'adjoignent pour exercer une action, pour être quelque chose dans quelque chose, pour avoir occasion de parler, d'être important. Si le député est riche, avec son argent; s'il est pauvre ou avare, avec l'argent des entrepreneurs, parfois même au moyen d'une souscription, on dépense vingt, trente, quarante, cent mille francs en affiches, en voyages, en banquets, en subventions à quelques « partisans dévoués ».

Le candidat qu'on vous propose, vous ne le connaissez nullement, il n'est pas né dans le pays, il n'y a pas vécu, — quelquefois même, disons mieux, le plus fréquemment, il n'a choisi votre pays que parce que c'est le plus éloigné de celui où il a vécu et où il est connu. — Vous avez vu M. Gambetta, quand on a dit qu'il avait échoué à Cahors, sa ville natale, et où son père avait été épicier, il a fait répondre dans les journaux que c'était une calomnie, qu'il ne s'était pas même présenté. — Calomnie en effet que de le croire si simple que ça.

Vous n'avez rien à répondre à l'exposé des vertus,

des talents du candidat offert; d'ailleurs, on vous dit tout haut, on vous crie : Voulez-vous que la France soit heureuse au dedans, respectée, — que dis-je respectée? redoutée au dehors. — Voulez-vous la diminution des impôts, presque leur suppression, en même temps que toutes les dépenses pour votre département que vous pouvez désirer? et on ajoute tout bas : Voulez-vous ce bureau de tabac que vous sollicitez depuis si longtemps? voulez-vous cette croix que vous avait promise le député précédent? Votez pour M***, prenez notre ours.

Puis tout haut :

Mais si vous voulez la ruine et l'abaissement de la France, les impôts décuplés, l'ajournement indéfini de votre fontaine et de vos chemins...

Et plus bas :

Si vous renoncez à la croix qui vous est due et au bureau de tabac qui vous est promis...

Et tout haut :

C'est bien facile, vous n'avez qu'à voter pour l'autre!

Quelqu'un s'écrie en colère :

— Ah çà! nous ne sommes pas si bêtes que ça!

— Eh bien! si, mes enfants, nous sommes si bêtes que ça.

Lors de l'élection à la présidence du prince Louis, ne vous a-t-on pas dit, qu'il paierait tous les impôts sur sa fortune personnelle?

N'a-t-on pas dit aux marins des grèves de l'océan que le hareng qui, depuis la déchéance de l'empereur Napoléon Ier, ne venait plus qu'en petit nombre sur nos côtes, y reviendrait à foison sous le gouvernement de son neveu?

Et ne s'est-il pas trouvé un certain nombre de gens pour le croire et pour voter en conséquence?

(J'en excepterai mes bons vieux amis d'Étretat, et mes compagnons de Sainte-Adresse, qui ont voté avec moi de bons NON à bulletin ouvert.)

N'avez-vous pas choisi pour rétablir l'ordre un homme qui ne vous était connu que par deux tentatives de désordre à main armée?

N'avez-vous pas voté l'absolution, que dis-je, la glorification et la récompense du crime du Deux Décembre?

N'avez-vous pas appuyé de vos suffrages toutes les folies de l'Empire?

Allons, soyez de bonne foi — il faut reconnaître que de cette arme puissante mais terrible, mais insensée — mais piquant de la poignée aussi bien que de la pointe — vous avez fait jusqu'ici un usage très-malheureux.

Eh bien! me direz-vous, nous sommes malades — c'est vrai — mais où est ta drogue?

— Ma drogue, ce n'est pas de revenir au vote censitaire — à la domination de l'argent, — c'est absurde, c'est injuste, c'est immoral ; l'argent n'a déjà que trop d'influence dans la vie, sans qu'on aille donner encore à cette redoutable influence une consécration légale.

Faire voter seulement les gens riches — c'est-à-dire les gens heureux et satisfaits — c'est fermer la porte à toute amélioration, à tout progrès — tout va bien pour eux. Ils ne voudraient jamais rien changer — mais il en serait de même du vote direct de tous, parce que, dans la société, les pauvres et les malheureux étant de beaucoup les plus nombreux et, dans cette forme du suffrage dit universel et direct, le nombre décidant tout, c'est absolument comme si la classe la plus nombreuse votait seule. — Alors elle voterait toujours le changement, le nouveau, le sens dessus dessous à tout hasard, croyant ne pouvoir que gagner au changement, au nouveau et au sens dessus dessous.

Je ne veux pas restreindre le vote, — je veux au contraire le rendre réellement et sérieusement universel ; c'est-à-dire, je veux que chacun vote en connaissance de cause — en proportion de ses lumières, — que chacun vote après un examen sérieux fait par lui-même. — Je veux que vous votiez en hommes libres et non comme des troupeaux obéissant aveuglément à des bergers suspects — comme vous faites depuis 1848.

Voyez autour de vous — combien connaissez-vous

de gens auxquels individuellement vous permettriez de gouverner vos petites affaires privées.

Il y a ceux qui manquent d'intelligence, — il y a ceux qui manquent d'honnêteté, il y a ceux qui sont intelligents et honnêtes, — mais, qui ne savent pas, parce qu'ils ne peuvent pas savoir.

Mais, enfin, vous finiriez par en trouver quelqu'un — parce que ceux avec qui vous vivez, ceux que vous voyez vivre, ceux avec lesquels, selon le proverbe, vous avez eu le temps « de manger un minot de sel, » vous les connaissez ou du moins vous croyez les connaître ; — mais, s'il fallait choisir, — je parle toujours au point de vue de vos petites affaires privées — un mandataire dans une autre commune même voisine ; ça deviendrait déjà plus difficile — à l'autre extrémité du département ce serait à peu près impossible.

Dans un autre département, à l'autre extrémité de la France ; — allons donc ! vous vous moquez de moi, je ne prendrais pas un domestique dans ces conditions-là.

Eh bien ! c'est ce que vous faites tous les jours ; vous confiez à un inconnu, qui vous vient de loin, le plus souvent pour rester inconnu, la fortune et l'honneur, de votre patrie — et vous ne pensez pas que votre fortune, et votre gloire à vous ne doivent être que votre part dans cette fortune et cette prospérité de la patrie ; vous ne pensez pas que vous ne pouvez pas la trahir sans vous trahir vous-même.

Aux dernières élections — un homme que je connais un peu, passait le matin devant ma porte ; je venais de donner la liberté à mes canards qui se jetaient à la mer, jouaient, plongeaient, se poursuivaient en faisant miroiter leur plumage changeant vert et or, aux premiers rayons du soleil.

Il avait un air joyeux, m'aborda et me serra la main, tant il était content : Savez-vous la nouvelle, me dit-il — nous avons 230 voix ?

— Pour qui ? pour vous ?

— Non, pour Gambetta donc !

Et il continua sa route en se frottant les mains, pour aller porter ailleurs la « bonne nouvelle ; » or, ce même homme à la suite de la prolongation de la guerre avait dû quitter une place qui faisait vivre lui et sa famille et aller comme homme marié mais ancien militaire, patauger inutilement dans la boue et dans la neige sans rencontrer une seule fois l'ennemi ; — à son retour il avait trouvé sa famille exténuée par les privations et le chagrin ; — quant à sa place, la compagnie industrielle qui l'avait occupé jusque-là, avait dû réduire le nombre de ses employés, il n'avait plus de place, plus de moyens d'existence pour lui, ni pour les siens.

Mais il avait couru les cafés, il avait parlé, il avait écouté parler les autres — et puis voter pour celui qui avait fait la moitié de nos désastres, avait l'air fort — c'était l'opposition au gouvernement ou au quasi gouvernement actuel — et il disait *Nous*.

Nous avons *obtenu* 250 voix, c'est-à dire, si on en obtient autant partout, on va recommencer la guerre contre les Prussiens et la guerre civile en même temps; il n'y aura plus d'industrie, plus de commerce, plus de pain pour ma femme et mes enfants, — nous avons *obtenu* 250 voix, — c'était ça la bonne nouvelle.

Je vous suppose tous — et j'en sais un certain nombre — très-intelligents ; je veux croire que vous savez parfaitement les conditions nécessaires pour un bon représentant — représentant de la France d'abord et du département ensuite.

Mais il reste la difficulté de voir entre les candidats qu'on vous propose s'il en est un qui réunisse ces conditions, et lequel.

Vous n'avez pas « mangé un minot de sel » avec eux — vous n'avez ni le loisir, ni l'argent pour écrire, pour lire, pour vous procurer des renseignements certains, dans le pays des candidats, c'est-à-dire où ils sont nés, où ils ont vécu, sur leur vie — leur vie extérieure et aussi leur « petite vie » — sur leurs besoins, leurs relations, leurs principes, leurs idées, — ce qu'ils ont fait, ce qu'ils ont dit à des époques antérieures.

Mais, par exemple, vous savez, dans votre commune,

à qui vous iriez demander conseil dans les moments difficiles, — vous savez qui passe avec raison pour être juste — pour être instruit, — vous savez celui qui n'a rien à demander, — celui-là connu, vous savez s'il a du loisir, s'il a assez d'argent pour aller au chef-lieu ou ailleurs. S'il lui manque le loisir ou l'argent il faut lui donner l'un et l'autre, — il faut le nommer, l'élire votre mandataire ; c'est lui qui ira — non pas au chef-lieu du département, mais au chef-lieu d'arrondissement ; — il fera une enquête, il s'informera, il questionnera ; entre deux ou plusieurs candidats, il choisira d'abord celui sur lequel on peut avoir les renseignements les plus certains, et qui connaît le mieux le pays, c'est-à-dire un habitant de ce département, ou tout au plus d'un département voisin — Il ne préférera pas le représentant de tel ou tel parti politique, mais le représentant des vrais intérêts, de la fortune et de la gloire de la patrie.

Il choisira dans le département, comme on l'a choisi, lui, dans la commune, c'est-à-dire, à l'épreuve du fameux « minot de sel ».

Il repoussera — presque sans examen — ces gens qui viennent de si loin pour mentir avec plus de sécurité, — il saura que ceux qui achètent la députation ont la pensée de la revendre, c'est-à-dire de l'exploiter à leur bénéfice.

Pour que le vote soit universel, il faut qu'il soit

obligatoire, — pour qu'il soit obligatoire, il faut qu'il soit possible. Pour qu'il soit possible, il faut qu'on puisse s'en acquitter sans dérangement. Sans cela il y a de nombreuses abstentions — et soyez certains que ceux qui s'abstiennent sont des gens paisibles, des gens occupés, tandis que les brouillons, les oisifs, les ennemis du travail, les habitués du café et du cabaret, les forts au billard, les culotteurs de pipes — ceux-là ne s'abstiennent jamais — et finiraient en peu de temps par être maîtres de tout.

Voici donc « ma drogue » :
Le suffrage universel et obligatoire à la commune — pour nommer des représentants qui iront au chef-lieu élire les députés — hors de cela — ou que l'on continue comme ça va depuis 1848, ou que l'on revienne au suffrage restreint; hors de cela, il n'y a que mensonge, gâchis, ruine et céruse sur les nez rouges.

J'ai dit.

XLV

Solon auquel on demandait s'il croyait avoir donné aux Athéniens les meilleures lois possibles, répondit :

Oui, les meilleures qu'ils soient capables d'accepter et de conserver quelque temps.

Cette réponse peut s'appliquer à la situation actuelle des Français ; — il s'agit encore une fois de choisir une forme de gouvernement.

S'il était question de décider quelle est la forme la plus raisonnable, la plus digne, la plus légitime, il n'y aurait ni doute, ni discussion possible, c'est la forme républicaine.

Mais dans le choix d'un vêtement, il ne suffit pas de considérer seulement l'étoffe, la couleur, la richesse ; il faut qu'il aille bien à celui qui doit le porter.

Examinons donc les deux formes entre lesquelles nous avons à opter.

Certes, quand on voit quelle peine on a soi-même et quelle peine on voit prendre aux autres, à ses parents, à ses amis, à ses connaissances, à ses voisins de tout rang et de toute classe, pour conduire une femme, un ou deux enfants et une servante — on admire l'audace des gens qui tentent de gouverner un État de trente millions d'hommes.

Il est vrai que les premiers rois étaient choisis et institués par Dieu lui-même, comme nous le voyons dans l'histoire de son peuple choisi et préféré entre tous.

Un peu d'huile sur la tête les transformait et

leur donnait la sagesse, la force et toutes les vertus ; — au besoin, s'ils se trouvaient embarrassés, un ange venait leur donner des avis, — faute d'anges — un prophète.

Mais depuis bien longtemps cette huile paraît avoir graduellement laissé évaporer sa puissance. — Plus d'anges, plus de prophètes. — Dieu semble avoir abandonné les rois et les peuples à eux-mêmes.

Il est évident qu'aujourd'hui la charge est trop lourde et hors de proportion avec les facultés humaines.

Montaigne disait qu'il fallait avoir de l'indulgence pour les rois à cause de l'extrême difficulté de leur métier ; — j'ajouterai qu'en voyant leur éducation, les idées fausses et les ignorances cultivées qu'on leur inculque, les gens qui les entourent, la flatterie intéressée, etc., — il est juste de dire quand un d'entre eux n'est pas tout à fait un crétin et un scélérat : il faut qu'il soit bien né, et qu'il ait été richement doué.

Certes, entre les prétendants actuels, je préfère les d'Orléans, parce qu'ils se placeraient au centre du navire, et que Henri V, Napoléon IV se trouveraient à une des extrémités, ce qui ferait furieusement rouler et tanguer le bâtiment, et probablement finirait par le faire sombrer.

Mais je mets la république bien au-dessus des d'Orléans; je parle d'une vraie république; — car une mauvaise république est aussi mauvaise qu'une mauvaise monarchie; on pourrait même dire qu'elle est pire, parce que la mauvaise monarchie conduit à la république, et la mauvaise république ramène à la monarchie.

M. le comte de Chambord a seul, il paraît, conservé le culte traditionnel du drapeau blanc.

A la révolution de Juillet, Charles X fuyait — M. Odilon-Barrot dit au dauphin, le duc d'Angoulême, que le roi fatigué pourrait le soir coucher à Dreux, mais qu'il fallait qu'il se résignât à y voir arboré le drapeau de la République et de l'Empire, le drapeau tricolore.

— Ça ne me regarde pas, dit le dauphin, parlez au roi.

Charles X à cette communication répondit, sans aucune émotion, que cela lui était indifférent.

Le pauvre drapeau blanc! sa dernière apparition a été à Sedan, lorsque par l'ordre de l'empereur, il annonçait aux Prussiens la reddition de l'armée française.

Un mot de M. Thiers sur M. Molé, constatant une paille dans l'œil dudit M. Molé — ce mot a été écrit le 24 juin 1838.

« M. Molé ne sait faire qu'une chose, c'est éluder; on élude un moment, mais jamais longtemps les difficultés. »

Que l'on prenne garde aux modifications des uniformes, — un pareil changement faillit donner de graves soucis à la Restauration. — Un certain Plaignier, cambreur, avait inventé en 1812, des tiges de bottes plissées qui furent adoptées pour la cavalerie légère, les hussards, etc. Après la seconde Restauration, les bottes plissées furent supprimées.

Plaignier, à moitié ruiné, pensa que le pays ne pouvait plus supporter les Bourbons, et se mit à la tête de la conspiration dite des *Patriotes*; des réunions nombreuses avaient lieu dans un cabaret « *Au sacrifice d'Abraham;* » un des membres les plus ardents, comme toujours, était un agent de police appelé Scheltin.

Plaignier, cambreur, *Tolleron*, ciseleur, et *Carbonneau*, écrivain public, furent condamnés à la *peine des parricides*; avant de leur trancher la tête, on leur coupa le poignet.

Il y a loin de cette restauration à la république de 1848, qui a aboli la peine de mort en matière politique.

XLVI

Vous avez beau dire, monsieur, me dit-il en m'abordant au moment où je descendais de mon canot...

Cette locution : — Vous avez beau dire, — est un tic du voisin que m'avait donné le hasard et le second siége de Paris.

La première fois qu'il avait commencé ainsi la conversation, je lui avais fait remarquer — que je n'avais pu dire ni beau, ni laid, ne l'ayant pas rencontré et ne lui ayant pas parlé depuis trois ou quatre jours ; mais, quand je m'aperçus que c'était sa manière invariable de commencer tous ses discours, même quand il parlait le premier, je n'y fis plus attention.

D'autant que ce tic n'est pas très-rare ; — j'ai connu un autre homme qui ne parlait jamais sans dire : *Je commence par vous dire*, — même quand il y avait longtemps qu'il tenait la parole ; — on prétend que les Belges ne peuvent dire quatre mots sans ajouter : *Savez-vous*. C'est une espèce de prélude qui donne à la pensée le temps d'arriver et de prendre une forme.

Mon voisin momentané est, du reste, un homme qui m'a paru très-probe et très-bon ; sa conversation était même remarquablement intéressante quand il parlait de sa famille, des difficultés qu'il avait dû surmonter, au commencement de sa carrière commerciale, pour arriver à une certaine fortune, dont il parlait, du reste, avec complaisance ; — elle l'était moins quand il discourait sur la politique, la morale ou la philosophie.

Vous avez beau dire, monsieur, me dit-il, — toutes ces révolutions n'aboutissent à rien ; les ouvriers sont les ouvriers et les maîtres sont les maîtres ; — il faut des rangs et une hiérarchie dans la société ; — il faut que chacun se tienne à sa place et reste dans sa sphère.

Que veulent aujourd'hui les ouvriers ? Ils veulent être bourgeois, — s'habiller comme moi, — fumer des cigares à trois sous comme moi ; — quand je vois la femme et les filles de l'ouvrier porter des crinolines comme ma femme et mes filles, — je me demande où nous allons, — et vous avez beau dire, monsieur, nous allons droit au désordre et à l'anarchie.

Il n'y a pas de nouvelles de Paris, ajouta-t-il avec un soupir ; je suis bien impatient de rentrer, — j'ai d'abord le souci de nos affaires, et, vous avez beau dire, je ne m'amuse pas ici.

Non pas que je n'aime la campagne, monsieur, je l'aime au contraire beaucoup, — et j'espère bien m'y retirer d'ici à peu d'années. La campagne ! ah ! monsieur ! mais moi qui vous parle, pour être à la campagne, je consentirais à habiter une maison comme ça; — et de la main il désignait ma maison, — qui est en effet une vieille maison basse, irrégulière, — heureusement cachée sous les passiflores, les rosiers et les jasmins.

A propos de campagne, monsieur, continua-t-il, j'ai fait une acquisition très-avantageuse; — il est vrai que je payais comptant; — c'est une maison — ou plutôt, disons le mot, — c'est un petit château — et encore pas trop petit; — il a une tourelle, monsieur, — une vraie tourelle, — et, au-dessus d'une des portes, on voit encore les vestiges des armes des anciens propriétaires, — des nobles, monsieur, — des ducs; — le notaire, qui m'a vendu, m'a expliqué ces armes. — Il y a des gueules et un tas de choses; je n'ai pris ni les armes ni le titre.

Il y a de plus un pigeonnier; — c'était un droit seigneurial, monsieur; ma terre avait droit de pigeonnier; — le château est charmant, — car vous avez beau dire, monsieur, ces gens-là avaient du goût et le sentiment inné de l'élégance; c'est un sol, une fertilité, une richesse, une abondance, tout y vient mieux et plus vite qu'ailleurs, — sans compter un bois où s'abattent les premières grives.

J'ai été reçu, monsieur, dans le pays, avec une remarquable affabilité. — Mes voisins, toute la noblesse du pays, — vieille noblesse, s'il en fut, — le marquis ***, le comte ***, le baron ***, m'ont fait le plus aimable accueil ; — ils viennent dîner à mon château sans cérémonie ; ils ont compris, monsieur, que nous ne sommes plus au temps des castes et des priviléges ; ils savent que le bourgeois, qu'ils traitaient autrefois de roturier et de vilain, est un homme comme eux, — et ils ont le bon sens de me traiter sur le pied de la plus parfaite égalité. .

. . . .

En voyant la lenteur avec laquelle se font, dans les assemblées, les affaires sérieuses du pays, — je me suis rappelé une anecdote que j'ai lue autrefois dans un ouvrage d'un certain abbé Delaporte.

La scène se passe dans le royaume de Navarre, — vers 17..., — M. le comte de Gages était vice-roi de cette province et résidait à Pampelune.

Province ou royaume, la Navarre payait un tribut au roi d'Espagne, mais non à titre d'obligation ; — on convoquait chaque année les États pour régler le don gratuit ; — le vice-roi présidait l'assemblée et défendait les intérêts de la cour de Madrid.

Pendant tout le temps que duraient les États, les conseillers recevaient chacun une pistole d'or par jour, payée par le peuple Navarrois, — et les mauvaises langues du pay prétendaient que cette rétribution entrait pour quelque chose dans la longueur excessive des délibérations ; on mettait quelquefois trois ou quatre mois à adopter une décision, qui se pouvait facilement prendre en vingt-quatre heures.

M. de Gages, qui, en qualité de vice-roi était le

maître de convoquer l'assemblée où il lui semblait bon, donna ordre au président de se rendre, avec le conseil, dans une forêt à une certaine distance de Pampelune; — ils y trouvèrent des bancs de bois et une petite table, sur laquelle étaient posés les registres, un encrier et des plumes; — à peine furent-ils réunis qu'ils s'aperçurent qu'un régiment de dragons s'était formé en haie et entourait la forêt. M. de Gages ne tarda pas à se présenter lui-même, et dit en arrivant :

« Messieurs, je suis à jeun, et vous l'êtes peut-être aussi.

» Eh bien! ni vous, ni moi ne mangerons, ni vous, ni moi ne dormirons que vous n'ayez arrêté la somme que la province peut et veut offrir à Sa Majesté. »

On commença par murmurer; on essaya quelques représentations inutiles; puis on prit son parti; et les États, qui avaient commencé le matin, avaient fini leur session à midi.

Il y a peut-être, aujourd'hui, quelque chose à prendre dans ce précédent.

Aussi bien on est embarrassé pour fixer le local des séances de l'Assemblée; — le bois de Satory urrait, ce me semble, offrir quelques ressources.

XLVII

En France, « ce pays si spirituel, » on a l'air de haïr l'esprit ; — il suffit qu'un homme ait acquis une notoriété certaine sous ce rapport pour qu'il soit systématiquement repoussé et écarté. Pourquoi?

Je crois l'avoir trouvé : — c'est que tout le monde ayant des prétentions à l'esprit, — ayant de l'esprit à divers degrés ou croyant en avoir, — l'homme d'esprit a tout le monde pour concurrent et pour envieux, — en ajoutant ceux qui, d'un air capable, disent : Je n'ai pas d'esprit...

Ce premier membre de phrase est prononcé avec dédain, — mais.

Le second membre de phrase est dit avec une modestie affectée, chargée, soulignée, qui ne veut pas être prise au mot.

« Mais j'ai un gros bon sens, qui me fait voir assez clair. »

Ici on se rengorge, — et on porte autour de soi un sourire que l'on ne néglige rien pour rendre très-fin.

Vous n'êtes pas difficile.....

Comme s'il y avait de véritable esprit sans bon sens.

J.-B. Rousseau a dit :

> L'esprit, raison assaisonnée

Et quelqu'un que je ne nommerai pas :

> L'esprit, c'est la raison ornée et armée.

Comment se fait-il que tant de gens, qui, dans l'opposition, se sont fait une réputation de capacité et d'intelligence, se montrent complétement nuls et incapables aussitôt arrivés au pouvoir?

C'est qu'ils ne se sont jamais exercés qu'à grimper, — qu'ils n'ont étudié que les moyens d'arriver, — et ont négligé avec soin de perdre leur temps à d'autres études.

Puis un jour, — portés par un flot, ils arrivent au faîte, essoufflés, poussifs, — ne désirant que se reposer et incapables de toute autre chose.

Je l'ai dit vingt fois, — nous avons en France trop de sapeurs et pas assez d'architectes.

XLVIII

MÉDITATION

Le jour des élections — en attendant les journaux et les nouvelles de Paris.

Alea jacta est. — Le jeu est fait, rien ne va plus.

Et quand je pense que tous ces hommes qui ont mis aujourd'hui des bouts de papier dans des boîtes, qu'on est convenu d'appeler urnes par suite de notre éducation græco-latine ; quand je pense que tous ces hommes se figurent qu'ils ont exercé un droit sérieux, terrible, — donner à des mandataires le pouvoir de décider du sort de leur famille et de leur pays — et qu'ils croient avoir exercé ce droit en pleine liberté ! Ils ne s'aperçoivent pas qu'ils ont obéi à des mots d'ordre, à des suggestions, — qu'on leur a envoyé tout faits de Paris, leurs manières de voir, leurs opinions, leurs votes ; qu'ils ont nommé pour leurs représentants des hommes qu'ils ne connaissent pas, — ne tenant aucun compte ni du caractère ni des antécédents des candidats.

Mais seulement des masques qu'il leur plaît de mettre sur leur visage.

Quand je pense que trente millions d'hommes sont assez insensés, assez bêtes pour consentir à ce que leurs intérêts les plus chers soient livrés non pas aux plus honnêtes et aux plus intelligents, mais au nombre, à la multitude. — Le suffrage dit universel, dont le moindre défaut est de n'être nullement universel, consacre ce principe {accepté avec enthousiasme :

Que les soldats commanderont aux officiers, — que deux matelots prescriront la route et la manœuvre au capitaine du navire, — que Victor Hugo, doit s'incliner, et il le fait piteusement, devant deux passants qui ne savent pas lire.

Tout député est le serviteur obéissant de son portier et de son porteur d'eau, qui sont ignorants et peut-être ivrognes, mais qui possèdent la seule qualité qui compte aujourd'hui, — ils sont deux.

Les chevaux du fiacre, qui sont également *deux*, attèlent et mènent le cocher qui n'est qu'un.

Deux cailloux valent mieux qu'un diamant.

Deux crottins valent mieux qu'une rose.

Cela me rappelle une fois de plus une histoire que j'ai racontée dans le temps : — un voyageur traversant une « prairie », dans le nouveau monde, — voit deux sauvages accroupis qui s'occupent très-sérieusement à une sorte de jeu avec des petits cailloux ; — il s'arrête, regarde, tâche de comprendre le jeu, — n'y réussit pas, mais néanmoins s'intéresse sans savoir pourquoi à un des joueurs tatoué d'un soleil bleu dans le dos, — c'est le soleil bleu qui gagne, le voyageur le félicite.

— Vous êtes bien bon, répond le soleil bleu.

— Et votre jeu était intéressé ?

— Je le crois fichtre bien, réplique le soleil bleu, nous vous avions vu venir de loin, et nous jouions à qui vous mangerait, — c'est moi qui aurai cet honneur.

Non — « jamais depuis que le monde est monde », comme disent les portières, on ne s'est joué, moqué, gaussé... « fichu » d'un peuple comme on se joue, on se moque, on se gausse et se fiche du peuple français.

O peuple français, né pour faire cercle autour de tous les marchands de thériaque, d'orviétan, de mithridate, d'onguents, de baumes, de panacées, autour de tous les charlatans faiseurs de tours, escamoteurs, ventriloques, avaleurs de sabres et d'étoupes,

C'est surtout en fait de politique que tu te montres dans tout ton éclat, ton enluminure et splendeur de badauderie, de crédulité, de gobe-moucherie.

Autrefois encore, ô peuple français, tu avais de la légèreté et de la gaieté, — tu écoutais et tu aimais et tu applaudissais les sottises, mais ça ne durait pas, tu changeais souvent et sans cesse de sottises, tu te moquais de ceux qui se moquaient de toi, — tu riais de ceux qui riaient de toi ; — mais voilà bientôt un siècle qu'on te joue les mêmes parades, que les mêmes Gilles, Pierrot, Arlequin, Cassandre te débitent les mêmes « boniments » et tu continues à entrer en payant dans les mêmes barraques dont tu es si souvent sorti si désappointé, si volé, si dépouillé, n'ayant d'autre ressource et d'autre consolation que de te dire : On ne m'y reprendra plus.

Et on t'y reprend toujours.

Tu écoutes bénévolement ces citoyens qui par centaines, par milliers, montent sur n'importe quoi et te disent : qu'ils veulent se dévouer à tes intérêts, quitter leur famille, leur maison, leur table, leur lit, leur jardin, leur vigne, leur profession, leurs intérêts, leurs habitudes, leurs amis, leurs connaissances pour venir à Versailles s'occuper de ton bonheur ; — tu les vois ne reculer devant aucunes démarches, aucunes corvées, aucunes platitudes, aucune palinodie, aucuns mensonges, — et ajoutons devant aucune dépense, pour obtenir le droit de se sacrifier, de s'immoler.

Tout un peuple de Curtius ;

Et tu ne remarques pas combien ce peuple s'est accru depuis qu'on indemnise le dévouement, depuis qu'on paye l'abnégation, — tu es encore à découvrir que tous ces gens-là n'achètent en gros que pour revendre en détail, — tu en es encore à comprendre que la députation, si on voulait l'exercer honnêtement et consciencieusement, serait une des plus laborieuses et fatigantes corvées qui aient jamais été imposées à un homme ; — que tu devrais repousser et rejeter les candidats, par cela seul qu'ils sont candidats et demandent à faire la corvée; — que c'est toi qui devrais chercher autour de toi, dans tes rangs, — souvent dans ta retraite — des hommes honnêtes, désintéressés, intelligents, — des hommes de morale, des hommes d'étude, des hommes de cœur, — des hommes qui ne se présenteront pas, précisément parce qu'ils jugent et comprennent la grandeur des devoirs que ce mandat impose, parce qu'ils craignent de ne pouvoir le remplir au gré de l'idée qu'ils s'en font ; — quelques-uns aussi, parce que, décidés à ne tirer de la position acquise aucun avantage personnel, honneurs, places, ni argent, ils ne voient aucune compensation à l'abandon d'une vie calme, paisible, consacrée aux joies de la famille, de l'étude, de la culture de leur esprit, de leur jardin, de leurs enfants.

Que c'est toi qui dois « faire les visites », te vêtir de blanc, te déclarer candidat, et aller prier les hommes qui en sont dignes, de te représenter ; en un mot, que la représentation nationale, la représentation du peuple français n'existera que du jour où il sera nécessaire de faire une loi, qui déclare l'acceptation du mandat législatif obligatoire comme le service militaire, comme le paiement de l'impôt.

Mais nous n'en sommes pas là.

Il y a quelques années, quelqu'un que je ne nommerai pas, un écrivain, reçut quelques propositions de deux points différents ; on lui offrait une candidature dans deux localités, — on l'engageait à s'y transporter, à faire imprimer et coller sur les murs des professions de foi, à provoquer des réunions tant *privées* que publiques pour y soutenir sa candidature, — il refusa net ; — je n'ai, répondit-il, aucun désir d'être député, — je n'en tirerais aucun avantage personnel, et je devrais faire beaucoup de sacrifices ; les questions à résoudre demandent un « travail sérieux », les séances une assiduité inexorable, — ça me dérangerait en cent façons ; — cependant je ne crois pas qu'un citoyen ait le droit de refuser un devoir, un mandat qui lui serait imposé par ses compatriotes, je ne refuserai donc pas le mandat. mais je ne solliciterai pas, je ne demanderai pas, je ne provoquerai pas les suffrages je ne ferai ni affiches, ni professions de foi, ni conférences, je ne collerai absolument rien : j'ai beaucoup écrit depuis quarante ans, et j'ai signé tout ce que j'ai écrit, — rien n'est si facile aux électeurs que de se renseigner sur ce que j'ai pensé et écrit pendant toute ma vie ; — je demeure à tel endroit, ajouta-t-il, à tant d'heures de chemin de fer de chez vous ; — au sortir de la gare, vous tournez à gauche et vous suivez, en tenant toujours la mer à droite, une route bordée de myrthes, de pins, de smilax, de térébinthes ; vous trouverez une vieille maison au milieu d'un jardin, planté par moi; à quelques pas de la porte, sur la grève, un bateau blanc;

C'est là.

Si vous croyez avoir besoin de moi, vous viendrez me prier d'être votre représentant. — On le trouva impertinent et on le laissa chez lui, à son grand plaisir.

Par une spirituelle ironie de la providence qui a ses moments de gaieté, les élections se sont faites cette fois en carnaval; — Paris « la suprême commune, » comme l'appelle Hugo, — qui, en sa qualité de néophyte, croit que la liberté d'un républicain consiste à transporter à la canaille les flagorneries adressées autrefois aux rois; Paris a vu ses maisons, ses rues, ses arbres, couverts, bariolés d'affiches de toutes couleurs.

Paris s'est déguisé en Arlequin, puis tous les masques ont défilé, crié, couru, chanté, pantalonné. — Par un autre sarcasme, les réunions les plus importantes, dites politiques, ont eu lieu à l'endroit autrefois célèbre, d'où les masques avinés, dépenaillés, exécutaient, le matin du mercredi des cendres, une sorte de danse macabre qu'on appelait « la Descente de la Courtille ». Là, des farceurs, par centaines, déguisés les uns en Jocrisse et en Cassandre; les autres en Robert-Macaire et en vendeurs de poudres et de vulnéraires s'en sont donné à cœur-

joie. — Rien n'a manqué à la fête, pas même les
« engueulements traditionnels » et la récitation du
catéchisme poissard.

Mais je me trompe, quand je dis que rien n'a
manqué ; — il a manqué et il manque le bœuf
gras. — Le bœuf gras et sa célèbre promenade ont
été supprimés. — En effet, par la politique qui
court, il n'y aura plus que les « vaches maigres »
de la Bible et « la vache enragée » de la Bohême.
A voir débiter toutes ces tartines dans les assemblées
appelées si galement « réunions privées » et dans
les autres appelées « publiques » il n'est pas difficile de voir que ces tartines sont de celles que le
peuple, au temps de feu son bon sens, appelait
« plus de beurre que de pain ». Que l'on voit bien
des gens étaler des confitures sophistiquées, poivrées,
pimentées, mais qu'il manque à ces tartines une
condition indispensable aux bonnes tartines, c'est
qu'il y ait du pain dessous.

Voyons un peu le défilé :

Voici maître Ollivier ; il était entré à l'Assemblée
des représentants comme un des cinq « irréconciliables » et s'intitulait de plus le « spectre de l'Empire ». Il s'est, comme on sait, réconcilié le premier ;
les quatre autres ne lui pardonneront jamais de
les avoir prévenus.

Là, il nous a jetés dans cette guerre sinistre qu'il
a commencée, comme il l'a dit publiquement, d'un

« cœur léger ». Il avait à choisir : les républicains ni les bonapartistes ne veulent de lui. Il n'était pas exposé à céder à des agaceries, à des suggestions, à des entraînements ; il s'est décidé à créer, pour lui seul, un troisième parti bonapartiste. Nous avions déjà les Rouhéristes et les Jérômistes ; il constitue, à lui seul, les Olliviéristes. — Il a adressé, aux habitants du Var, une pastorale, une idylle, de laquelle, avec des comparaisons, des tropes, empruntées aux choses de la campagne — *sub tegmine fagi* — il ressort que maître Ollivier n'a été ministre et ami de l'empereur que par dévouement pour la France ; qu'il a été opposé à la guerre ; qu'il n'est pas du tout certain, d'ailleurs, qu'il y ait eu une guerre ; que les Prussiens soient entrés en France et à Paris et que nous ayons perdu l'Alsace et la Lorraine. — D'abord, avons-nous jamais eu l'Alsace et la Lorraine ? — N'est-ce pas un bruit qu'ont fait courir les adulateurs de Louis XIII ? — N'est-ce pas également un bruit que les ennemis de maître Ollivier ont fait courir, — et, s'il est élu, une fois à la Chambre, il saura réfuter ces calomnies et imposer silence aux calomniateurs.

Ça sera curieux à voir et à entendre, et il y a des gens qui voteront pour lui rien que pour ça.

Quand je parle de trois sectes dans le bonapartisme, c'est pour ne pas entrer dans les menus détails. — Mais enfin ce parti, comme antécédents, nous représente trois invasions étrangères et des cadavres français éparpillés dans le monde entier; comme principe, l'élection par le suffrage libre du peuple et en même temps l'hérédité ; un résultat fort semblable à celui qu'on annonce devant les baraques des foires : le produit des amours d'une carpe et d'un lapin. En effet, on compte inviter le peuple à exprimer sa volonté dans des comices, et d'avance on appelle un des candidats héritier et prince impérial — comme si on comptait tricher et jouer à coup sûr.

M. de Girardin, le « premier de nos publicistes » et « l'inflexible logicien », le leur fait bien voir et le leur dit tout net dans son journal.

En voilà encore un qui a été bien calomnié. — Beaucoup, en le voyant aujourd'hui ardent républicain, prétendent qu'en 1848 il était ardent anti-républicain; — qu'il a contribué plus que personne à l'élection du prince Louis Bonaparte et que, contre Cavaignac, l'honnête homme qui eût institué la république, il n'a reculé ni devant les attaques les plus acharnées ni même devant un peu de calomnie.

L'Empire, qu'est-ce que c'est que ça ? qu'on ne lui en parle pas. Il n'a pas oublié comment ça finit — la guerre et ses désastres — mais il a oublié, disent les susdits calomniateurs, qu'il a, plus que personne, poussé à la guerre, non-seulement par son journal, mais aussi en donnant de sa personne.

— On raconte que, à l'Opéra, il se pencha hors de sa loge, en criant : A Berlin! à Berlin!

N'a-t-on pas dit de M. Thiers, de cet « admirable et sinistre » vieillard, qui ne voit de salut pour la France que dans une république dont il serait le président, que, à diverses reprises, il a fait déporter et fusiller un très-grand nombre de républicains? Ne lui a-t-on pas prêté des opinions et des propos insensés? — Ne prétend-on pas qu'il a contribué, plus encore que M. de Girardin, à l'élection du prince Louis? — Ne prétend-on pas qu'il a dit publiquement : « La république finira toujours dans l'imbécillité ou dans le sang? » — N'a-t-on pas glissé, à propos de maître Gambetta, qu'il l'avait appelé fou furieux et qu'il avait attribué, au gouvernement du 4 septembre, la moitié de nos pertes en territoire, en hommes et en argent? — N'a-t-on pas réussi à créer, entre M. Thiers et maître Gambetta, y comprise sa queue, un malentendu regrettable par suite duquel il a été un moment appelé sinistre vieillard et mis « hors la loi? » — N'a-t-on pas démoli sa maison?

Mais une bonne farce :

Pendant que le malentendu n'était pas éclairci, pendant que les cancans, potins et ramages circulaient encore, on a fait rebâtir la maison par les réactionnaires, et M. Thiers a gagné dessus.

Et on a bien ri à Belleville et à la place Saint-Georges.

Mais heureusement tout s'est arrangé ; M. Thiers et maître Gambetta sont une paire d'amis. M. Thiers, comme Victor Hugo, occupe, après maître Gambetta, une position subalterne, mais encore honorable dans le parti ; et une fois au haut de la côte, si on voit décidément qu'on n'a plus besoin du « cheval de renfort, » comme l'appelait Eugène Pelletan, eh bien, on se contentera de le dételer et de lui fendre l'oreille comme aux chevaux des gendarmes réformés ; mais on n'oubliera pas ses services, on ne l'enverra pas à l'équarrisseur.

Quant à présent, tout en le mettant à une place modeste, cependant on ne lui épargne pas les louanges, on lui en donne même que certaines gens affectent de trouver très-farces.

Exemple :

« M. Thiers ne s'est-il pas loyalement démis de ses hautes fonctions devant un simple vote du parlement » (textuel). Et que pouvait-il faire selon ces gens, devant ce simple vote, si ce n'est de se démettre ?

Il pouvait appeler, autour de lui, la phalange de héros républicains avec laquelle il marche. — On sait ses aptitudes militaires.

Je vois d'ici l'armée qu'il eût pu opposer au vote de l'Assemblée :

Lui-même, le Jupiter-mouche, Assemble-nuage, comme l'appelle Homère — νεφεληγερέταο — la fou-

dre à la main, monté sur *Babiéca*, le cheval du Cid,
— l'aigle est en disgrâce;

Félix Pyat, aux pieds légers, — ποδας ωχυ — invulnérable excepté au talon, et si résolu qu'il ose s'exposer en les montrant sans cesse pour braver ses ennemis;

M. Freycinet, le grand stratégiste;

Maître Gambetta, portant à la main la Durandale de Rolland :

Et les citoyens *Passe-douet*, Loiseau-Pinson, Spuller, Germain Casse, Pourret, Asseline, Poncy;

Et les terribles Lyonnais : M. Barodet et sa queue — car ces petites comètes — *dii minores* — ont aussi leur queue — Gouttenoire, Pollasse, Damouzin, Busque, Silibet, Borasse, les habitués du café du Chat (voir le dernier procès de Lyon), armés de la *flamberge* de *Renaud*, de la *Fusberte* de Richardet; D'*Argail*, la lance d'Astolphe ; De la *Tizonade*, l'épée de Cid ; De la *Balizarde* de Roger, de la discipline à nœuds de Ferragus, etc.

Les divisions du parti pseudo-républicain ne sont qu'apparentes comme celles des bonapartistes; — il est vrai que ce sont les membres de ce parti qui affirment cette touchante union, cette puissante unanimité. — Maître Gambetta a tenté de « revisser sa queue à son échine », comme dit Victor Hugo dans *Lucrèce Borgia*. — Est-elle « revissée triomphalement » ? pour employer l'expression du grand poëte.

Il est permis d'en douter. Maître Gambetta est allé revoir ses amis de Belleville et causer avec eux de leurs amis de Nouméa. — Il leur a dit des choses bien remarquables qui me feraient croire que lui aussi a été calomnié. Ainsi ils auraient, lui et les autres, « saisi l'épée que l'Empire venait d'abandonner, et s'en seraient servi, de façon à nous conserver l'estime des nations. » (Textuel.)

Il paraît qu'ils se sont battus comme des lions ; presque tous sont morts et les autres sont couverts de blessures. — C'est sur des tas d'ennemis immolés qu'on a ramassé le fils de l'épicier de Cahors ; aussi, il n'hésite pas à dire : « Je n'ai jamais manqué à ma parole » et « ce que j'ai dit je l'ai fait ». Il est vrai qu'il avait juré de mourir et qu'il n'est pas mort, mais il s'en est fallu de si peu ; il est vrai qu'il avait juré fidélité aux principes de 89, mais s'il a l'air de les avoir jetés par dessus bord, c'est pour alléger le navire et diminuer son tirant-d'eau.

C'est « une frime », on va les repêcher et aussi ceux de 93. On n'attend, pour cela, que le retour des amis absents.

Regardons ailleurs : — Là une république sans républicains, ici des républicains sans république, des légitimo-bonaparto-républicains, des républico-bonaparto-légitimistes.

Nous sommes dans une de ces situations dont

parlait Cicéron pendant les guerres civiles qui furent la fin de la république romaine.

« On voit facilement avec qui on ne veut pas marcher, mais on ne voit pas avec qui on veut être. »

Mais puisque maître Gambetta est allé se retremper à Belleville, puisque il est allé « revisser sa queue, » parlons de cette queue de la république :

On peut la diviser en trois parties, ou trois tronçons.

Premier tronçon :

Quelques gens honnêtes, de bonne foi, peut-être malheureux, assez énergiques, mais trompés, enivrés, abêtis par la faconde des balcons, des clubs, des tavernes et la phraséologie creuse et vénéneuse de certains journaux.

Deuxième tronçon :

Des ouvriers inhabiles ou paresseux, un peu « loupeurs », un peu « pochards », un peu tapageurs, s'intitulant exclusivement les « travailleurs » et la « classe laborieuse », et reconnaissables surtout à leur absence habituelle de l'atelier et à l'horreur du travail.

Troisième tronçon :

Une horde immonde de piliers d'estaminet, de souteneurs de filles, de repris de justice, de filous, de voleurs, d'assassins, d'incendiaires, etc.

La politique sérieuse, disons mieux, le salut de la société, si cette société, malgré les apparences, doit être sauvée, exigeraient que ces trois tronçons fussent résolûment séparés.

Premier tronçon :

Indulgence, soins paternels; on leur démontre leur aveuglement, on leur fait comprendre ce que disait Franklin : « Tout homme qui vous promettra de vous rendre riches et heureux par des moyens autres que le travail, la sobriété et l'économie, est un coquin qui veut vous tromper et vous exploiter. »

Et ce que Cobden, après Franklin, disait aux ouvriers anglais :

« Je serais un imposteur si je faisais espérer aux membres d'une classe quelconque qu'ils pourront améliorer leur sort en restant imprévoyants, insouciants et paresseux. »

On aiderait les membres de ce tronçon à rentrer dans la voie du travail, de l'honnêteté et du bonheur.

Deuxième tronçon :

Ce tronçon serait mis en surveillance, en quarantaine, épluché et trié avec soin; plus tard, quelques-uns seraient réunis au premier tronçon, les autres rejetés au troisième.

Troisième tronçon :

Quant à ce tronçon, il faudrait en traiter les « vertèbres » dès à présent, en ennemis déclarés et irréconciliables de la société, et user de représailles... même préventives.

Voilà ce qu'il faudrait faire,

Mais on ne le fera pas.

Et pendant ce temps, un certain nombre d'avides et d'ambitieux, s'il est encore des ambitieux, continueront à réunir, à ressouder les trois tronçons, et avec cette armée, monteront à l'assaut des places et surtout de l'argent et des jouissances sans travail, quittes à se cacher et à se mettre à l'abri, à renier, à repousser leurs complices, à les laisser tuer dans les rues, ou envoyer à Nouméa, quand l'insurrection est vaincue ; — ou même à les fusiller et à les déporter eux-mêmes, quand l'insurrection les ayant portés au pouvoir, ils jugent que le tour est fait, qu'il n'y a pas moyen d'assouvir la faim, d'étancher la soif qu'ils ont exaspérées, deviennent conservateurs de ce qu'ils ont « conquis » et s'efforcent de faire partie de ce qu'on appelle « les honnêtes gens ».

XLIX

Une des circonstances où la rhétorique est le plus richement et le plus complétement armée, c'est lorsqu'il s'agit de donner des consolations et de prêcher le respect pour le malheur.

Cela vient probablement de la fréquence des occasions qui se sont présentées de tout temps et se présentent, et de la multiplicité des malheurs, afflictions, sujets de deuil et de chagrins, etc., provenant tant de la condition naturelle et originelle de l'homme, que des divers inventions, progrès, enjolivements, etc., qu'il y a successivement ajoutés depuis le commencement du monde.

On s'est moins occupé de proclamer et de pratiquer le respect pour le bonheur qui, cependant, a un double droit à la protection, au respect, aux égards de toutes sortes, et parce qu'il est plus rare et parce qu'il est plus fragile.

Il m'est arrivé plus d'une fois de changer de chemin dans la campagne, pour ne pas déranger un oiseau qui becquète quelques graines rouges rencontrées de fortune sur une aubépine.

J'avais donc quelque scrupule à l'endroit des prétendus républicains, soi-disant radicaux et de leur victoire dans les élections du Sénat et dans les élections de l'Assemblée législative; — je me demandais s'il ne fallait pas, pendant quelque temps au moins, les laisser cuver leur joie et jouir de leur triomphe, mais en regardant ce triomphe et cette joie de plus près, je n'ai pas tardé à voir que ce triomphe n'est pas aussi complet, que cette joie n'est pas aussi pure qu'ils en ont l'air au premier abord.

On ne manque pas en France de sapeurs, de démolisseurs, de destructeurs ; c'est un métier plus facile et plus amusant, mais ce que le pays produit avec moins de générosité, ce sont les architectes et les maçons, pour relever, rebâtir, remplacer ce qu'on a abattu, renversé et détruit. — Aussi, le moment critique pour les oppositions en politique, c'est le moment où la maison longtemps assaillie, ébranlée, minée, vient à s'écrouler tout à fait ; et lorsque ceux qui la défendaient, les uns ensevelis sous les décombres, les autres effrayés ou découragés, laissent la place aux assaillants, en leur disant : Eh bien, à votre tour ; il n'y a plus rien, il faut coucher à la belle étoile, ou rebâtir quelque chose. Pour nous, nous en avons assez, montrez ce que vous savez faire.

Or, pendant qu'ils attaquaient la maison, ils ne se privaient pas de crier : O peuple, cher petit peuple, viens aider tes amis à démolir le taudis, la baraque, le bouge, où te tiennent renfermé tes oppresseurs ; — viens, et nous te donnerons en échange des palais de marbre de Paros. — Le peuple vient, donne une forte « poussée » et la maison est par terre, — d'abord les chefs de l'assaut se réjouissent, se congratulent, se frottent les mains, mais bientôt ils échangent des regards inquiets, puis ils se demandent : Où est le marbre de Paros?

Est-ce toi par hasard qui a le marbre de Paros? et puis qui sait d'entre nous, le scier, le tailler, le polir? qui sait faire un plan et l'exécuter? où sont les architectes et les maçons? — Personne ne répond, le peuple commence à murmurer, les vainqueurs s'inquiètent, se troublent, et finissent par appeler quelqu'un des vaincus découragés ou effrayés, et lui demandent son aide; — alors on ramasse les débris de l'édifice renversé, on rejoint, on recolle les fragments, et on refait tant bien que mal, de pièces et de morceaux un abri un peu plus laid, un peu moins solide que le précédent.

Le moment est arrivé pour les prétendus républicains soi-disant radicaux ; ils ont assez crié sur les toits qu'ils avaient le bonheur du peuple dans la poche de leur gilet, qu'aussitôt qu'ils seraient les maîtres, tout irait bien, que tous les maux, toutes les afflictions, toutes les misères disparaîtraient comme par enchantement, et que, par un autre enchantement, on verrait leur succéder tous les plaisirs, toutes les prospérités, toutes les joies que les « travailleurs », que « la classe laborieuse », n'aurait plus besoin de travailler, que tout le monde serait riche, sauf les anciens riches dont la pauvreté augmenterait par son contraste les jouissances de leurs remplaçants ; — c'est alors qu'on verrait de bonnes lois et des lois respectées ; c'est alors qu'on verrait réguer une paix glorieuse et fleurie, à la fois l'olivier et le laurier entrelacés. La liste est longue des choses qu'ils ont promises dans leurs journaux, et plus libéralement dans leurs discours.

— Voici le moment arrivé, et déjà on fait résonner à leurs oreilles :

Eh bien ! y sommes-nous ? quand commence-t-on ? Un autre moment ne tarde pas à succéder à celui-là, où il faut répondre : Tout à l'heure, un peu de patience, nous allons nous y mettre, puis il y a des choses que nous avions promises, il est vrai, mais qui ne se trouvent pas ; — il y a les côtelettes de sphinx à la purée de chimère, qui sont toujours un mets exquis, mais il nous manque quelques assaisonnements, il y a dans les progrès que nous vous avons promis, un certain nombre auquel il faudra renoncer, d'autres qu'il faudra ajourner, — mais ne bougeons pas, nous sommes les maîtres, et tout ira bien. — C'est alors que le peuple qui a aidé à la démolition, commence à soupçonner que ses chefs et ses maîtres pourraient bien être des farceurs, et qu'ils ressemblent aux singes, animaux destructeurs, assez drôles, habiles à grimper, mais qui, une fois en haut ne savent plus que faire des grimaces ridicules ou hideuses, et montrer leurs derrières rouges ou bleus, suivant l'espèce.

Voici ce qu'on m'écrit de Paris :
« Vous n'êtes donc plus républicain, vous, — la

raison même, — alors que tous les gens raisonnables, honnêtes et patriotes le sont devenus? »

Voici ma réponse :

D'abord, cher monsieur, il est facile de comprendre qu'un homme qui vit à trois cents lieues de Paris, dans un hameau, sur les grèves de la Méditerranée, beaucoup plus avec les anciens qu'avec les contemporains, beaucoup plus avec les livres qu'avec les hommes, n'a pas l'habitude d'attendre la poste pour recevoir de « la capitale » ses opinions, ses idées et ses sentiments des diverses « maisons de confections » qui fournissent la province.

Il lui importe peu de savoir ce que « on porte » pour le moment, soit comme gilet, soit comme opinions, il courrait trop de risques de n'adopter les modes qui se succèdent qu'à mesure qu'elles n'existeraient plus.

Je suis républicain, non parce que « on » est républicain en ce moment, mais parce que je le suis; — aussi l'étais-je également quand « **on** » était bonapartiste, et le serais-je encore aux jours, — *di omen avertite,* — où grâce à certains faux républicains, la république ne serait plus à la mode.

Et les gens « raisonnables, honnêtes et patriotes » y auraient renoncé.

Il y a longtemps que j'écris, — je n'ai pas écrit une ligne sans la signer, — ma route est facile à retrouver et à suivre, elle est jalonnée par mes écrits, comme celle du Petit Poucet par ses cailloux blancs.

Je suis républicain, mais je ne suis pas du parti républicain ; cette distinction n'est pas aussi vague ou subtile qu'elle en a l'air ; — elle veut dire que je n'ai à demander, n'ai jamais demandé, et ne demande à la république que... la république et le bonheur de la France qui est doublement ma patrie, car j'y suis né par hasard comme trente millions d'autres, mais de plus je l'ai choisie entre toutes, n'étant légalement français que par un acte de naturalisation que j'ai demandé et obtenu, après m'être efforcé de le mériter.

J'ai toute ma vie défendu par mes écrits tous les droits du peuple. Je vous prie de croire que par peuple, je n'entends pas comme beaucoup le font bêtement une partie de la nation qu'on irrite et qu'on lance contre l'autre, mais la nation entière. En parlant de droits, je dois dire également que je ne sais pas de droit qui ne soit doublé d'un devoir.
Je défie le plus ardent comme le plus ancien républicain de trouver une injustice que je n'aie flétrie, un opprimé dont je n'aie pris la défense, une action noble dont je n'aie fait l'éloge, une mesure utile que je n'aie provoquée.
Je suis républicain, mais je mets la chose avant

le nom ; j'aurais de grand cœur sacrifié à jamais le mot pour avoir la chose deux heures plus tôt.

Je n'écris pas sur ma porte une enseigne dont se contentent beaucoup de gens ; aujourd'hui comme toujours, je veux tous les droits, mais aussi tous les devoirs ; — je veux toute la liberté, mais la liberté de chacun ayant pour limite la liberté des autres ; — je veux l'égalité, non pas ce ridicule rêve d'envieux qui voudraient tout abaisser sous un stérile niveau ; non pas l'égalité des salaires si follement prêchée par Louis Blanc ; — non pas l'égalité des dépenses, la seule qu'on ait acquise depuis le temps qu'on parle d'égalité, — mais l'égalité qui élève, l'égalité qui rétribue chacun selon ses œuvres, l'égalité devant la justice, l'égalité devant la loi.

Je veux la fraternité, mais elle, sans limite, et surtout sans hypocrisie.

Je veux que les opprimés cessent d'être opprimés mais je ne veux pas qu'ils deviennent oppresseurs à leur tour.

Je trouve et j'ai toujours trouvé bête qu'on dit au peuple : Peuple, tu es Roi, en entendant par le peuple une fraction de la nation : je n'ai jamais laissé échapper une occasion de montrer le ridicule et le danger de ces *boniments* de charlatans. — Est-ce à dire qu'une fraction hérite non-seulement du pouvoir, mais encore de la tyrannie, des priviléges, des abus de la royauté, — il n'y aurait alors de changé que les personnes ; je n'ai jamais vu, je ne vois pas quels bénéfices le pays trouverait à remplacer Charles X, Louis-Philippe, Napoléon III, par un certain nombre d'avocats ou d'ouvriers ou de « travailleurs », qui feraient absolument la même chose, — il y aurait seulement en plus les frais de déménagement qui sont lourds, et j'ai rappelé alors et je rappelle aujourd'hui ce que disait mon matelot Buquet qui changeait de domicile pour complaire à sa femme ; — il y a des gens, disait-il, qui aiment à changer de punaises.

Et je disais encore en 1848, et je dis aujourd'hui : N'écoutez pas les gens qui voient dans la république le triomphe d'un parti, — la république-parti donne le droit à tous les autres partis de lever la tête et de ne pas désarmer.

La république doit être « le gouvernement des meilleurs choisis par tous ».

J'accepte le suffrage universel, mais à condition qu'il soit... universel, qu'il ne soit pas égaré par les coteries ; — je veux qu'il soit l'expression réelle de la pensée et des sentiments de chaque électeur, mais je veux aussi que, par des combinaisons faciles à trouver, les suffrages soient à la fois comptés et pesés.

Je disais en 1848, comme je dis aujourd'hui, ne vous trompez pas sur le sens du mot républicain, il ne suffit pas qu'un homme s'intitule républicain, même depuis longtemps, — ne vous fiez à aucune enseigne — voyez vous-même si l'homme que vous avez en vue est bon, humain, intelligent et courageux ; voyez s'il aime le peuple, s'il secourt le pauvre et de quelle manière il le fait, — voyez s'il traite avec une affectueuse bienveillance non pas tous les ouvriers et tous les paysans, mais ceux qui se montrent honnêtes, intelligents, laborieux ; — si l'on vient vous dire ensuite que cet homme-là n'est pas républicain, n'importe, fiez-vous à lui et donnez-lui votre voix.

Si un autre est avide, avare, vaniteux, égoïste, ambitieux, flagorneur aujourd'hui, hier et demain dédaigneux, — il aura beau vous dire : Je suis républicain, je le suis depuis vingt ans, depuis trente ans, — répondez : Qu'est-ce que ça me fait ? et refusez-lui votre voix sans hésiter.

Préférez le bon sens à la facilité de parler, — les phrases courtes et pleines aux phrases longues et vides, — défiez-vous des mots sonores, rien n'est plus sonore que ce qui est creux.

Que la tribune soit détruite : avec elle disparaîtront les longs discours vides et empoisonnés, — ceux qui ont quelque chose à dire ne verront plus la parole usurpée par ceux qui ne savent que parler, — les bonnes pensées et les bons sentiments ne seront plus étouffés par les grands mots et les grandes phrases, — le pays peut être perdu en beau français et sauvé en patois.

J'étais, dans les anciens temps, et je suis toujours républicain avec Cincinnatus, qu'on allait chercher à la charrue quand on avait besoin de lui, et qui y retournait quand la besogne était faite, avec Caton, avec Fabricius, avec Decius, — je le suis encore avec Cicéron qui était un aristocrate, — avec Marc Aurèle qui était empereur.

De notre temps j'ai été républicain avec Lamartine, qui au pouvoir a achevé de se ruiner; avec Cavaignac, avec Charras, avec Foissy, le cousin de Cavaignac, qui tous deux sont entrés colonels et sortis colonels, avec Bastide, avec Thouret, avec Vaulabelle, et longtemps avec Crémieux.

Je ne l'ai pas été, je ne le suis pas, je ne le serai jamais avec Louis Blanc, qui par ses théories insensées du « droit au travail et de l'égalité des salaires, » a tant contribué aux sinistres journées de Juin; avec Ledru-Rollin, à propos duquel dès le mois de mars 1848, j'écrivais publiquement à Lamartine : « Il est temps de défendre la république contre Ledru-Rollin ».

Je n'étais pas républicain avec ceux qui ont amené l'usurpation du 2 décembre, — car, il ne faut pas s'y tromper, ceux qui ont fait l'Empire, ce ne sont pas ceux qui ont crié vive Napoléon, mais ceux qui ont crié vive Robespierre et Marat, et ce n'est pas sur eux-mêmes, mais sur ces pseudo-républicains-là que comptent aujourd'hui les bonapartistes, qui pensent que la France a encore besoin d'une ou deux invasions; je ne suis ni républicain, ni rien autre chose avec ceux auxquels, suivant M. Thiers, leur allié d'aujourd'hui, la France doit la moitié de ses pertes en territoire, en argent, en hommes.

Avec ceux qui, envoyant tant de gens à la mort et ayant juré de mourir eux-mêmes jusqu'au dernier, ne se sont pas une seule fois exposés au moindre des dangers.

Avec ceux qui se sont emparés des places où, grassement payés, ils se tenaient à l'abri des balles prussiennes; avec ceux qui, pendant la Commune, n'osant ni combattre avec ceux qu'ils avaient perdus, ni combattre contre eux, allaient attendre la fin sous les orangers de Saint-Sébastien; je ne suis pas avec M. Cotte, qui a été convaincu de fraudes électorales, ni avec ce vieux gamin d'Esquiros qui prêche la nécessité de la guillotine, ni avec les divers farceurs que j'ai connus successivement légitimistes, orléanistes ou bonapartistes; je ne suis pas républicain avec ceux pour qui la république n'est pas le but mais une échelle, qui jettent à l'eau tous les principes pour alléger leur bateau et passer sur les récifs; je ne suis pas républicain avec les lâches, avec les avides, avec les incapables, avec les voleurs, avec les assassins, avec les incendiaires, ni avec ceux qui les appellent leurs amis, depuis que ça peut se faire sans danger et les ont laissé déporter et fusiller; je ne le suis pas non plus avec les charlatans, ni avec leurs dupes.

Je maintiens cependant que la république est sans contredit, la plus équitable, la plus heureuse, la plus noble des formes de gouvernement.

Aussi, c'est avec un vrai chagrin que je constate que nos mœurs chaque jour vont s'éloignant de la république, et que restant républicain, j'ai bien peur de l'être tout seul.

L

Les orateurs de clubs, d'assemblées privées ou publiques, ont un certain nombre de discours qu'ils vont réciter de place en place, comme les comédiens ont leur répertoire. Louis Blanc, qui est un talent réel, en a donné une preuve récente ; faisant allusion aux crimes de la première révolution, il disait : « Ces excès ne peuvent plus se renouveler » et ces paroles il les prononçait après la Commune.

Oui, tout peut se renouveler, si on laisse faire ; et alors il n'est pas hors de propos de remettre sous les yeux des Français, les horribles excès auxquels se sont livrés à une autre époque les pères et les modèles de certains de nos prétendus démocrates d'aujourd'hui : il a été non-seulement de doctrine, mais bien plus de mode sous la Restauration, et depuis, de réhabiliter un certain nombre de scélérats, tels que Robespierre, Marat, Couthon, etc.; en ajoutant à leurs forfaits, je ne sais quelles enluminures; aussi presque tous les esprits en France sont tout à fait faussés sur l'histoire de cette époque; — nous venons de voir les chefs du parti soi-disant républicain, revisser solennellement à leur échine leur queue de voleurs, d'assassins, d'incendiaires, et promettre de ramener à Paris, au moyen de l'amnistie, « les absents, les amis de Nouméa ».

Il m'est tombé entre les mains un volume imprimé au mois de nivôse, an III° de la république; ce volume est un rapport rédigé par E. B. Courtois, député du département de l'Aube, et par les ordres de l'Assemblée; j'en extrairai, non pas des récits, mais des aveux et des confessions faits et signés par quelques-uns des héros de cette époque, se vantant entre eux de leurs hauts faits, — ces extraits sont tirés « de papiers et de lettres trouvés au domicile de Robespierre » et d'une authenticité inattaquable.

En voici aujourd'hui quelques-uns :

« Strasbourg, septidi, 27 Brumaire,
ll° année républicaine.

» Voilà la cinquième lettre que je t'adresse, mon cher Daubigny, sans que tu aies encore daigné prendre la peine de m'écrire deux lignes ; je te somme, par la vieille amitié qui nous lie, de sortir enfin de cette coupable apathie envers un homme dont tu connais le cœur, les principes et les sentiments.

» Tu ne veux ou ne peux donc rien en faveur du pauvre Bérard, auquel pourtant tu as donné un bien funeste conseil !

» Je te conjure de le voir ou de lui écrire, de faire les derniers efforts enfin pour que mes intérêts soient assurés ; 80,000 livres valent bien la peine qu'on s'en occupe, surtout quand c'est uniquement cela qui forme tout l'avoir, toute l'existence.

» J'aurais bien besoin à Paris pour cet objet, et encore pour mettre à couvert d'autres intérêts qui, quoique offrant un résultat moins prochain, n'en sont pas moins précieux ; ce sont ceux de mon association de terrains nationaux avec les hommes que tu connais : mais mon devoir m'attache à mes coopérateurs, et je ne puis ni ne dois les quitter. Conviens, Daubigny, qu'on ne peut être plus malheureux ;

mais je m'en f...., pourvu que la république triomphe, que la liberté s'affermisse.

» Il était temps que Saint-Just vînt auprès de cette malheureuse armée, et qu'il portât de vigoureux coups de hache au fanatisme des Alsaciens, à leur indolence, à leur stupidité allemande, à l'égoïsme, à la cupidité, à la perfidie des riches : autrement c'en était fait de ces beaux départements. Il a tout vivifié, ranimé, régénéré, et pour achever cet ouvrage, il nous arrive de tous les coins une colonne d'apôtres révolutionnaires, de solides sans-culottes; sainte guillotine est dans la plus brillante activité, et la bienfaisante terreur produit ici, d'une manière miraculeuse, ce qu'on ne devait espérer d'un siècle au moins par la raison et la philosophie. Quel maître-bougre que ce garçon-là ! La collection de ses arrêtés sera sans contredit un des plus beaux monuments historiques de la révolution.

» Dis quelque chose pour moi à la citoyenne ton épouse, au citoyen et à la citoyenne Compant.

» Je t'embrasse, ton frère et ami,

» Signé : GATTRAU. »

Lettre de Cousin à Robespierre.

« Cossé, dans le Bas-Maine, ce 27 Nivôse, l'an
second de la République, une, indivisible et
impérissable.

» Incorruptible représentant,

» Nous sommes ici à exterminer le restant des
chouans, enfouis dans des bois; le sang impur des
prêtres et des aristocrates abreuve donc nos sillons
dans les campagnes, et ruisselle à grands flots sur
les échafauds dans nos cités. Juge quel spectacle
est-ce pour un républicain animé, comme je le
suis, du plus pur amour et du feu le plus sacré de
la liberté et de la patrie qui brûle dans mes veines!

» Salut et fraternité,

» Signé : COUSIN. »

Joseph Lebon à ses collègues Lebas et Saint-Just.

« Cambrai, ce 23 Floréal, l'an second de la
République française, une et indivisible.

» La machine est en bon train, je l'espère; l'aristocratie tremble, et les sans-culottes relèvent leur

tête, si longtemps humiliée. Les fonctionnaires prévaricateurs ne m'échapperont pas ; ceux qui n'ont pas osé déployer d'énergie jusqu'à ce jour ne savent par quels moyens réparer leur faiblesse passée. La conduite de tous sera examinée scrupuleusement et vous entendrez parler des résultats.

» Messieurs les parents et amis d'émigrés et de prêtres réfractaires accaparent la guillotine. Avant-hier, un ex-procureur, une riche dévote veuve de deux ou trois chapitres, un banquier millionnaire, une marquise de Menaldy, ont subi la peine due à leurs crimes.

» Les sans-culottes se décident ; ils s'enhardissent, en se sentant appuyés. Patience, et ça ira d'une jolie manière.

» Les dénonciations commencent, et donnent lieu à des arrestations nouvelles.

» Notre collègue Florent Guyot est arrivé ici hier soir.

» Salut et fraternité,

» Signé : Joseph Lebon. »

Joseph Lebon, représentant du peuple, à ses collègues Saint-Just et Lebas.

« Citoyens collègues,

» Je suis arrivé à Cambrai, hier le soir, accompagné de vingt braves que j'ai amenés avec moi.

J'ai vu les autorités constituées et la société populaire. Je ne m'expliquerai point sur elles dans ce moment.

» J'espère faire le bien à Cambrai, et y inspirer la terreur civique.

» Aujourd'hui, je ferai assembler tout le peuple, et je lui parlerai, en masse, le langage de la vérité et de la raison.

» Le tribunal va, de suite, entrer en activité, et fera justice de tous les traîtres.

» Salut et fraternité,
» Signé : Joseph Lebon. »

Lettre de Darthé à Lebas.

« A Cambrai, le 30 Floréal, l'an IIe de la République française, etc.

» Mon cher ami,

» Le comité de salut public a dit à Lebon, qu'il espérait que nous irions tous les jours de mieux en mieux. Robespierre voudrait que chacun de nous pût former seul un tribunal et empoigner chacun une ville de la frontière. La vertu et la probité sont plus que jamais à l'ordre du jour.

» Je t'embrasse,
» Signé : Darthé. »

Lettre de Darthé.

« A Arras, le 29 Ventôse, an II° de la République, etc.

» Je vais te donner, cher ami, quelques détails sur ce qui se passe ici.

» Lebon est revenu de Paris, transporté d'une sainte fureur contre l'inertie qui entravait les mesures révolutionnaires. Tout de suite un jury terrible, à l'instar de celui de Paris, a été adapté au tribunal révolutionnaire; ce jury se compose de douze bougres à poil.

» Un arrêté vigoureux a fait claquemurer les femmes aristocrates dont les maris sont incarcérés, et les maris dont les femmes le sont.

» Les rédacteurs et fonctionnaires publics, signataires des arrêtés liberticides de 1792.

» Une perquisition vient d'être faite à la citadelle de Doullens, par une commission ardente de sept patriotes (j'étais du nombre). On y a trouvé des papiers contre-révolutionnaires, des provisions de bouche et d'argent énormes. L'infâme commandant se prêtait et favorisait la correspondance des monstres dont la garde lui était confiée. Nous l'avons enlevé, ainsi que douze de ces scélérats. La guillotine, depuis ce moment, ne désempare pas; les ducs, les marquis, les comtes et barons, mâles et femelles, tombent comme grêle.

» Il n'y a pas un de ces coquins-là qui n'ait mérité d'éternuer dans la besace. Tu imagines bien qu'il a fallu donner quelques coups de fouet. Je lance d'ici nos sans-culottes, et leur mets le feu sous le ventre.

» Nous l'avons juré aussi : la Convention a déclaré qu'elle sauverait le peuple, nous la seconderons de tout notre pouvoir. Les rapports de Saint-Just ont embrasé toutes les âmes.

» Demeulier m'a dit que tu pensais à moi. Arras peut être le siége d'une des six commissions populaires qu'on va installer, si le projet est de les disséminer dans la république.

» Lebon et sa femme t'embrassent et ta femme.
» Je t'embrasse.

» Signé : DARTHÉ. »

Lettres de Daillet à Robespierre.

« A Arras, le 29 Germinal, l'an II de
la République, une et indivisible.

Daillet à Robespierre aîné.

» Je viens de lire dans les papiers publics, que tous les conspirateurs seront traduits, de tous les points de la république, au tribunal révolutionnaire à Paris : ce décret est très-sage; mais la commune d'Arras est peut-être la seule qui pourrait en être exceptée.

» Voici mes motifs. Tu connais notre énergie ; nous ne faisons grâce à personne; nous frappons à coup sûr, parce que nous connaissons la moralité de chaque individu, et que nous sommes convaincus que, si les aristocrates n'ont pas pris une part active et ostensible dans les dernières conspirations, ils n'en ont pas moins appelé chaque jour la contre-révolution dans leur cœur et par leurs vœux, et qu'ils ont concouru, chacun selon leurs moyens personnels, à renverser la république; au lieu que toutes ces connaissances locales échapperont à un juré éloigné. Je t'engage à examiner s'il ne serait pas plus utile de nous conserver notre tribunal révolutionnaire avec son attribution.

» Tu recevras cette lettre par un courrier extraordinaire que Lebon adresse à Lebas.

» Je t'embrasse.

» Signé : DAILLET. »

» Nous allons toujours avec activité; mais nous ne sommes point secondés. Il semble que tous les habitants soient coupables, puisqu'aucun n'ose en dénoncer un autre. Nous venons cependant d'ouvrir les registres des autorités constituées et de la société populaire : nous y avons trouvé d'immenses richesses déjà, et nous y trouverons aussi, je l'espère, les noms des royalistes et des oppresseurs du peuple. Je t'embrasse.

» Signé : DAILLET, ton ami. »

Lettres de Collot-d'Herbois au citoyen Duplay, père. *(Lyon.)*

« Commune-Affranchie, le 15 Frimaire, l'an II° de la République, etc.

» Ami et frère, voilà de bonnes choses qui me viennent de toi; tout à la fois des nouvelles de toi, des tiens, le discours de Robespierre et l'assurance qu'il se porte bien. Tout cela est bien bon. Dis-lui, je te prie, de nous écrire aussi. Nos frères Jacobins vont à merveille; une lettre de lui leur fera grand plaisir et sera d'un bon effet. Nous avons remonté ici, non pas l'esprit du public, car il est nul, mais le courage, mais le caractère de quelques hommes qui ont de l'énergie, et d'un certain nombre de patriotes trop longtemps opprimés. Nous les avons tirés de la tiédeur où de faux principes et des idées de modération, salutaires aux conspirateurs à la vérité, mais cruelles et fatales à la république, les avaient entraînés. Nous avons ranimé l'action d'une justice républicaine, c'est-à-dire prompte et terrible comme la volonté du peuple. Elle doit frapper les traîtres comme la foudre, et ne laisser que des cendres. En détruisant une cité infâme et rebelle, on consolide toutes les autres. En faisant périr les scélérats, on assure la vie de toutes les générations des hommes libres. Voilà nos principes. Nous démolissons à coups de canon et avec l'explosion de la mine, autant qu'il est possible. Mais tu sens bien qu'au milieu d'une population de cent cinquante mille individus, ces moyens trouvent beaucoup d'obstacles. La hache populaire faisait tomber vingt têtes des conspirateurs chaque jour, et ils n'en étaient pas effrayés. Précy vit encore, et son influence se faisait sentir de plus en plus chaque jour. Les prisons regorgeaient de ses complices. Nous avons créé une commission aussi prompte que peut l'être la conscience de vrais républicains qui jugent des traîtres. Soixante-quatre de ces conspirateurs ont été fusillés hier, au même endroit où ils faisaient feu sur les patriotes; deux cent trente vont tomber aujourd'hui dans les fossés où furent établies ces redoutes exécrables qui vomissaient la mort sur l'armée républicaine. Ces grands exemples influeront sur les cités douteuses. Là sont des hommes qui affectent une fausse et barbare sensibilité : la nôtre est toute pour la patrie. Ceux qui nous connaissent sauront apprécier notre dévouement. Je ferai insérer le discours de Robespierre dans nos journaux.

» Présente l'assurance de mon amitié franche, inaltérable, à ta républicaine famille ; serre, en mon nom, la main de Robespierre. Bon citoyen, heureux père, ton jeune fils, déjà fort des principes dont il est nourri, recueillera un bel héritage et saura le conserver. La citoyenne Lebas doit être bien contente de ce qu'a fait son mari. Qu'il y a de satisfaction pour des républicains à bien remplir leur devoir !

» Salut, amitié et fraternité.

» Signé : COLLOT-D'HERBOIS. »

Lettre de Fouché et Collot-d'Herbois à la Convention nationale.

« Citoyens collègues,

» Nous poursuivons notre mission avec l'énergie de républicains qui ont le sentiment profond de leur caractère ; nous ne la déposerons point, nous ne descendrons pas de la hauteur où le peuple nous a placés, pour nous occuper des misérables intérêts de quelques hommes plus ou moins coupables envers la patrie.

» Nous avons éloigné de nous tous les individus, parce que nous n'avons pas de temps à perdre, point de faveur à accorder ; nous ne devons voir et nous ne voyons que la république, que vos décrets qui nous commandent de donner un grand exemple, une leçon éclatante ; nous n'écoutons que le cri du peuple qui veut que tout le sang des patriotes soit vengé une fois d'une manière prompte et terrible, pour que l'humanité n'ait plus à pleurer de le voir couler de nouveau.

» Convaincus qu'il n'y a d'innocent, dans cette infâme cité, que celui qui fut opprimé ou chargé de fers par les assassins du peuple, nous sommes en défiance contre les larmes du repentir ; rien ne peut désarmer notre sévérité ; ils l'ont bien senti ceux qui viennent de vous arracher un sursis en faveur d'un détenu.

» Nous sommes sur les lieux, vous nous avez investis de votre confiance, et nous n'avons pas été consultés.

» Nous devons vous le dire, citoyens collègues, l'indulgence est une faiblesse dangereuse, propre à ranimer les espérances criminelles au moment où il faut les détruire : on l'a provoquée envers un individu, on la provoquera envers tous ceux de son espèce, afin de rendre illusoire l'effet de votre justice. On n'ose pas vous demander le rapport de votre premier décret sur l'anéantissement de la ville de Lyon, mais on n'a presque rien fait jusqu'ici pour l'exécuter. Les démolitions sont trop lentes, il faut des moyens plus rapides à l'impatience républicaine. L'explosion de la mine, etc., l'activité dévorante de la flamme peuvent seules exprimer la toute-puissance du peuple : sa volonté ne peut être arrêtée comme celle des tyrans ; elle doit avoir l'effet du tonnerre.

» Signé : FOUCHÉ. COLLOT-D'HERBOIS.

» Ville-Affranchie, 26 Brumaire, l'an II de la République française, etc. »

Lettre de Collot à Couthon.

« Commune-Affranchie, le 11 Frimaire, l'an II° de la République, etc.

» Des mesures révolutionnaires qui sont continuellement méditées, mises en action, et qui doivent consommer le grand événement de la destruction de cette ville rebelle, et l'anéantissement de tous les traîtres. Je t'embrasse, respectable ami, reçois l'assurance de mon éternel et fraternel attachement.

» Signé : COLLOT-D'HERBOIS. »

Lettres de Collot au comité de salut public.

« Ville-Affranchie, le 17 Brumaire,
l'an II° de la République, etc.

» Collot-d'Herbois à ses collègues, composant le comité de salut public.

» Citoyens collègues,

» Les hommes sûrs étant excessivement rares, la démolition allait lentement, ils étaient beaucoup pour gagner leur journée et ne rien faire. La commission militaire a trop souvent employé, à juger ceux contre lesquels elle n'a pas trouvé de preuve, et qu'elle a élargis, des moments dont chacun devait être un jugement terrible prononcé contre les coupables. Elle en a fait fusiller plusieurs. Le tribunal va plus ferme; mais sa marche est lente : il a encore peu opéré.

» Les exécutions même ne font pas tout l'effet qu'on en devait attendre. La prolongation du siège, et les périls journaliers que chacun a courus, ont inspiré une sorte d'indifférence pour la vie, si ce n'est tout à fait le mépris de la mort. Hier, un spectateur revenant d'une exécution, disait : Cela n'est pas trop dur; que ferai-je pour être guillotiné!

ON DEMANDE UN TYRAN

insulter les représentants ! Jugez combien de telles dispositions seraient dangereuses dans une population énergique. Voilà l'état des choses.

» La mine va accélérer les démolitions, les mineurs ont commencé à travailler aujourd'hui. Sous deux jours les bâtiments de Bellecour sauteront. J'irai de suite partout où le moyen sera praticable envers les bâtiments proscrits. Les accusateurs publics vont marcher plus rapidement, le tribunal a commencé hier à aller par trois dans un jour. Les jacobins arrivés seront employés utilement. Enfin, je me concerterai pour des mesures nouvelles, grandes et fortes.

» Salut et fraternité,

» Signé : COLLOT-D'HERBOIS. »

« Ville-Affranchie, le 19 du 2ᵉ mois de l'an IIᵉ de la République, etc.

» Collot-d'Herbois à ses collègues, composant le comité de salut public de la Convention nationale.

» Citoyens collègues,

» Nous menons cependant toujours nos opérations aussi rapidement que possible. Bien des embarras naissent de l'insuffisance des premières mesures prises et de la disette des hommes sûrs. Nous avons donné aux tribunaux ou commissions, une marche bien plus vive. Hier, six coupables ont reçu la mort. Un nouveau tribunal va se mettre en activité à Feurs; la guillotine, nécessaire pour consommer ses jugements, a été commandée hier et partira sans délai : la mine hâtera les démolitions.

« Salut et fraternité.

» Signé : COLLOT-D'HERBOIS. »

Résumé :

ON DEMANDE UN TYRAN

non parce qu'on aime les tyrans,
mais pour n'en avoir qu'un.

FIN

www.ingramcontent.com/pod-product-compliance
Lightning Source LLC
Chambersburg PA
CBHW070441170426
43201CB00010B/1170